TANZ DER KULTUREN

Joana Breidenbach
Ina Zukrigl

TANZ DER KULTUREN

Kulturelle Identität in einer globalisierten Welt

Kunstmann

Für die Familie Dikeni
aus Khayelitsha, Südafrika (I. Z.)

Für Stephan, Lilian und Vico (J. B.)

Inhalt

9 EINLEITUNG
TOTAL GLOBAL

Kultur im globalen System 14
»Kultur« verwirrt 18
Die ethnologische Perspektive 26
Eine neue Ära? 30
Unsere Thesen zur kulturellen Globalisierung 35

39 ERSTES KAPITEL
GLOBALE KULTURSCHMELZE?

Die Welt der Waren 43
Das lokale Prisma 48
Widerstand gegen Fremdes 49
Die Aneignung von Fremdeinflüssen 57
Globale Medien 61
Dallas und Co. 68
The Young and the Restless 73
Ein neuer Kulturbegriff 77
Kulturmelange 81
Organisierte Vielfalt 89
»E too maaga – E too fat« 94

99 ZWEITES KAPITEL
WER BEEINFLUSST WEN?

Wir und die anderen 107
Exkurs: Zur Welt als System 114
Der Trend zur Dezentralisierung und Differenzierung 118
Talk Back 129
Die Verselbständigung von Konzepten und Waren 138
Transnationale Kulturen 142
Der deterritorialisierte Nationalstaat 143
Die »privilegierten Heimatlosen« 151
Seismographen der Globalisierung 153
»Die Nation ist eine Krankheit« 155
Virtuelle Gemeinschaften 158

161 DRITTES KAPITEL
AUTHENTISCHE WELTEN

Mami Wata 163
Der edle Wilde 166
Der Mythos des funktionalen Konsums 170
Konsum und Identität 173
Gleichzeitigkeit per Fernbedienung 180
Wessen Authentizität? 183
Authentizität im globalen Kunstmarkt 186
Weihnachten: Das globale Fest des Anti-Materialismus 193
Authentizität durch Aneignung 197

203 SCHLUSS
DIE GLOBALKULTUR

Die Globalkultur als weltweites Referenzsystem 206
Die Ausdifferenzierung der Globalkultur 217
Das Beispiel Feminismus 217
Das Potential der Globalität 223

Anmerkungen 237
Bibliographie 245
Register 251

EINLEITUNG
TOTAL GLOBAL

Globalisierung ist das Buzzword der 90er Jahre. Die Internetsuchmaschine AltaVista führte Anfang 1997 3.140 Einträge unter dem Suchbegriff an, 14 Monate später sind es bereits 96.970. Die Popularität eines Begriffs, der bis in die frühen 1990er Jahre in führenden Lexika, wie im *Knaur Lexikon*, in der *Großen Bertelsmann Lexikothek* oder in *Meyer's Neuem Lexikon*, nicht zu finden war, erstaunt. Heute wird Globalisierung nicht nur überall diagnostiziert, sondern auch für alles – insbesondere für Probleme – verantwortlich gemacht.

Die in den deutschen Medien geführte Globalisierungsdiskussion konzentriert sich auf die zeitgenössischen wirtschaftspolitischen Entwicklungen. Wenn von den kulturellen Folgen der Globalisierung überhaupt die Rede ist, sind wir uns einig, daß ein dramatischer Kulturverlust bevorsteht. Es wird das Horrorbild einer homogenisierten »McWorld« beschworen, die Menschen weltweit in dumpfer Passivität vor den Fernseher bannt, wo sie Coca-Cola trinkend *Dallas* verfolgen. Das einzige Alternativszenario zur globalen *Kulturschmelze*[1] scheint auf eine vollständige Fragmentierung ehemals intakter Gemeinwesen hinauszulaufen. Die blutigen Konflikte auf dem Balkan, im Kaukasus und auf dem afrikanischen Kontinent geben in den journalistischen Fragmentierungsvisionen einen Vorgeschmack auf zukünftige Entwicklungen weltweit[2].

Innerhalb der Globalisierungsdebatte werden Fragen nach der *Bedeutung* der zeitgenössischen Entwicklungen für die Menschen weltweit undifferenziert beantwortet. Warum trinken wir Coca-Cola und üben Tai Chi? Wie verändert sich unsere Denkweise durch den BBC Worldservice oder das Internet? Wie interpretieren Menschen die – durch die exponentielle Zunahme von Kontakten zwischen Menschen und Gesellschaften immens gewachsenen – neuen Einflüsse? Wie integrieren sie Fremdes in ihr eigenes Leben? Wie machen sie Sinn aus der sich darbietenden Vielzahl alternativer Lebensmodelle und Denkweisen? Welche neuen Kulturformen entstehen durch die zunehmenden Kontakte?

Konkreter gefragt:

Wie bewältigt eine islamische Malaysierin, vormals an die häusliche Sphäre gebunden, ihre Integration in einen japanischen Elektronikkonzern? Was machen kongolesische Jugendliche mit Pariser Haute Couture? Wie und warum feiern Japaner, Eskimos und sogar Muslime Weihnachten? Wie interpretieren Algerier *Dallas*? Mit welcher Kultur identifizieren sich karibische Migranten in den USA oder ein Salman Rushdie? Wie verändert Satellitenfernsehen die Zukunftsvisionen der Bewohner des mittelamerikanischen Staates Belize? Wie sollen wir einer westafrikanischen Gottheit begegnen, die, mit Sonnenbrille und Körperpuder ausgestattet, ihre Anbeter zum europäischen Standardtanz animiert?

Um ein adäquates Bild der Globalisierung zu erhalten, müssen wir uns kulturelle Praktiken weltweit ansehen. Objektiv meßbare Daten wie Marktanteile, Besitzverhältnisse und Kindersterblichkeitsraten müssen zu der jeweiligen kulturellen Bewertung von Prestige, Lebensstil und Tod in Beziehung gesetzt werden, selbst wenn diese schwerer zu untersuchen und nur intersubjektiv erfahrbar ist.

Globalisierung vollzieht sich in den unterschiedlichsten Bereichen und Dimensionen. Weltweite Finanzmärkte, transnationale Warenproduktion und -vermarktung, schnelle Transportmittel und elektronische Kommunikationsmedien vernetzen die Welt auf eine noch nie dagewesene Art und Weise. Zugleich verlassen jährlich drei Millionen Menschen ihre Heimat, die Gültigkeit universaler Menschenrechte wird international intensiv diskutiert, und 50 Millionen Chinesen erlernen mit Hilfe des Sprachprogramms des BBC Worldservice Englisch. Alle diese Dimensionen stehen zwar in Bezug zueinander, folgen aber jeweils eigenen Entwicklungsgeschwindigkeiten und -logiken und sind von Machtbeziehungen auf unterschiedliche Weise geformt. Das heutige Weltsystem ist weniger ein gigantisches Monopoly-Spiel als eine komplexe, sich überlappende und widersprüchliche Ordnung, innerhalb derer Menschen, Waren, Kapital, Technologien und Ideen zirkulieren.

Um das Diskussionsdickicht zu lichten, bedarf es einer weiteren begrifflichen und konzeptionellen Differenzierung. Beziehen wir uns bei der Globalisierungsdiskussion auf das Faktum der weltweiten Vernetzung, auf den Globalisierungsprozeß oder auf die Ideologie des Neoliberalismus? Die von Ulrich Beck jüngst vorgeschlagene Unterscheidung zwischen *Globalität*, *Globalisierung* und *Globalismus* erscheint auch uns als sinnvolle »Steinschleuder einer Unterscheidung (...) (um) gegen jenes Megagespenst (Globalisierung), das durch Europa geistert, anzutreten«.[3] Globalisierung benennt dabei den sich ständig verändernden Prozeß der Vernetzung, den wir gestalten können und müssen. Globalität bezeichnet dagegen den faktischen und irreversiblen Ist-Zustand der durch Technologien, Medien, Ideen, Reisen, Märkte und Finanzen miteinander vernetzten Welt. Unter Globalismus versteht Beck die Ideologie und Praxis des Neoliberalismus. Demnach ist der Weltmarkt alleiniger Motor und Maßstab der weltweiten Veränderungen, der alle anderen Dimensionen der Globalisierung, insbesondere die politische, bestimmt.[4]

Fast alle öffentlichen Diskussionen zum Thema Globalisierung beziehen sich auf den Globalismus. Der Tenor der in der deutschen Öffentlichkeit geführten Debatte reicht dabei von euphorischem Zuspruch bis zu völliger Ablehnung. Befürworter wie die OECD (Organization for Economic Cooperation and Development) sehen auf den durch Deregulierung und Liberalisierung geöffneten Märkten die freie Entfaltung der jeweiligen Standortvorteile gesichert. Diesem Szenario entsprechend kann die USA Software, Finanz- und andere professionelle Dienstleistungen anbieten, in Malaysia werden Schaltkreise zusammengesetzt, Deutschland liefert Umwelttechnologien, und Brasilien erzielt den höchsten Preis für seinen Stahl. Durch die Globalisierung versprechen sich OECD-Experten eine massive Reduzierung der weltweiten Armut bis zum Jahre 2020.[5]

Die Kritiker der Globalisierung verweisen dagegen auf die wachsenden Einkommensunterschiede in dem Vorzeigeland der Globalisierung, den USA, steigende Arbeitslosenquoten in Europa und den Verlust an sozialer Sicherheit weltweit. Der ehemalige brasilianische Umweltminister José Lutzenberger warnt: »Die Globalisierung ist die größte Katastrophe, die auf uns zukommt. (...) In der ersten Welt zerstört sie soziale Errungenschaften, vernichtet Arbeitsplätze, in der Dritten Welt entwurzelt sie die Menschen. Der Bauer, der in Deutschland seinen Hof nicht mehr bewirtschaften kann, geht noch in die Fabrik. Der mexikanische Bauer wird in die Elendsviertel von Mexico City getrieben.«[6] In *Die Globalisierungsfalle*[7], einem Bestseller der Spiegel-Redakteure Hans Peter Martin und Harald Schumann, der die Argumente der Kritiker prägnant zusammenfaßt, wird vor allem die Ohnmacht der Politik gegenüber Standortverlagerung, Steuerflucht und den Schwankungen der internationalen Kapitalmärkte angeprangert. Die durch neoliberalistische Wirtschaftspraktiken forcierte Vernetzung der Welt, so ihre These, bringt eine bedrohliche Einschränkung des politischen Handlungsvermögens mit sich. Errungenschaften und Ideale der westlichen Demokratien, soziale Sicherheit und Rechtsstaatlichkeit werden durch den grenzenlosen Turbo-Kapitalismus untergraben. Die 20:80 Gesellschaft droht. Diesem Szenario zufolge würden 20 Prozent der arbeitsfähigen Bevölkerung ausreichen, um die Weltwirtschaft in Schwung zu halten. Dem Rest stehe der wirtschaftliche Abstieg, die Flucht in radikale Ideologien und die Ruhigstellung durch »Tittytainment«, anspruchslose Medienüberflutung, bevor.

Grenzenlose Märkte schüren die Ängste der Bürger, die sich vermehrt vom Staat alleingelassen, wirtschaftlicher Ratio schutzlos ausgesetzt sehen. Was in Managerkreisen als vorbildhaft zitiert wird, kann für den Einzelnen ein existenzielles Desaster bedeuten. Als Geschäftsführer bei Asea Brown Boveri verlegte Barnevik die ABB-Zentrale von Schweden nach Zürich, er feuerte in Westeuropa und Nordamerika 54.000 Mitarbeiter und heuerte in Osteuropa und Asien 46.000 neue an; er kaufte über 200 Firmen hinzu und verwob sie in einem weltweiten Netz aus etwa 5.000 eigenständigen Profitcentern.

Die Doktrin des Neoliberalismus und ihre undifferenzierte Anwendung als Richtschnur wirtschaftspolitischen Handelns wird zu Recht von vielen Seiten massiv kritisiert. So erproben der Internationale Währungsfond und die Weltbank diese volkswirtschaftliche Doktrin an den ökonomisch und politisch schwächsten Staaten. Diese müssen – um ihre Kreditwürdigkeit unter Beweis zu stellen – ihr wirtschaftliches und politisches Handeln dem *Strukturanpassungsprogramm* unterwerfen und »Verzerrungen«, d. h. alles, was den abstrakten volkswirtschaftlichen Modellen im Wege steht (Zölle, Tarifabkommen u. ä.), beseitigen. Dabei treffen sie auf dem Weltmarkt auf Großmächte, die nach wie vor ihren Protektionismus aufrechterhalten. Das Ergebnis dieser widersprüchlichen Praxis der wirtschaftlich starken Nationen ist, daß ausgerechnet die Schwächsten den Gesetzen des Weltmarkts schutzlos und »unverzerrt« ausgeliefert sind und die verheerenden Folgen für ihre Bevölkerungen tragen müssen.

Die Kritiker des Globalismus verzichten jedoch auf einen potentiellen Verbündeten: die Untersuchung der kulturellen Dimension der Globalisierung. Wie wir in diesem Buch zeigen werden, läßt sich mit der kulturellen Analyse der Wahrheitsanspruch abstrakter Modelle und Theorien, wie sie die Ideologie des Globalismus darstellt, untergraben. Die kulturelle Perspektive (d. h. in diesem Fall schlicht: die Einbeziehung realer Menschen und Alltagspraktiken) offenbart eindrucksvoll die Spannungen, Widersprüche und Ambivalenzen der Globalisierung. Bisher aber operieren die Kritiker des Globalismus mit dem gleichen eindimensionalen Menschenbild wie die Vertreter der Volkswirtschaft. Kulturelle Unterschiede, menschliche Vorlieben und Weltbilder spielen in den abstrakten Annahmen der Ökonomen keine Rolle.[8] Die Diskrepanz zwischen den theoretischen Modellen und dem realen Leben, in dem beispielsweise Güter nicht nur primäre Bedürfnisse befriedigen, sondern in komplexe symbolische Lebenswelten integriert sind, wird übergangen, obwohl sie häufig für das Scheitern z. B. entwicklungspolitischer Maßnahmen verantwortlich ist.

Die Einbeziehung der kulturellen Dimension offenbart zudem, daß Globalität und Globalisierung zu komplexe, vieldimensionale und widersprüchliche Phänomene sind, als daß sie pauschal als »Chance« oder »Risiko« gewertet werden können. Die Analyse der kulturellen Globalisierung erschließt andere Risiken und Chancen als die der ökonomischen. Diese müssen in ihrer Komplexität erkannt werden, um politisch gesteuert und gestaltet werden zu können. Nur mit Visionen im Kopf (und nicht mit Angst im Bauch) können gesellschaftliche Entwürfe entwickelt werden, die den Veränderungen in unserer heutigen Welt gerecht werden.

Kultur im globalen System

Wie verändert sich Kultur im Zeitalter der Globalisierung? Die bisher geführte Diskussion zementiert entweder das Klischee einer weltweiten Kulturschmelze oder das Szenario einer Fragmentierung intakter Gesellschaften.

Werke wie Benjamin Barbers *Jihad vs. McWorld*[9] sehen Fragmentierung und Homogenisierung als zwei Pole einer Entwicklung, die einander wechselseitig bedingen. Dschihad, von Barber nicht nur für den islamischen heiligen Krieg, sondern als Begriff für jeden lokalen Partikularismus verwandt, wird dabei als Reaktion auf die weltweite Gleichmacherei durch einen westlich dominierten Markt definiert. Im Prozeß der Kulturschmelze entstehe eine weltweite »amerikanische Monokultur«, die die Vielfalt gewachsener nationaler Kulturen auf einen »homogenen globalen Themenpark« à la Disneyland zusammenmenge.[10] Auch die Autoren der *Globalisierungsfalle* skizzieren die Gefahr einer totalen Weltangleichung, die konsequenterweise in einem »monotonen globalen US-Einheitston ›screech‹ (skrietsch)« enden würde.[11] Kulturelle Globalisierung wird auf weltweite Popularkultur reduziert. Kein Wort über Menschenrechtsdebatten, Hygienestandards und Frauenrechte. Die zunehmende Akzeptanz von Idealen wie der gegenseitigen Anerkennung und des universellen Pluralismus finden hier keine Erwähnung.

Die Mitglieder der neu entstehenden *transnationalen Kulturen* – Geschäftsleute, Unterhaltungskünstler oder Jugendliche – werden als Marionetten des Marktes gesehen, die in der Transithalle und auf dem Dancefloor ihr kulturelles Zugehörigkeitsgefühl verlieren und sich dem oberflächlichen Schein des »Leichten, Schnellen und Einfachen«[12] hingeben. Inmitten der homogenen Glitzerwelt wandern wir als vereinsamte, infantile (»gimme, gimme, gimme« – fordernde) Egos ziellos umher.[13] Der McWorld wird die heile Welt der jüngeren Vergangenheit gegenübergestellt. Noch in den 50er und 60er Jahren war die Welt ein »kulturell weitaus differenzierterer Ort«, in dem »Schweden noch schwedisch fuhren, aßen und konsumierten, die Engländer englisch fuhren, aßen und konsumierten, und die Bevölkerung der restlichen Welt ahmte entweder ihre Kolonialherren nach oder entwickelte einheimische Konsumwirtschaften mit einheimischen Produkten und Kulturen. In Frankreich aß man nicht-pasteurisierten Brie und trank vin de Provence in Cafés und Brasserien, die archetypisch französisch waren; man hörte Edith Piaf und Jacqueline Françoise im französischen Nationalradio und fuhr 2CV Citroëns (...).«[14]

Der dänische Dokumentarfilm *Worlds out of time* von Peter Hesseldahl und Jes Stein Pedersen (1995) beschäftigt sich explizit mit den kulturellen Auswirkungen von Globalisierung. Die Betrachter werden auf eine Reise um den Globus mitgenommen und in einer Abfolge von Szenen, Interviews und Impressionen mit den Folgen weltweiter Vernetzung für Gesellschaften und Individuen konfrontiert. Der Film inszeniert die Zweiteilung der Welt in Gewinner und Verlierer der Globalisierung, die die bestehende Polarisierung der Welt noch verstärkt. Wir sehen hier die tragbaren Telephone, Hochhäuser und Aktenkoffer, dort die Flüchtlinge, Verhungerten und Vergessenen. Ganz dem Bild der *Globalisierungsfalle* entsprechend können 20 Prozent der Menschheit konsumieren, während den restlichen 80 Prozent nur Phantasien über Konsum übrigbleiben. Die südafrikanische Schriftstellerin Sindiwe Magona bringt dies auf die Formel: »die Bedürfnisse des Südens und die Gier des Nordens«. Bilder der Erde, vom All aus gesehen, und die ästhetisch-distanzierte Weltsicht des Westens (aus dem Off die Stimme eines Astronauten: »We can see Africa, beautiful«) werden mit Aufnahmen von afrikanischen Slums, von kranken und verzweifelten Menschen kombiniert. Es werden die Auswirkungen westlicher Technologien für die Verlierer der Globalisierung gezeigt. Da ist von der Vereinzelung der Menschen vor Medien wie Fernseher oder Computer die Rede. Ein Kenianer wird vor seiner Hütte interviewt: »Ich bin sehr glücklich mit meinem Fernsehgerät. Jetzt gehe ich nicht mehr in die Kneipe, sondern bleibe zu Hause ...« Bei einer Totenaufbahrung irgendwo in Asien sind Menschen zu sehen, die sich nicht auf den Leichnam, sondern auf den gleichzeitig laufenden Fernseher konzentrieren. Leben und Kultur erscheinen in *Worlds out of Time* auf Konsum reduziert. Und die Botschaft aus dem Off bestätigt den inhaltlich und visuell vermittelten

Grundtenor des Films: Unterschiede zwischen Kulturen werden zerstört, die Welt wird immer homogener.

Die Dinge in diesem Film sind so, wie sie erscheinen. Fremde Welten scheinen keiner besonderen Verständnisanstrengung zu bedürfen. Die Bilder und die Botschaft sind klar und müssen nicht entziffert werden. Der Kenianer vor seinem Fernseher illustriert das im Westen populäre Schlagwort der Vereinsamung des Menschen durch die Medien. Aber könnte es nicht auch sein, daß dieser Afrikaner den Fernseher als wissenserweiterndes Fenster zur Welt einsetzt? Vielleicht freut sich auch seine Frau, daß ihr hartverdientes Geld nun nicht mehr nur in den lokalen Bierumsatz fließt. Die Bilder illustrieren Entwicklungen, die uns aus der Erfahrung unserer westlichen Kultur vertraut ist. Wir schließen dabei unhinterfragt von uns auf andere. Kulturelle Unterschiede werden bagatellisiert.

In ihrer Intention, die Bedrohung der kulturellen Vielfalt der Welt durch die globale Vernetzung aufzuzeigen, bemühen sich die Filmemacher nicht um ein tiefergehendes Verständnis fremder Bedeutungswelten. Globalisierung wird aus der Perspektive des Westens dargestellt. Sieht die weltweite Vernetzung aus dem Blickwinkel Kuala Lumpurs oder Limas aber genauso aus wie vom Münchner BMW-Hochhaus? Was bedeutet das Schlagwort der Konsumgesellschaft für Kirgisien? Haben Kondome für den dänischen Single wirklich die gleiche Bedeutung wie für den malaysischen Polygamisten? Reicht der Blick aus dem Westen aus, um weltweite Auswirkungen von Globalisierung zu verstehen, oder können uns nicht dezentralere Perspektiven näher an ein wirkliches Verständnis für die sich verändernden Identitäten und Lebenswelten heranführen?

»Kultur« verwirrt

Der Kulturbegriff wird höchst unterschiedlich verwendet. Die einen verstehen unter »Kultur« nur *Tristan und Isolde* in der Semperoper oder die neue Cy Twombly-Ausstellung in der Berliner Nationalgalerie. Andere, sogenannte Kulturologen, fassen den Begriff so weit, daß sie darunter alle vom Menschen erworbenen, im Gegensatz zu den angeborenen Charakteristika verstehen. Die Vertreter der Globalisierungsdebatte, soweit sie denn überhaupt auf Kultur eingehen, operieren mit einem diffusen Kulturbegriff und verengen ihn meist auf mediale Popularkultur. Im allgemeinen Sprachgebrauch wird Kultur ferner sowohl für die symbolisch-expressive Dimension des Lebens im allgemeinen (»die kulturellen Charakteristiken der Deutschen«) als auch austauschbar mit Gesellschaft (»die Deutschen«) verwendet.

Außerdem ist Kultur, hier verstanden als expressiv-symbolischer Aspekt jedes sozialen Verhaltens, schwerer zu messen und zu begreifen als die sogenannten »harten« Daten zu Produktionsraten und Bevölkerungswachstum. Statt Kultur als analytisch eigenständigen Bereich zu betrachten und sich beispielsweise anzusehen, was eine weltweit ausgestrahlte Seifenoper für die Identitätsvorstellungen von Menschen bedeutet, wird diese einfach nur als Ausdruck hegemonialer Medienstrukturen verstanden, Glaubensvorstellungen werden auf Besitzverhältnisse oder Klassenzugehörigkeit reduziert. Für die Reduktionisten ist alles Kulturelle »Opium fürs Volk«, Ausdruck falschen Bewußtseins und für ein wirkliches Verständnis der Welt letztendlich unwesentlich. Weshalb dann nicht gleich menschliches Verhalten auf chemische Impulse reduzieren?

Zunehmend scheint sich jedoch die Erkenntnis durchzusetzen, daß Realität nicht nur mit meßbaren Fakten einzufangen ist, sondern daß die Einbeziehung der symbolisch-expressiven Dimension menschlichen Lebens für ein Verständnis des zeitgenössischen Wandels und der Reaktionen von Menschen auf die Globalität unverzichtbar ist. Die Krise des westlichen Bewußtseins seit den späten 60er Jahren hat die Artikulation kultureller Besonderheiten ermöglicht und den Blick des Westens für alternative Modelle, zum Beispiel aus Japan, Indien und Südostasien, freigemacht. »Kultur« und »Identität« werden als die neuen großen Schlagwörter beschworen, die das gleiche wirklichkeitsbestimmende Potential aufweisen wie noch vor kurzem »Ideologie«.

Huntington, der Demokratisierungstheoretiker aus Harvard, sieht sogar die zukünftigen Konfliktlinien entlang von Kulturen verlaufen. Nach dem Ende des Ost-West-Konflikts würden zukünftige Kriege nun nationenübergreifend zwischen »Zivilisationen« ausgetragen werden. Als Zivilisationen benennt er die westliche, konfuzianistische, japanische, islamische, hinduistische, lateinamerikanische und, da ist er sich noch nicht ganz sicher, eine buddhistische und afrikanische. Diese Einteilung ist zum einen wegen ihrer recht willkürlichen Kriterien vielfach kritisiert worden. Was haben Sudan und Indonesien außer dem Islam, Thailand und Tibet außer dem Buddhismus gemeinsam? Zum anderen wird Kultur von Huntington als inhärentes und unveränderliches Merkmal von Nationen dargestellt, das, anders als Ideologie, nicht der politischen Entscheidungsfreiheit unterliegt. Kultur als »Urkraft« wird nicht nur bei ihm mit Bedrohung gleichgesetzt. Auch in anderen Analysen erscheint sie eine Art unabwendbare Krankheit, die Gemeinwesen fragmentiert. Der US-amerikanische Journalist Robert Kaplan sieht die ganze Welt von ethnischer Fragmentierung bedroht. Die Zersplitterung der Nationalstaaten entlang der Grenzen ethnischer Zugehörigkeit – bis vor kurzem noch als typisch afrikanisches Phänomen angesehen – findet zunehmend auch in Asien, dem Balkan und den GUS-Staaten statt. Unter dem Schlagwort Fragmentierung werden in der Diskussion all diejenigen unheilvollen Bestrebungen und blutigen Konflikte zusammengefaßt, bei denen eine Rückbesinnung auf die ethnische Herkunft stattfindet und eine gesellschaftspolitische Regression im Namen der Kultur rechtfertigen soll. Die Herausbildung und Artikulation kultureller Identität wird heutzutage als Reaktion der Völker auf die wirtschaftliche und politische Gleichmacherei im Zeitalter der Globalisierung interpretiert.

Auch in der zusammenwachsenden Wirtschaftswelt werden kulturelle Unterschiede zunehmend als Problem wahrgenommen. »Das Hauptproblem sind die so unterschiedlichen Kultursysteme dieser Welt«[15], befinden nun auch Topmanager. Fremde kulturelle Werte und Spielregeln würden die Kommunikation erschweren und den Wettbewerb behindern. Eine Studie über mißglückte Unternehmensfusionen ergab, daß 85 Prozent der Manager kulturelle Unterschiede im Führungsstil als Hauptursache für das Scheitern angaben.[16] Als Reaktion auf die vielen Mißverständnisse zwischen Firmenangehörigen aus unterschiedlichen Ländern entwickelte sich in den letzten Jahren ein breites Interesse für kulturelle Besonderheiten und deren Auswirkungen auf die interkulturelle Zusammenarbeit. Als Kultureinheiten gelten Nationen bzw. Sprachgruppen, wie »die Deutschen« und »die Koreaner«. Das neu entstandene Spezialgebiet »Interkulturelle Kommunikation« untersucht, wie Verhalten durch Kultur bestimmt wird und was passiert, wenn ein Indonesier sich mit einem Amerikaner zum Businesslunch trifft. Der Indonesier hat, so einer der Gurus der Disziplin (Geert Hofstede), eine ausgeprägte Veranlagung zur »Unsicherheitsvermeidung«, der Amerikaner ist dagegen risikofreudig.[17] Diese unterschiedlichen subjektiven Dispositionen werden in ihren konkreten Auswirkungen auf beobachtbares Verhalten, von Verhandlungsstrategien bis zur Konfliktbewältigung, dargestellt. Sie haben aber auch Einfluß auf Unternehmensstrukturen, wie die Abgrenzung von Kompetenzbereichen und die Gestaltung von Mitspracherechten. Den Umgang mit ihren ausländischen Geschäftspartnern erlernen Siemens-Mitarbeiter nun im Wochenendtraining.

Interkulturelle Kommunikation stellt einen Versuch dar, mit Kultur und kulturellen Unterschieden umzugehen, unterliegt aber ebenso wie Huntingtons Kulturbild der Gefahr, Unterschiede zu verabsolutieren und damit festzuschreiben. Der Grad zwischen hilfreichem Erklärungsmodell und rigidem Stereotyp ist schmal, das zugrundeliegende Kulturverständnis oft statisch. So schreibt Hofstede: »Die Unterschiede im Denken basieren auf unauslöschlichen Unterschieden in den Werten.«[18] Doch hält der türkische Gastarbeiter nach 20 Jahren Wolfsburg noch an den gleichen Werten fest wie einst in Anatolien? Wie deutsch ist ein Deutscher, der in Bangkok lebt und für eine amerikanische Firma arbeitet? Aber ebenso: Welche Übereinstimmungen bestehen zwischen dem Deutschland der 70er und der 90er Jahre? Heute üben wir Tai Chi, kochen mexikanisch, tanzen argentinischen Tango, verfolgen den Nikkei-Index und surfen im Internet. Multikulturelle Einflüsse sind selbstverständlicher Teil unseres Alltagslebens geworden. Diesen Vernetzungen und Vermischungen wird unser historisch gewachsener Kulturbegriff nicht gerecht.

Kulturelle Unterschiede zwischen Menschen werden gemeinhin primär aus ihren spezifischen historischen Ursprüngen abgeleitet. Diese Herleitung von Unterschieden basiert auf der Vorstellung, daß eine Vielzahl einzelner Gruppen, die in relativer Isolation voneinander lebt, ihre jeweils eigene Kultur, ihre spezifische Lebensweise entwickelt haben, in einem oft jahrhundertelangen Prozeß. Jede Kultur stellt dabei eine klar abgegrenzte, unabhängige und isolierte Entität dar. Die Welt gleicht einem Mosaik, dessen Steinchen die Kulturen sind.

Die Vorstellung von Kulturen als statische, mehr oder weniger in sich geschlossene Einheiten findet sich in der vieldiskutierten These des »Kriegs der Kulturen« ebenso wieder wie in den zeitgenössischen Debatten über die multikulturelle Gesellschaft. Kultur benennt schon im historisch gewachsenen deutschen Verständnis all das, was unverwechselbar, spezifisch und besonders ist. Diese Besonderheiten drücken sich in Sprache, Bräuchen und Werten aus. Ideologischer Geburtshelfer des völkischen Nationalismus, der auf der Vorstellung einer eigenständigen deutschen Kultur aufbaut, war der Romantiker Herder. Ihm zufolge besitzt jede Kultur spezifische Eigenheiten, die den »genetischen Geist und Charakter eines Volkes« verkörpern. Bei der Gründung des Deutschen Reiches 1871 berief sich Bismarck auf die kulturellen Eigenarten der Deutschen. Wie bei anderen »erfundenen Traditionen«[19] wurden auch bei der Gründung der deutschen Nation regionale Unterschiede zwischen Bayern, Preußen oder Pfälzern heruntergespielt – das Selbstbestimmungsrecht der den französischen Idealen näherstehenden Elsässer wurde schlichtweg ignoriert. Wer sich der Idee einer kulturellen und politischen Einheit nicht unterordnen wollte, galt als Verräter. Dem zeitgenössischen deutschen Verständnis zufolge werden Menschen in eine Nation hineingeboren und können sie nicht verlassen, eine Auffassung, die sogar in die deutsche Verfassung eingegangen ist. Wer »deutsches Blut« besitzt, hat nach dem Grundgesetz §116 ein Anrecht auf die deutsche Staatsbürgerschaft. Nach dem *ius sanguinis* wird Deutschstämmigen, die wie die Siebenbürgener Sachsen bereits im 13. Jahrhundert aus dem Rheinland und aus dem Gebiet des heutigen Lothringen ausgewandert sind, das Recht auf die deutsche Staatsbürgerschaft zuerkannt, während viele Ausländer, die in der zweiten und dritten Generation in Deutschland leben, mühsam um ihre Einbürgerung kämpfen müssen.

In den 70er Jahren wurde das zuvor mehr oder weniger stillschweigend akzeptierte ethnozentrische Selbstverständnis einer homogenen deutschen Nation durch die Diskussion über die Einbürgerung der in Deutschland lebenden Gastarbeiter aufgebrochen. In den öffentlichen Debatten steht seitdem ein rechter Ethnopluralismus, der von der Unvereinbarkeit der Kulturen ausgeht (eine Haltung, die der Begriff »Überfremdung« auf den Punkt bringt), den Argumenten der

Multikulturalisten gegenüber. Die Multikulturalisten (von Daniel Cohn-Bendit und Claus Leggewie[20] bis zu Heiner Geißler) lehnen zwar das *ius sanguinis* ab und setzen sich für die politische und gesellschaftliche Gleichstellung von in Deutschland lebenden Ausländern ein, sie operieren jedoch mit einem ähnlich statischen Kulturbegriff wie ihre Gegner. Betont werden nach wie vor die Unterschiede zwischen Kulturen. Immigranten sollen, zusammen mit ihrer Kultur, geschützt werden und gleichberechtigt neben der deutschen Mehrheitskultur leben. »Erneut wird Einwanderern jede Indiviualität abgesprochen, sie kommen nicht als Menschen, sondern als kollektive Kulturen.«[21] Wie tief die Vorstellung von Kultur als Unterschied verwurzelt ist, bekommen vor allem Deutsche mit einer anderen Hautfarbe zu spüren. Junge deutsche Afrikaner werden häufig, im Supermarkt oder am Arbeitsplatz, mit der Frage konfrontiert, woher sie ursprünglich kämen und wo sie so gut Deutsch gelernt hätten. Die Überzeugung, daß Menschen anderer Hautfarbe entweder in Deutschland eingebürgert wurden, eingeheiratet haben oder per Asylantrag eingereist sind, ist nach wie vor weit verbreitet.[22] Auch die in jüngster Zeit in den Massenmedien aufkommende Rede von der »gescheiterten Integration« der ausländischen Bevölkerung Deutschlands entlarvt den ungebrochenen Wunsch nach einer homogenen deutschen Gesellschaft und zeugt »vom Unbehagen darüber, daß das Andersartige nicht aufhört, anders zu sein.«[23]

Doch das oben entworfene Kulturmosaik scheint nicht nur als Bild unserer heutigen Welt mit ihren kulturellen Vernetzungen und Vermischungen ungeeignet. Auch historisch ist die Vorstellung, daß die zeitgenössische Diversität der Welt aus isolierten historischen Entwicklungen entstanden ist und die einzelnen Kulturen in sich geschlossene, statische Einheiten sind, äußerst fragwürdig. Diese Thematik wird uns auf der Suche nach einem neuen dynamischen und offenen Kulturkonzept noch ausführlicher beschäftigen.

Eine Analyse der kulturellen Dimension der Globalisierung muß nicht nur von einem dynamischen Gesellschaftsbild ausgehen, sondern auch auf einem holistischen Kulturverständnis basieren. Kultur, verstanden als symbolisch-expressiver Aspekt menschlichen Verhaltens, ist nicht nur in subjektiven Werten, Ideen, Weltbildern und kulturellen Bedeutungen verankert, sondern auch Teil objektiven, beobachtbaren Verhaltens, der Sprache, von Wirtschafts- und Gesellschaftsformen. Kultur ist untrennbar mit dem sozialen Leben verbunden und kein, wie so oft angenommen, getrennter oder gar nebensächlicher Bereich. Wie und was wir essen, wie wir arbeiten, was wir anziehen und wen wir lieben ist kulturell geprägt und nicht primär von körperlichen Bedürfnissen bestimmt. Wie Marx schon feststellte, hat kein Chemiker je den Wert von Gold in seiner physikalischen Zusammensetzung entdeckt. Seine Wertschätzung hat nichts mit objektiven Kriterien wie Härte oder Leitfähigkeit zu tun, sondern mit dem ideellen Wert, der ihm beigemessen wird. Erst durch den symbolischen Wert wurden objektive Merkmale des Goldes, wie seine geographische Verteilung auf der Welt, zu machtvollen Faktoren der Weltgeschichte.[24]

Der französische Soziologe/Anthropologe Pierre Bourdieu hat die Bedeutung von Kultur als Ausdruck sozialen Lebens in seiner umfangreichen Untersuchung über das Frankreich der 60er und 70er Jahre demonstriert.[25] Er zeigt, daß vermeintlich subjektive Werte (sogenannte »weiche« Faktoren wie geschmackliche Vorlieben) und objektive (sogenannte »harte«) Faktoren wie Klasse oder Schicht untrennbar miteinander verbunden sind und sich wechselseitig bedingen. Der Mensch lernt mit Hilfe von Klassifikationsschemata, die ihm seine Umwelt von klein auf mitgibt, was kulturell korrekt und was falsch ist. Klassifikationsschemata sind aber keine rein subjektiven Normen und Werte, sondern fest im sozialen Leben verankert und spiegeln sich in der Wahl von Wohnzimmereinrichtungen, Partnern und Autos wider. Für welche Werte und Lieblingsspeisen Menschen sich entscheiden, hängt, Bourdieu zufolge, von ihrer Zugehörigkeit zu spezifischen sozialen Gruppen ab.

Geschmack ist ein zentrales Klassifikationsschema. Konsumpraktiken richten sich nach Vorstellungen über »guten« und »schlechten« Geschmack. Die Ausbildungsdauer an Schulen und höheren Bildungseinrichtungen bestimmt maßgeblich das Weltbild von Menschen. Die Ausstattung mit »kulturellem Kapital« ist wiederum entscheidendes Kriterium der sozialen Zugehörigkeit. Je länger Menschen im Erziehungssystem verweilen, desto abstrakter und distanzierter ihre Weltsicht und desto »höher« ihre Klasse. Während der Bildungsbürger einer »kantianischen Ästhetik« (distanziertes Wohlbehagen) anhängt, vertritt der Arbeiter eine »anti-kantianische Ästhetik« (unmittelbar erfahrbares Wohlbehagen).

Die unterschiedliche Ausstattung mit kulturellem Kapital ist unter anderem für Essensvorlieben bestimmend. Französische Arbeiter bevorzugen, Bourdieu zufolge, einen gut gefüllten Teller mit rotem Fleisch, herzhaften Broten und Käse. Die Menge ist von entscheidender Bedeutung. Für die Mittelklasse geht es eher um die »cuisine«, die richtige Zubereitung und Präsentation des Essens als Zeichen »guten Geschmacks«. Gesunder und vollwertiger Nahrung kommt große moralische Bedeutung zu. Die Oberschicht, gespalten in ökonomisch Erfolgreiche und Intellektuelle, zeigt auch bei den bevorzugten Gerichten unterschiedliche Präferenzen. Während die ersteren in reichhaltigen Saucen, Desserts und luxuriösen Zutaten wie Trüffeln schwelgen, bevorzugen die anderen, die reinen Vertreter des kulturellen Kapitals, die »nouvelle cuisine«. Diese verweigert sich dem Gedanken, daß Essen primär der Ernährung dient, und präsentiert sich als ein minimalistisches, ästhetisches Vergnügen. Die Geschmacksbandbreite der Franzosen reicht nach Bourdieu also von den unteren Klassen, die fleischlichen Genüssen nachgehen, bis zu den »Kultivierten«, die sich über solche erhaben fühlen und sich ganz dem »Ästhetischen« verschreiben.

Sozial spezifische Vorlieben entscheiden darüber, ob man das Bild eines Sonnenaufgangs dem eines Yves Klein vorzieht oder statt dem *Wohltemperierten Klavier* lieber die *Schöne blaue Donau* hört. Die verschiedenen Klassen befinden sich dabei in einem ständigen Kampf um sozialen Status, wobei jede Gruppe ihre Ästhetik als überlegen darstellt. Verschiedene Geschmacksvorlieben drücken aber die Unterschiede zwischen Klassen nicht nur aus, sie schaffen sie auch. Menschen erleben Geschmack als etwas so Fundamentales, daß »schlechter Geschmack« oft eine fast schon körperliche Aversion erzeugt, etwas »sträubt sich in einem«. Kein Wunder also, daß Menschen Freunde und Partner unter Gleichgesinnten suchen und sich ihrer selbst über eine große Bandbreite an Objekten, Werten und Genüssen, die das eigene Klassifikationsschema spiegeln, bewußt werden. Soziale Schichtung wird auf diese Weise über Generationen hinweg reproduziert.

Wie Bourdieus Untersuchung zeigt, können wir immaterielle, subjektive Werte und Normen nicht von beobachtbaren und objektiven Strukturen und Verhaltensformen trennen. Für ein umfassendes Verständnis des Globalisierungsprozesses ist ein entsprechend erweitertes Kulturverständnis notwendig. Die mit der Globalisierung einhergehenden kulturellen Veränderungen betreffen nicht nur Werte, Ideen und Normen, sondern das gesamte Leben.

Die ethnologische Perspektive

Die wenigsten Beiträge zur Debatte über die kulturelle Globalisierung basieren auf der aufmerksamen und einfühlsamen Beobachtung einzelner Kulturen. Was bleibt von der Charakterisierung der heutigen Welt als »Informationsgesellschaft« übrig, wenn man sich das Konzept durch das Prisma einer karibischen Insel wie St. Vincent ansieht? Läßt sich über das Wesen der Moderne in Berlin in denselben Kategorien reflektieren wie im malaysischen Kuala Lumpur oder Freetown, Sierra Leone? Die sowohl von der politischen Linken und

Rechten als auch von Stammtischen gehegten und gepflegten Klischees über die kulturellen Entwicklungen im Globalisierungszeitalter werden auch von vielen Wissenschaftlern festgeschrieben und verbreitet. Eine der systematischen Ausnahmen stellen ethnologische Arbeiten dar.

Anthropologie/Ethnologie[26], die Wissenschaft vom Menschen, beschäftigt sich seit jeher auf vielfältigste Weise mit dem Teil des Menschen und seiner Lebenswelt, der erworben und nicht biologisch festgelegt ist. Vielfältige Wechselwirkungen und Beeinflußungen zwischen dem kulturell-erworbenen und dem biologisch-angeborenen Bereich müssen dabei einkalkuliert werden. Ethnologie verbindet detaillierte empirische Studien, meist in Form einer Langzeit-Feldforschung, mit größeren philosophischen Fragestellungen. Wie Daniel Miller schreibt: »Gute Ethnologie banalisiert Philosophie und philosophiert über das Leben.«[27] Ein wesentliches Ziel ist es dabei, Relativismus mit der Vermittlung alltäglicher menschlicher Erfahrung zu verbinden, fremde Verhaltensweisen, Erfahrungen und Weltbilder aus sich heraus anzusehen und anderen zugänglich zu machen. Dafür bedient sich die Ethnologie einer offenen Forschungsmethode, die sich nicht auf die Überprüfung einer begrenzten Anzahl vorformulierter Hypothesen beschränkt. Methoden werden prinzipiell gegenstands- und problemabhängig gewählt. Mit einer Kombination aus Teilnahme, Beobachtung, Interviews und Fragebögen verbindet die Ethnologie qualitative und quantitative Methoden. Ihre Vertreter bemühen sich dabei um ein einfühlsames Verständnis und eine ganzheitlichere Spiegelung menschlicher Realitäten, die Überwindung der Dichotomie von Objektivität und Subjektivität und der herkömmlichen Trennung von Kategorien wie Wirtschaft, Politik oder Kultur. Die gegenseitige Durchdringung von sozialen Strukturen und Ideen, von Wirtschaftspraktiken und Weltbildern, von Waren und Bedeutungen steht im Vordergrund des Interesses.

War Ethnologie bis vor kurzem noch eine Wissenschaft, die

sich primär mit zeitgenössischen vormodernen, nicht-westlichen Gesellschaften befaßte, liegt die Zukunft des Faches zunehmend in der Analyse des modernen Lebens überall, in Papua-Neuguinea wie Deutschland, von Informatikern, Sextouristen und Voodoo-Priesterinnen weltweit. Die zunehmende Vernetzung der Welt stellt eine umfassende Herausforderung an die Ethnologie als Wissenschaft dar.[28] Taiwanesische Jodler, mongolische Programmierer und deutsche Salsatänzerinnen bevölkern unsere Welt. Eine Wissenschaft, die künstlich eine Trennung zwischen Wir (im Westen) und den anderen (dem Rest der Welt) vornimmt, kann nicht mehr den Anspruch erheben, menschliche Realitäten zu erfassen. Ethnologie muß sich heute in ihrem Selbstverständnis, bei der Bestimmung ihrer Forschungsfelder und ihrer Methodik der Tatsache stellen, daß wir alle in der Moderne leben. Wandel und Kulturkontakt stehen im Zentrum des Erkenntnisinteresses einer Ethnologie der Globalisierung.[29]

Verallgemeinernde Aussagen über Kultur, in unserem Fall die Beziehungen zwischen lokalen Kulturen und dem globalen System, können durch lokale Studien differenziert, widerlegt oder bestätigt werden. Zwei kurze Beispiele sollen an dieser Stelle genügen, um das Potential ethnologischer Forschungen anzudeuten. In einer Vielzahl von Publikationen und im öffentlichen Diskurs werden Materialismus, Individualismus, Hedonismus und Ungleichheit als typische kulturelle Folgen des Massenkonsums angeführt. Diese Merkmale werden, so das Klischee, mit der Ausbreitung des Massenkonsums weltweit verbreitet. Doch in diesen Generalisierungen wird amerikanischer Massenkonsum mit Massenkonsum per se gleichgesetzt. Wenn man dementgegen die Ausgestaltung des Massenkonsums in Norwegen betrachtet, verändert sich das Bild drastisch. Norweger haben einen den Amerikanern vergleichbaren hohen Lebensstandard und sind ebenfalls sehr konsumorientiert. Die ethnographische Erforschung einer Gruppe norwegischer Hausfrauen zeigte aber eine von Amerika abweichende Spielart des Massenkonsums.[30] Die norwegischen Hausfrauen erwarben Güter nicht, um sich voneinander abzusetzen, im Gegenteil, Konkurrenzverhalten wurde um jeden Preis vermieden. Dieser Umgang spiegelt normative Grundprinzipien der norwegischen Gesellschaft wider, in denen Gleichheit einen höheren Stellenwert einnimmt als Individualismus. Die Hausfrauen empfanden Konsum weniger beglückend als eher mühsam und verdrießlich. Massenkonsum ist also nicht gleich Massenkonsum.[31]

In den Diskussionen über die wirtschaftliche Globalisierung wird gerne darauf verwiesen, daß zwei Drittel des Welthandels von transnationalen Firmen bestritten werden. 87 Prozent der 500 bedeutendsten Weltkonzerne gehören den Ländern der G-7 Gruppe an, mit Japan und den USA an der Spitze. Lateinamerika ist dagegen nur mit fünf Unternehmen vertreten. Die kombinierten Einkünfte der 500 Konzerne beliefen sich 1994 auf 10.245,3 Billionen Dollar und überschritten damit das Bruttoinlandsprodukt der Vereinigten Staaten um 50 Prozent.[32] Diese Zahlen sind ein eindrucksvolles Beispiel für die Dominanz der kapitalistischen Triade aus Nordamerika, Europa und Japan. An karibischen Stränden scheint sich dieses Bild zu bestätigen: Hier werden hauptsächlich die weltweit bekannten Softdrinks angeboten. Die Annahme, daß dort ein amerikanischer bzw. inzwischen globalisierter Konzern erfolgreich das lokale Marktgeschehen bestimmt, liegt nahe. Doch in der ethnographischen Erforschung des trinidadischen Softdrink-Markts wird deutlich, daß die vermeintlich offensichtliche Dominanz globaler über lokale Firmen in der Praxis nicht so eindeutig ist.[33] Transnationale Firmen sind in Trinidad auf vielfältigste Art und Weise mit lokalen Unternehmen verflochten. Die seit Jahrzehnten auf der Insel vertretene multinationale Firma Lever Brothers beispielsweise entwickelte insgesamt 50 Getränkemarken vor Ort, die wiederum aus einer komplexen Mischung importierter und einheimischer Substanzen bestehen. So entstammen die Flaschen der einheimischen Produktion, das Fruchtkonzentrat ist importiert, das Wasser fließt aus einer trinidadischen Quelle. Das Blech für die Getränkedosen wird importiert, aber lokal verarbeitet. Der verwendete Zucker wird zwar auf der lokalen Plantage CARONI produziert, dann aber vollständig exportiert, um anschließend wiederum importiert zu werden – ein absurdes Ergebnis des Lomé-Abkommens, unter dem Trinidad bestimmte Zuckerquoten exportieren muß. Ist Zucker nun lokal oder global?

Wie diese Beispiele zeigen, vermögen vergleichende ethnographische Arbeiten festgefahrene Definitionen und Klischees aufzubrechen. In ihnen tauchen viele der vermeintlichen Attribute des Kapitalismus, der Moderne oder der Globalisierung in ungewohnten Kombinationen auf und zeigen, daß der Großteil unserer angeblich allgemeingültigen Ansichten und Theorien auf Erfahrungen in Westeuropa und den USA basieren. Das Banale und Alltägliche entpuppt sich dabei oft als Ausdruck wichtiger moralischer und philosophischer Fragestellungen einer Gemeinschaft. Etablierte Kategorien werden durch die Untersuchung einer »afrikanischen Bürokratie«, eines »karibischen Kapitalismus« oder einer »chinesischen Moderne« in Frage gestellt. Dabei können wir auf so überraschende Tatsachen stoßen wie die einer Gesellschaft, die Einkaufen nicht als Form des Austausches, sondern als Variante der Jagd betrachtet.[34]

Eine neue Ära?

Der Globalisierungprozeß ist nichts gänzlich Neues. Die weltweite Vernetzung läßt sich weit in die Geschichte hinein zurückverfolgen. Schon lange vor der europäischen Expansion zu Beginn der Neuzeit bestanden intensive Verbindungen zwischen geographisch weit voneinander entfernten Gesellschaften. Imperiales Machtstreben und Fernhandel waren in den beiden Amerikas, Eurasien und Afrika die Antriebskräfte für den Aufbau weitreichender Beziehungen. Über viele Jahrtausende, während derer Europa eine nur unbedeutende Rolle im Welttheater spielte, war die Welt Schauplatz massiver Völkerwanderungen und kontinentaler sowie interkontinentaler Kontakte.

Die großen Zivilisationen Mesopotamiens, das peruanische Inkareich oder China zur Chou-Zeit schufen Verbindungen über riesige Distanzen hinweg, und auch in Zentralafrika und Südostasien, Teilen von Melanesien und Polynesien oder dem Nordeuropa zur Bronze- und Eisenzeit lassen sich frühe Beispiele für weiträumige Kontakte und Interdependenzen nachweisen. Große Handelsnetze wie die des Indischen Ozeans und Südostasiens übten einen immensen kulturellen Einfluß aus und führten beispielsweise zur Hinduisierung Südostasiens und zur Islamisierung des Indischen Ozeans.[35]

Achthundert Jahre alte Briefe, die in einer Kairoer Synagoge verwahrt wurden, legen Zeugnis ab von den umfangreichen Beziehungen zwischen Ägypten und großen Teilen der damals bekannten Welt, dem indischen Subkontinent und der Mittelmeerregion. Anhand dieser Dokumente verfolgt der indische Ethnologe Amitav Ghosh[36] die Spuren des judäo-arabischen Kaufmanns Ben Yiju, der im 12. Jahrhundert von Kairo an die indische Malabarküste zog. Dabei stößt Ghosh auf Zeugnisse eines erstaunlich kosmopolitischen Lebens. Der Jude Ben Yiju steht in regem Briefwechsel mit gebildeten Moslems in der gesamten orientalischen Welt, er ist mit einer hinduistischen Sklavin aus Mangalore verheiratet und gibt deren Tochter dem sizilianischen Sohn seines Bruders zur Frau. Kulturelle, sprachliche und politische Unterschiede scheinen dabei ebensowenig Hindernis gewesen zu sein wie Standesgrenzen. Ben Yiju ist Repräsentant eines regen, über viele Jahrhunderte bestehenden Kultur- und Handelsnetzes. Die Küstenstädte des Indischen Ozeans, wie das indische Mangalore mit seinem reichen Hinterland, Gewürzanbau und blühenden Manufakturen, waren während des Mittelalters Sitz zahlreicher Handelskolonien aus dem Jemen, Persien, China, den Malediven und Sumatra.

Menschen aus allen Erdteilen beteiligten sich im Mittelalter an weitläufigen Handelsnetzen oder pflegten politische und familiäre Beziehungen über große Distanzen hinweg. Mancher unter ihnen, von Marco Polo über den arabischen Gelehrten Ibn Battuta bis zu dem chinesischen Admiral Cheng-Ho, könnte seiner Lebensform und Geisteshaltung nach als früher Globalisierungsagent angesehen werden. Neben wirtschaftlichen und politischen Beziehungen stellten Religionsgemeinschaften wie das Christentum und der Islam Beziehungen zwischen weit voneinander entfernten Räumen mit ethnisch und sprachlich sehr unterschiedlichen Gemeinschaften her.

Bei diesen weitreichenden und viele Menschen umfassenden Systemen handelte es sich jedoch noch nicht um Weltsysteme in unserem heutigen Sinne. Zum einen lebten ganze Kontinente wie der amerikanische und eurasische in Unkenntnis voneinander. Zum anderen stellte das eigene Reich für die jeweilige Gesellschaft die Mitte dar, zu dem der nur undeutlich bekannte Rest der Welt in Beziehung gesetzt wurde. Die Vorstellung der eigenen Gesellschaft als Zentrum ging einher mit der Einschätzung der anderen als minderwertig. Die vormodernen Zivilisationen waren keine universellen Systeme, die auf globaler Ebene integrationsfähig waren. Fremde Gesellschaften konnten nur anerkannt werden, wenn diese sich ihnen anschlossen, ihren Glauben übernahmen oder von ihnen militärisch besiegt wurden. Die eigene Religion galt als alleinige Quelle der Wahrheit und einzig richtiges Wertesystem. Menschen, die nicht der eigenen Religion oder dem eigenen Reich angehörten, mußten bekehrt oder unterworfen werden.

Seit dem Beginn der Neuzeit im 15. Jahrhundert lassen sich qualitative und quantitative Veränderungen des Globalisierungsprozesses ausmachen, der ab diesem Zeitpunkt von Europa ausging. Die heliozentrische Revolution und der Beginn moderner Geographie machten Globalisierung im engeren

Sinne überhaupt erst möglich. Nun konnte man von einem Globus denken und sprechen, und die Bewohner Eurasien-Afrikas und der zwei Amerikas erhielten Kenntnis voneinander. Die Intensität der weltweiten Kontakte hat seit diesem Zeitpunkt zum ersten Mal in der Weltgeschichte linear-beständig und seit Ende des 19. Jahrhunderts drastisch zugenommen. Kolonialismus, Imperialismus und christliche Missionierung haben die Vernetzung auf unrühmliche und gewaltsame Weise vorangetrieben. Neben diesen politischen und wirtschaftlichen Entwicklungen hat das inzwischen weltweit verbreitete Gedankengut der europäischen Aufklärung die heutige Ära der Globalisierung nachhaltig geprägt. Den Maximen der Aufklärung entsprechend sollen alle Menschen 1. freie und gleiche Subjekte bürgerlichen Rechts, 2. moralisch freie Subjekte und 3. politisch freie Subjekte als Bürger eines demokratischen Staates sein. Als ideelle Ziele der Geschichte werden Altruismus, Freiheit und Pluralismus postuliert. Der Pluralismusgedanke beinhaltet freien Austausch auf der Grundlage gegenseitiger Achtung und die Toleranz gegenüber Andersartigkeit. Diese Konzepte mit ihrem universellen Anspruch – der kanadische Philosoph Charles Taylor nennt sie »die Hypergüter der Moderne« – bilden heute die Grundlage von Austausch und Auseinandersetzung weltweit.

Heute, am Ende des 20. Jahrhunderts, befinden wir uns in einer neuen Phase, die durch die exponentielle Zunahme der systematischen Kontakte, Vermischungen vieler Kulturen und weltweiter Abhängigkeitsverhältnisse charakterisiert ist. Durch neue Transport- und Kommunikationstechnologien scheint die Welt zu schrumpfen. Gemessen an den jeweiligen Transportgeschwindigkeiten hat sich die Welt zwischen dem 16. Jahrhundert und heute um das Fünfzigfache verkleinert, da ein Jet fünfzigmal schneller ist als ein Segelboot.[37] Geographische Beschränkungen verlieren zunehmend Einfluß auf soziale und kulturelle Beziehungen. Arbeit, Kapital und Gemeinschaften sind häufig nicht mehr an feste Orte gebunden. Zugleich leben immer mehr Menschen unterschiedlicher Provenienz an einem Ort. Nicht nur Weltstädte werden von globalen Einflüssen verändert, auch einst monokulturelle Städte, Dörfer und einzelne Wohngebiete gewinnen durch Migration, Asyl und Geschäftsbeziehungen ein neues multikulturelles Profil. Im Freiburger Stadtteil Weingarten leben bis zu 50 verschiedene Nationalitäten in einem Wohnblock zusammen – und Farsi ist die nach Amerikanisch meistgesprochene Sprache in Beverly Hills.

Immer mehr Menschen sind sich dieser »einen Welt« bewußt.[38] Weltweit werden individuelle und nationale Themen relativiert, indem sie zu globalen in Beziehung gesetzt werden. Wir interpretieren militärisch-politische Ereignisse im Rahmen einer »Neuen Weltordnung«, ökonomische Probleme werden in Verbindung zur »internationalen Rezession« gebracht, Marketing lanciert »Weltprodukte« auf dem »Weltmarkt«. Bürger aller Staaten orientieren sich an universellen Menschenrechten, und Umweltschützer rufen zur »Rettung der Erde« auf. Menschen, ob in Singapur oder Österreich, werden durch die ständige (faktische oder mediale) Präsenz anderer Lebensformen zur Relativierung ihrer eigenen Standpunkte fast schon gezwungen.

Das Bewußtsein, einer Welt anzugehören, ist heutzutage als Kollektiverfahrung allen Menschen gemeinsam und stellt das bahnbrechend Neue an der zeitgenössischen Phase der Globalisierung dar. Es bringt mit sich, daß sich jeder Partikularismus, der westliche wie der arabische oder chinesische, vor dem Hintergrund des jeweils anderen artikulieren und relativieren muß. Während der CBS-News Anchorman Walter Cronkite in den 60er Jahren seine Nachrichtensendung noch mit den Worten »That's the way it is« beenden konnte, verabschiedete sich sein Nachfolger Dan Rather Anfang der 80er Jahre realistischer mit »That's part of our world tonight«. Das zunehmende Bewußtsein, Teil eines größeren Ganzen zu sein, das wiederum selbst nur Teil von etwas Umfassenderem ist, durchzieht alle Lebens- und Wissensbereiche.

Unsere Thesen zur kulturellen Globalisierung

Die wesentlichen Merkmale der kulturellen Globalisierung, die wir in diesem Buch herausarbeiten werden, lassen sich in neun Thesen zusammenfassen.

1. Durch Globalisierung differenziert sich die Welt
Durch die exponentiell gewachsenen Kontakte zwischen Menschen und Gesellschaften wächst die Kenntnis alternativer Lebensformen, Werte und Weltbilder. Menschen weltweit haben heute tendenziell mehr Ausdrucksmöglichkeiten und nutzen diese für die *Ausdifferenzierung* ihrer Kultur. In der Auseinandersetzung mit globalen Einflüssen entstehen neue Kulturformen, die weniger auf Autonomie als auf Beziehungen basieren. Da diese Beziehungen häufig noch keine Entsprechung in Institutionen und bestehenden Strukturen haben, erscheint die neue kulturelle Vielfalt auf den ersten Blick zufällig und ohne Zusammenhang.

2. Menschen interpretieren globale Waren und Ideen höchst unterschiedlich
Weltweit verfügbare Waren, Medien, Ideen und Institutionen des modernen Lebens führen nicht zu einer Angleichung der Kulturen, sondern werden von Menschen auf die unterschiedlichste Art und Weise in ihr eigenes Weltbild integriert. Anhand einer großen Bandbreite von Fallstudien und Geschichten läßt sich zeigen, wie Gesellschaften diese fremden Einflüsse verarbeiten, sie aufnehmen, verwandeln oder abwehren.

3. Weltweite Einflüsse lassen sich nicht auf US-amerikanischen Kulturimperialismus reduzieren
Wer ist die treibende Kraft hinter der Globalisierung? Der Westen ist seit 500 Jahren Motor der weltweiten Vernetzung. Auch heute dominieren Strukturen und Institutionen westlichen Ursprungs. Vor allem seit den 70er Jahren lassen sich je-

doch immer mehr Beispiele für eine nachhaltige Beeinflussung des Westens durch andere Regionen anführen. Diese betreffen so unterschiedliche Bereiche wie Wirtschaftstheorien, Küche, Musik, Literatur und spirituelle Lebensformen.

4. Geographische Räume verlieren zunehmend an Bedeutung

Viele der neu entstehenden Kulturformen sind deterritorialisiert, d. h. für eine wachsende Anzahl von Menschen und Gruppen verlieren geographische Orte als primäre Bezugspunkte der Identität und des Alltagslebens an Bedeutung und werden von kulturellen und sozialen Bündnissen abgelöst (Migranten, Jugendkulturen, Symbolanalytiker, Internet-Gemeinden, spirituelle Lebensgemeinschaften). Weltweit haben sich Gesellschaften westliche Ideen und Institutionen angeeignet und sie transformiert. Diese sind heute Teil der jeweiligen Kultur, und ihre historischen Wurzeln sind für ihre Benutzer zunehmend irrelevant.

5. Die Ausdifferenzierung der Welt erfolgt über ein globales Referenzsystem

Die neue Vielfalt ist, anders als früher, über ein globales Referenzsystem organisiert. Diese Ebene, von uns *Globalkultur* genannt, besteht aus einer (wachsenden) Reihe von universellen Kategorien, Konzepten und Standards, die Kommunikation, gegenseitige Anerkennung und kulturelle Ausdifferenzierung ermöglichen. Konzepte wie Demokratie, Menschenrechte und Feminismus stellen einen Bezug zwischen verschiedensten Menschen her und ermöglichen es, die eigene Position vor dem Hintergrund vieler anderer zu spiegeln und zu relativieren.

6. Die Globalkultur ist keine Kulturschmelze

Durch die Nutzung gemeinsamer Konzepte und Strukturen werden wir nicht alle gleich, wir präsentieren nur unsere Unterschiede zunehmend auf eine einander ähnliche Weise. Die Globalkultur stellt ein System von Kategorien dar, innerhalb derer wir kulturelle Unterschiede definieren müssen, um einander zu verstehen und gegenseitige Anerkennung zu erlangen.

7. Die Globalkultur ist von ungleichen Machtverhältnissen geprägt

Hegemonie im globalen Referenzsystem wird nicht direkt durch das Aufzwingen einer fremden Macht erreicht, sondern indirekt durch die Etablierung universeller Strukturen und Standards. Innerhalb dieser Kategorien müssen Menschen, wenn sie von einer Mehrheit gehört werden wollen, ihre Unterschiede artikulieren. Dabei werden bestimmte Arten von Unterschieden hervorgehoben, andere ignoriert oder unterdrückt.

8. Die Globalkultur ist authentisch

Authentizität läßt sich nicht mehr nach Ursprüngen definieren, sondern muß nach Folgen bestimmt werden. Waren, Ideen und Institutionen sind in dem Maße authentisch, wie sie von Menschen erfolgreich für ihre eigenen kulturellen Projekte angeeignet werden können. Sie ermöglichen es Gesellschaften, mit wesentlichen Themen des modernen Lebens umzugehen, diese zu reflektieren und sich ihre eigenen authentischen Welten zu schaffen.

9. Die Globalkultur verändert sich ständig

Es besteht eine enge Wechselwirkung und ständige Anpassung zwischen der Globalkultur als ganzer und den einzelnen zu integrierenden Elementen. Wandel ist das einzig Beständige – insofern nichts Neues.

ERSTES KAPITEL

GLOBALE KULTURSCHMELZE?

Für viele Menschen bedeutet Globalisierung Homogenisierung. Die zunehmenden Kontakte zwischen vormals in weitgehender Unkenntnis voneinander lebenden Gesellschaften und ihre wechselseitigen Abhängigkeiten scheinen ganze Kulturen zu zerstören, auf jeden Fall aber Unterschiede zwischen diesen einzuebnen. Zu dieser Vorstellung trägt bei, daß immer mehr Menschen die gleichen Dinge konsumieren und durch Massenkonsum nachhaltig geprägt werden. In einer Welt, in der überall *Dallas* gesehen, mit Microsoft gearbeitet und mit Barbie-Puppen gespielt wird, scheinen Menschen einander immer ähnlicher zu werden. Eine homogene globale Kultur bedroht in diesem Szenario die Vielfalt der menschlichen Lebensformen, ebenso wie das Abholzen des Regenwaldes die Artenvielfalt reduziert. An diesem Bild stricken Zeitschriften-Kolumnisten und Wissenschaftler ebenso wie Stammtischrunden. In seinem Buch über die »McDonaldisierung der Gesellschaft« deutet der Soziologe George Ritzer[39] den weltweit einheitlichen Hamburger als Symbol der Gleichschaltung der Welt. Reiselustige Deutsche greifen, enttäuscht über das vermeintliche Fehlen kulturell spezifischer Souvenirs, zum Benetton T-Shirt, in Schweden zum Original, in Thailand zum Plagiat.

Ohne Frage lassen sich viele Beispiele anführen, die das Homogenisierungsszenario stützen. In dem Maße, in dem Waren, Ideen und Technologien über weite Entfernungen ausgetauscht und konsumiert werden, werden einige spezifische Lebensweisen verdrängt oder zerstört. Sibirische Nomaden können ihrer traditionellen Wirtschafts- und Lebensform nicht mehr nachgehen, seitdem durch die Ansiedlung von multinationalen Ölfirmen die Rentierhaltung auf freier Wildbahn unmöglich geworden ist. Aus Mangel an alternativen Erwerbsmöglichkeiten sind viele solcher Gemeinschaften von Arbeitslosigkeit und Alkoholismus bedroht, und ihre traditionelle Lebensweise ist zum Aussterben verurteilt. Bestimmte Fischfangtechniken der Eskimos geraten in Vergessenheit, und an norwegischen Universitäten wird auf Englisch unterrichtet. Von den heute gesprochenen ca. 6.500 Sprachen werden, den Schätzungen von Sprachwissenschaftlern zufolge, Ende des nächsten Jahrhunderts nur noch 10 Prozent, d.h. um die 650, überleben.[40] Viele traditionelle Lebensformen können nur noch in Nischen bewahrt werden: Die Pflege der Tradition beschränkt sich auf Freizeitaktivitäten in bayerischen Trachtenvereinen oder auf touristische Darbietungen in Pueblo-Dörfern in New Mexico.

Hinter dem Bild von kulturellem Verlust und der Angst vor einer Kulturschmelze stehen jedoch bestimmte implizite Annahmen. Eine der zentralen Thesen des Homogenisierungsszenarios betrifft den Konsum von Ideen und Gütern. Aus der Tatsache, daß immer mehr Menschen die gleichen Dinge konsumieren (von Soapoperas über Lebensmittel bis zu einem ideologischen Konzept wie Demokratie), wird geschlossen, daß alle Menschen diese Ideen und Waren auch auf gleiche Weise rezipieren und in ihrem Lebensumfeld einsetzen. Die Befürchtung: »Wir trinken alle Coca-Cola, wir werden alle gleich« scheint sich allerorts zu bestätigen. Wir gleichen uns aber nicht nur einander an, wir scheinen alle zu Amerikanern zu mutieren. In diesem Szenario werden nicht-westliche Gesellschaften zu passiven Opfern, die dem Ansturm der globalen Kultur hilflos ausgeliefert sind oder deren einzige Gegenwehr in der Zuflucht zu Fundamentalismen oder einem übersteigerten Ethnizitätsbewußtsein besteht.

Die Welt der Waren

Betrachten wir das Homogenisierungsszenario einmal am Beispiel des Produktmarketings. Waren gelten neben Medien als Globalisierungsagenten erster Ordnung. Schon Marx schrieb, daß kapitalistische Billigwaren die schweren Geschütze seien, mit denen sämtliche chinesischen Mauern zum Einsturz gebracht werden könnten und mit deren Hilfe die Bourgeoisie die Welt nach ihrem Vorbild forme. Homogenisierungstheoretiker suchen sich die Teile der Konsumkultur heraus, die ihre Thesen zu stützen scheinen. So wird Homogenisierung »bewiesen« durch die Existenz von globalen Marken wie Marlboro, Levi-Strauss und Apple. Tatsächlich lassen sich eine ganze Reihe von weltweit vermarkteten Waren aufzählen. Immer mehr standardisierte Konsumgüter wie Autos, Pullover, Computer, Sportartikel und Eis am Stiel, aber auch Pharmazeutika und Spülmittel werden weltweit vertrieben. In den 80er Jahren wurde diese Tendenz von Harvards Marketing-Guru Theodore Levitt mit dem Schlagwort der »Globalisierung der Märkte« bedacht[41], und Werbefirmen wie die der Londoner Brüder Saatchi & Saatchi sagten die globale Verbreitung und einheitliche Vermarktung einer wachsenden Anzahl standardisierter Produkte voraus.[42] Da hieß es, »die Bedürfnisse und Wünsche der Welt (seien) unwiderruflich homogenisiert worden« und dieselbe Standardisierung industrieller Machart, die bis dato auf nationaler Ebene stattgefunden hatte, werde sich nun auf globaler Bühne fortsetzen. Unternehmen erschien es natürlich ökonomisch sehr bestechend, ein und dasselbe Produkt weltweit zu vertreiben und mit der gleichen Werbung zu lancieren. Im Zuge dieser Euphorie fusionierten in den 80er Jahren zahlreiche Werbeunternehmen über nationale Grenzen hinweg. J. Walter Thompson wurde von der englischen Agentur CWPP aufgekauft und schloß sich mit Oglivy & Mather zusammen, Young & Rubicam erwarb Anteile der führenden portugiesischen Werbeagentur Team, und Ted Bates vereinnahmte die Alas-Gruppe in Spanien.[43] Auf dem Weg zur Nr. 1 deWerbewelt schluckte Saatchi & Saatchi Compton Advertising und Dancer Fitzgerald Sample. Die Londoner Brüder sind inzwischen in über 80 Ländern vertreten und kaufen 20 Prozent der Werbezeit weltweit. Ein von ihnen produzierter Pepsi-Cola-Spot konnte von einem Fünftel der Menschheit gesehen werden.[44] Transnationale Agenturennetzwerke dominieren den Werbemarkt in Deutschland ebenso wie in den Staaten Südamerikas und Asiens. Diese transnationalen Werbefirmen haben den Auftrag, standardisierte Werbung multinationaler Konzerne in transnationale Netze einzuspeisen, wobei nur die Sprache an das jeweilige Land angepaßt wird.

Doch inzwischen ist die Anfangseuphorie merklich abgekühlt. Sowohl standardisierte Produkte als auch einheitliche Werbung entpuppen sich in vielen Fällen als Flops. Der Konsumentengeschmack erweist sich als doch nicht so einheitlich, wie die Ökonomietheoretiker es gerne hätten. Deutsche und englische Hausfrauen wollen ihre Waschmaschinen von vorne, französische von oben füllen; Deutsche und Dänen benutzen fluoridierte Zahnpasta, um ihre Zähne vor Karies und Parodontose zu schützen, Italiener und Franzosen dagegen aus kosmetischen Gründen. Volvo sieht sich genötigt, in Frankreich seine Autos als Ausdruck von Status und Genuß zu vermarkten, in Schweden wird auf Wirtschaftlichkeit, Sicherheit und Haltbarkeit Wert gelegt, und für den deutschen Markt ist die Motorenleistung verkaufsbestimmend. Deutsche sehen bei niedrigem Blutdruck eine medizinischer Behandlung indiziert, britische Ärzte halten das für unnötig.

Ein Seifenmulti vermarktete Waschpulver im Mittleren Osten mit der im Westen üblichen Gegenüberstellung schmutziger Kleidung zur Linken des Waschmittels und sauberer Kleidung zur Rechten. Die Werbung mußte eingestellt werden: Man hatte die Tatsache mißachtet, daß Araber von rechts nach links lesen und annehmen mußten, das Waschmittel würde saubere Wäsche verschmutzen.[45] Nike wurde jüngst gezwungen, mehrere 10.000 Paar Sportschuhe vom Markt zu nehmen. Die Schuhe, die ein Symbol trugen, welches an das arabische Wort »Allah« erinnerte, wurden von der muslimischen Gemeinde in den USA als gotteslästerlich empfunden. Mit einer Spende von 50.000 Dollar an eine muslimische Schule konnte der Konzern den weltweiten Boykottaufruf des »Rats für amerikanisch-islamische Beziehungen« (Cair) gerade noch verhindern. Selbst wenn Werbeagenturen versuchen, ihre Werbung kulturspezifisch anzupassen, ist Erfolg nicht garantiert. Die taiwanesische Übersetzung des Pepsi-Slogans »come alive with the Pepsi-Generation« las sich für die taiwanesischen Konsumenten als »Pepsi erweckt ihre Vorfahren wieder zum Leben«. Auch diese Werbung war nicht umsatzfördernd.

Ein Werbespot für Haarshampoo sieht in Saudi-Arabien notgedrungen anders aus als in Deutschland. Die Schwierigkeiten, die die Produktion eines solchen Fernsehspots für den saudischen Markt mit sich brachte, beschreibt ein Mitarbeiter einer libanesischen Werbeagentur: »Wir dürfen Frauen nicht von vorne zeigen oder im Profil, aus moralischen Gründen. Geschweige denn eine Frau, die unter der Dusche steht und das Shampoo verwendet. Der Regisseur hatte schließlich die rettende Idee: Wir machen eine Nahaufnahme von Frauenhaar, nur ein winziger Abschnitt des Ohrs ist zu sehen. Umschnitt auf einen Föhn, glänzendes Haar, das sich im Wind bewegt, langsamer Schwenk bis zu den Haarspitzen in Höhe der Taille, Umschnitt auf die Flasche mit dem Shampoo. Allerdings hatten wir noch ein Problem. Wir brauchten eine Schauspielerin mit entsprechenden Haaren. In Dubai haben wir keine Inderin gefunden, die uns gefiel. Eine Araberin oder Pakistanerin können wir nicht nehmen, das würde Ärger geben mit dem Islam. Wir haben uns dann für ein Model aus Bombay entschieden. Sie ist aber nicht verheiratet, und ledige Frauen bekommen in der Regel kein Visum für die Emirate. Jetzt drehen wir den ganzen Spot in Bombay.«[46]

Zwar sind bestimmte globale Absatzmärkte für Designerprodukte entstanden, die es gewissen Gesellschaftsschichten in Jakarta wie in New York oder Warschau ermöglichen, Louis Vuitton-Taschen und Esprit-T-Shirts zu tragen. Abgesehen von einer kleinen Anzahl wirklich globaler Marken, die ihre Bedeutung oft gerade aus ihrem Bezug zum Globalen herleiten (Coca-Cola zelebriert die Einheit der Welt, Benetton wirbt mit den United Colours of the World), sind die meisten Produkte aber nicht international, sondern national oder regional ausgerichtet. Generell haben Marken ziemliche Schwierigkeiten, sich alleine schon auf einem regionalen Markt wie dem europäischen einheitlich zu präsentieren, geschweige denn auf dem Weltmarkt aufzutreten. Bei J. Walter Thompson, einer der großen Werbeagenturen, schätzt man beispielsweise das Potential der europaweit einheitlichen Werbung innerhalb der nächsten Jahre auf nur fünf Prozent des gesamten europäischen Werbeetats.[47] Durch neue Produktionsweisen, die Variationen und Modifizierungen eines Produkts ohne großen Kostenaufwand ermöglichen (»flexible Spezialisierung«), ist die Strategie, ein standardisiertes Produkt für den ganzen Weltmarkt herzustellen, nunmehr auch nur noch eine von vielen Möglichkeiten.

Eine Firma wie der Lebens- und Körperpflegemittel-Riese Unilever produziert heute zwar in 90 Ländern und verkauft seine Produkte in 160 Staaten, hat aber für sich die Erfahrung gewonnen, daß Konsum von äußerst lokalen Bedürfnissen und Geschmäckern geprägt wird. Zum Versuch des Unternehmens, ein erfolgreiches Produkt weltweit zu vermarkten, meint Chairman Morris Tabaksblat: »Wir haben es redlich versucht, zum Beispiel mit Margarine. Die verkauft sich ganz gut in Europa und den USA. Aber nicht in Asien. Dort wird kein Brot gegessen, also wofür Margarine? Wir haben versucht, den Asiaten beizubringen, daß Brot ganz köstlich schmeckt, und dabei gelernt, besser etwas zu verkaufen, was die Menschen gerne essen, anstatt sie zu bewegen, etwas zu essen, was wir gerne verkaufen.«[48] Selbst McDonalds paßt sich nationalen Unterschieden an, verkauft in Deutschland Bier, in Frankreich Wein und in Australien zusätzlich Hammelpastete. Auf den Philippinen bietet es dagegen McSpaghetti an.[49]

Der Markt ist zwar auf der einen Seite ein Globalisierungsagent, er bietet aber auch Möglichkeiten für lokale Unternehmer, kulturelle Innovationen für lokale Marktnischen zu entwickeln. Dem lokalen Entrepreneur verhilft die genaue Kenntnis des jeweiligen kulturellen Umfelds zu einem Wettbewerbsvorteil gegenüber großen internationalen Firmen. Die regionale Bierbrauerei, die ihre friesischen oder bayerischen Wurzeln vermarktet, profitiert gerade von dem Regionalstolz und der Vertrautheit zwischen Konsument und Produzent. Deutsche Bioläden ziehen vor dem Hintergrund der EU-weiten Angleichung von Lebensmitteln eine Kundschaft heran, die regionale Produkte schätzt. Viele Musikrichtungen weltweit, ob nigerianischer Fújì oder kolumbianische Cumbia, werden in den Herkunftsgebieten in Auflagen produziert und erreichen durch Raubkopien eine Verbreitung, von denen internationale Plattenhersteller oft nur träumen können. Ihre Popularität verdanken die Bands häufig kleinen örtlichen Musikproduzenten, die ihr Publikum und deren Vorlieben genau kennen, Trends verfolgen und auf Neuheiten schnell reagieren. Auch islamische Couturiers besetzen erfolgreich eine Marktnische, indem sie die Mode der westlichen Modedesigner für ihre islamische Klientel anpassen. So trägt die muslimische Frau dieselben Modefarben wie ihre westliche Geschlechtsgenossin, »nur nicht so kräftig im Ton, sondern ein bißchen zarter«.[50] Der Markt für islamische Damenmode ist wiederum in sich differenziert. »Europäische Muslimas haben es gerne ein bißchen kürzer, bei den Araberinnen muß der ganze Fuß unter dem Rocksaum verschwinden, und in Pakistan und Indien bevorzugt man Hosen und lange Jacketts.« (...) »In Saudi-Arabien (...) hat man früher in Frankreich einfach lange Röcke bestellt – aber ein langer Rock ist noch lange kein islamischer Rock«.[51]

Das lokale Prisma

Tatsache ist jedoch, daß immer mehr Menschen Dinge konsumieren, die sie nicht produzieren, und daß dieser Warentransfer oft auch über nationale Grenzen führt. Bei näherer Betrachtung erscheinen jedoch viele Gesellschaften den Ansturm von »McWorld« gar nicht so passiv über sich ergehen zu lassen; weder heutzutage, d. h. in einer Zeit, in der die EU jede importierte Banane mit einer normierten Kennziffer absegnet, noch vor Jahrhunderten. Die Vorstellung, daß Gesellschaften der »Peripherie« äußere Einflüsse nur passiv rezipieren, widerlegte der Ethnologe Marshall Sahlins mit einer historischen Untersuchung. Er zeigt, wie im späten 18. und im 19. Jahrhundert vier verschiedene Gesellschaften, nämlich China, Hawaii, die Kwakiutl (Indianer an der Nordwestküste Kanadas) und Großbritannien höchst unterschiedlich auf ihren Kontakt mit dem Kapitalismus reagierten. Entgegen der gängigen Meinung, daß nicht-westliche Kulturen vom Westen und seinen Gütern ausnahmslos überwältigt waren und ihre Goldbarren willig gegen Glasperlen eintauschten, veranschaulicht das Beispiel China, daß kapitalistische Penetration nicht immer erfolgreich war. China zeigte sich bis zum 19. Jahrhundert, als der Widerstandswille durch die illegale Einfuhr von Opium gebrochen wurde, gänzlich unbeeindruckt von westlichen Waren. In einem Memorandum des chinesischen Kaisers an den englischen Gesandten aus dem Jahr 1793 heißt es dementsprechend: »Wir haben Raffinessen noch nie besonders geschätzt, und wir haben auch nicht den geringsten Bedarf an den Waren Ihres Landes.« Sahlins erklärt diese Reaktion vor dem Hintergrund chinesischer Machtstrukturen und Zivilisationstheorien, die fremde Objekte als barbarische Kuriositäten abtaten und als Tribut, nicht als Handelsgut interpretierten. Und das mit westlichen Waren bestückte kaiserliche Kuriositätenmuseum war bereits voll. In Hawaii, um nur ein weiteres von Sahlins Beispielen aufzugreifen, war ein völlig anderer Umgang mit europäischen Handelsgütern zu beobachten. Hier eigneten sich die herrschenden Häuptlinge westliche Waren als Ausdruck göttlicher Macht an. Waren wurden in den Machtkämpfen der Häuptlinge untereinander als Prestigeobjekte eingesetzt, wobei das ständige Streben nach Neuem, um die Hierarchien aufrechtzuerhalten, letztendlich zu Verschuldung und wirtschaftlichem Niedergang führte.[52]

Viele Beispiele lassen sich dafür anführen, daß externe Einflüsse je nach historischer Situation, sozialer Struktur und Kultur der betroffenen Gesellschaft höchst unterschiedlich aufgenommen, interpretiert und angeeignet werden. Ethnologen haben zwei Hauptstrategien des Umgangs mit fremden, meist westlichen Waren und Ideen herausgearbeitet: Widerstand und Aneignung.

Widerstand gegen Fremdes

Widerstand gegen hegemoniale Mächte nimmt vielfältige Formen und Ausprägungen an. Schon das in vielen Dörfern dieser Welt anzutreffende Mißtrauen gegenüber Fremden läßt sich als Form des Widerstands gegen Außeneinflüsse deuten. Selbst in einer touristisch hochentwickelten Region wie dem Chiemgau gibt es klare Vorstellungen davon, wer ein »echtes« Mitglied der Gemeinschaft ist. Eine Bäuerin aus Bernau heiratete in den 60er Jahren ins sechs Kilometer entfernte Frasdorf. Sie widersprach damit dem Ideal einer Dorfendogamie (Heirat nur innerhalb der Dorfgemeinschaft) und wurde lange Zeit als Fremde angesehen. Für ihre Töchter hat sich der Radius möglicher Ehepartner zwar erweitert, aber ein »Preiß« oder gar ein Tunesier müßte immer noch um seine Akzeptanz kämpfen. Eine ganz andere Intensität des Widerstands kennzeichnet die vielzähligen Formen des religiösen Fundamentalismus und übersteigerten Nationalismus, die heute gern unter dem Stichwort der »Balkanisierung der Welt« diskutiert werden, das der

These von der Homogenisierung fast schon den Rang abläuft. Aus vielen Ecken wird gegen die Universalisierung des westlich-abendländischen Zivilisationsmodells Stimmung gemacht. Wer aber steht hinter diesem Widerstand?

Die sichtbarsten Akteure des Widerstands sind bis heute Staaten. Ihre Rolle Fremdem gegenüber ist ambivalent. Zum einen verbreiten sie globale Einflüsse, zum anderen versuchen sie aber auch, ihre Bevölkerung von ihnen abzuschirmen. Die meisten Nationalstaaten empfinden die zunehmende Vernetzung und Ausbreitung fremder Werte und Lebensformen als Bedrohung ihrer staatlichen Souveränität und nationalen Identität und reagieren zum Teil mit massiven Gegenmaßnahmen. Frankreich, Kreuzzugführer gegen Sprachimperialismus, aktualisierte jüngst das sogenannte L'Auriol-Gesetz, wonach ausländischen Firmen der Gebrauch von anglo-amerikanischer Terminologie in ihrer Werbung untersagt wird. Die Zuwiderhandlung kann mit Bußgeldern bis zu 20.000 Francs geahndet werden. Um der Ausbreitung von »Franglais« entgegenzuwirken, bastelt die Académie Française fleißig, oft unter hohem finanziellen Aufwand, an französischen Pendants zu englischen Begriffen. So könnte das Internet in Kürze als *entre-réseau* ins Wörterbuch Eingang finden – die Talk Show wurde bereits zur *causerie*, der walkman zum *bailladeur* und das fast food zur *formule rapide* deklariert. Mindestens 40 Prozent der Musikbeiträge und 60 Prozent der Filme der nationalen Rundfunk- und Fernsehanstalten müssen aus französischen Produktionen stammen.[53] Länder wie Malaysia oder Argentinien erließen ähnliche Gesetze.[54] Singapur und der Iran schränken den Gebrauch von moderner Kommunikationstechnologie stark ein oder verbieten ihn ganz. Burma und Nordkorea begeben sich regelrecht auf den Pfad der Deglobalisierung und untersagen die Einfuhr ausländischer Waren und Ideen. Ausländer dürfen das kleine Himalaya-Königreich Bhutan nur auf Einladung besuchen oder wenn sie bereit sind, ein hohes Tagegeld zu bezahlen. Andere Staaten beschränken den Import spezieller Gütergruppen, in Brasilien z. B. den Computer-Import, oder erschweren ausländische Beteiligungen an inländischen Firmen (in Indien unter dem Motto »go home, or become a minority partner«).

Viele dieser konkreten staatlichen Maßnahmen sind Ausdruck einer kritischen Haltung gegenüber westlichen Lebensformen und deren weltweitem Export. Die Kritik, die zur Zeit besonders von den jungen asiatischen Industrienationen und islamischen Staaten geäußert wird, richtet sich gegen das abendländische Wertesystem, sein Gesellschafts- und Menschenbild sowie die darauf basierende politische Ordnung und drückt die Angst vor dem Verlust der eigenen kulturellen Besonderheiten aus. So erklärte Ayatollah Khomeini: »Wir haben unsere Identität verloren und sie durch eine westliche ersetzt.«[55] Die Tatsache, daß kulturelle Faktoren in der zwischenstaatlichen Auseinandersetzung zunehmend an Gewicht gewinnen, führte Huntington zu seiner These, Konflikte würden künftig nicht mehr zwischen Ideologien und Nationalstaaten, sondern zwischen Zivilisationen und Mentalitäten verlaufen und ausgetragen werden. Der dritte Weltkrieg, ein »Krieg der Zivilisationen«?

Widerstand wird auch unter- und überhalb der staatlichen Ebene von unterschiedlichst motivierten Bewegungen geleistet. Diese können staatliche Interessen verstärken oder gegen sie angehen. Religion stellt dabei eine der Haupttriebfedern dar. Besonders massiv wehren sich islamische Fundamentalisten seit den 70er Jahren gegen den westlichen Pluralismus und »dekadente, materialistische Werte«. Nicht abstrakte Rechtsnormen, sondern das in der Scharia festgehaltene göttliche Recht sei die Basis sozialer Ordnung und solle als solche anerkannt werden. Der Iran hat diese Auffassung zur Staatsdoktrin erhoben, in Ägypten kämpft die Muslimische Brüderschaft gegen die Regierung Mubaraks um vergleichbare Ziele. Fundamentalismus ist aber keine rein islamische Angelegenheit, wie gerne von westlicher Seite impliziert wird. Die New Christian Right in den USA stellt eine mächtige protestantische fundamentalistische Bewegung dar, die weitreichenden Einfluß auf die amerikanische Innenpolitik ausübt. Mit weltweit 20.000 Wochenstunden Radioübertragung in 125 Sprachen ist sie auch der größte Einzelanbieter im transnationalen Radiowesen. Wenngleich Fundamentalismen oft als Reaktion auf die Globalisierung dargestellt werden, zeigt sich, daß sie sich problemlos der Mittel der Globalisierung bedienen und dadurch selbst effektive Globalisierer werden. Die panislamische Bewegung ist überhaupt erst durch internationale Geldtransfers, Massenmedien, Hadj-Pilgerfahrten und gemeinsame Guerillaausbildung entstanden.[56]

Auch soziale Bewegungen und Interessengruppen richten sich in ihren Aktionen gegen Auswirkungen der Globalisierung. Bürgerproteste in Jordanien wandten sich vor kurzem gegen vom IWF erzwungene Maßnahmen, die zur Erhöhung der Lebensmittelpreise führten. In Indien wird derzeit die Frage nach dem Grad der Abschottung von bzw. Öffnung zum Westen heiß diskutiert – und im Zuge dieser Diskussion wurde die Filiale des US-amerikanischen Eßtempels Kentucky Fried Chicken in Bangalore (dem »Silicon Valley« Indiens) von Schlägertrupps demoliert. Für Indien, so die Aussage der mehrheitlich hinduistisch orientierten »Swadeshi« (Eigenständigkeits)-Agitatoren, sei der Trend zur Globalisierung der Weg zur Versklavung, Entfremdung und Vereinzelung, und der amerikanische Grill-Imbiß sei nur der Anfang von wirtschaftlichem Kolonialismus, Ausbeutung und dem Siegeszug fremder Werte.[57] Auf die Austragung der Miss World-Wahl 1996, ebenfalls in Bangalore, reagierte ein buntes Spektrum von indischen Feministinnen bis zu hinduistischen Aktivisten mit spektakulären Protesten. 15 Frauen des Mahila Jagran (Frauenforum zur Bewußtseinsförderung) drohten mit ihrer Selbstverbrennung, sollte der Schönheitswettbewerb stattfinden.[58] Gegen die Pluralisierung des eigenen Staates wenden sich auch Parteien und Bewegungen innerhalb der westlichen Industrienationen. Der Front National in Frankreich, die FPÖ in Österreich oder die DVU in Deutschland sammeln Sympathien und Stimmen gegen jegliche Entwicklungen, die die Öffnung ihrer vermeintlich homogenen Enklave bewirken könnten. In Amerika wird im Gegenzug zur Politik der »affirmative action« der »Balkanisierung« vorgebeugt, indem z.B. Gesetze gegen die Erhebung von Minderheitssprachen zu Amtssprachen erlassen werden. In 16 Staaten ist Englisch als einzige Amtssprache bereits gesetzlich verankert.[59]

Nicht alle Proteste werden offen und medienwirksam zum Ausdruck gebracht. Oft nimmt der Widerstand subtilere Formen an. In ihrer Fallstudie »Spirits of Resistance and Capitalist Discipline« (1987)[60] stellt die Ethnologin Aiwa Ong die Auswirkungen des Kapitalismus auf die bäuerliche Gesellschaft Malaysias in den Mittelpunkt. Ong zeigt, mit welchen kulturellen Strategien die weiblichen Mitglieder der dörflichen *Kampung*-Gemeinschaften versuchen, den Widersprüchen zwischen ihren sozialen Rollen innerhalb der islamischen Dorfgemeinschaft und am Arbeitsplatz gerecht zu werden. Als die malaysische Regierung Anfang der 70er Jahre die Weichen für eine neue, exportorientierte Industrialisierungspolitik stellte, wurden die dörflichen Gemeinschaften systematisch in das Lohnarbeitssystem integriert. Der Aufbau von Leichtindustrie und die Ansiedlung ausländischer Unternehmen sollte die verarmte und dadurch rebellische Landbevölkerung, die ihr Land und damit ihre Lebensgrundlage zunehmend an städtische Beamte verlor, in die Industrie integrieren. Im Zuge dieser neuen Wirtschaftspolitik wurden innerhalb einer Dekade 59 Industriezentren errichtet, neun davon als Freihandelszonen. Die malaysische Regierung versprach neben Steuererleichterungen stabile Arbeitsbedingungen, erklärte ihren Verzicht auf Mindestlöhne und Gleichberechtigung der Geschlechter. Die Niederlassung zumeist japanischer oder amerikanischer Firmen schuf auf einen Schlag viele niedrig bezahlte Arbeitsplätze, vor allem in der Elektronikindustrie. Die weiblichen Arbeitskräfte im Alter von 16 bis 25 Jahren wurden bevorzugt in den Kampung-Dörfern rekrutiert. Die Frauen dieser traditionellen islamischen Gesellschaft gelten als fingerfertig und respektvoll (»flinke Finger, langsamer Intellekt« als Idealprofil). Gegenüber ihrer islamischen Bevölkerung lobte die malaysische Regierung die auf den japanischen Tugenden »Disziplin, Sauberkeit und Vertrauenswürdigkeit« basierende Unternehmenskultur der Firmen und empfahl sie als Vorbild für die islamische Welt. Bei dieser »look east«-Politik setzte die Regierung auf kulturelle Werte, eine östliche Moral und Ethik und stellte sie der funktionalen Technikorientierung des Westens als Alternative gegenüber.

Bei den männlichen Familienoberhäupter in den Kampung-Dörfern trafen die staatlichen Argumente auf offene Ohren. Durch Teilnahme an Betriebsveranstaltungen werden Väter und Ehemänner in die Arbeitsbeziehung zwischen der Firma und den jungen Frauen einbezogen. Doch die Einführung der Lohnarbeit für Frauen ist von Widersprüchen geprägt. Ihr neuer Status als ökonomisch unabhängige Familienernährerinnen steht im Spannungsverhältnis zu ihrer Rolle als sozial untergeordnete Mitglieder einer islamischen Gemeinschaft. Darüber hinaus müssen sich die Frauen in eine rigide hierarchische Struktur kapitalistischer Arbeitsdisziplin einfügen, die im Gegensatz zu der vertrauten flexiblen Arbeitssituation innerhalb der häuslichen Sphäre steht. Um diesen Widersprüchen zu begegnen, entwickelten die jungen Arbeiterinnen eine Form von Widerstand, der sich nicht direkt und offen gegen ihre Arbeitsbedingungen oder Arbeitgeber richtete, sondern subtile Formen annahm. Anfang der 80er Jahre häuften sich bei jungen Fabrikarbeiterinnen Fälle von Besessenheit, die in den Medien Aufmerksamkeit erregten. Fabrikarbeiterinnen erzählen von »kanu hantu«, einem aggressiven Geist, der sich ihrer während der Anfälle bemächtigt. Dieser Geist, fester Bestandteil des Weltverständnisses der Dorfgemeinschaft, taucht vorzugsweise an schmutzigen

Orten (wie Toiletten) und in kritischen Situationen auf. So werden Frauen besessen, die ihren Gebetsverpflichtungen durch den Arbeitsablauf nicht nachkommen können oder von ihren Vorarbeitern daran gehindert werden. Während ihrer Besessenheit zerstören manche Frauen Mikrochips, ohne sich anschließend daran erinnern zu können. Das ausländische Management interpretiert diese Besessenheit als Symptom einer individuellen Neurose. Ong dagegen sieht darin eine Reaktion der Frauen auf den Druck, der durch die widersprüchlichen Anforderungen von Arbeitsplatz und Gesellschaft entsteht.

Widerstand gegen transnationale Firmen erhebt sich auch aus einer ganz anderen Ecke, den Umwelt- und Verbraucherschutzorganisationen. Den Paradefall für erfolgreichen Protest gegen die Praktiken von Großkonzernen stellt immer noch die Kampagne gegen die Vermarktung des Nestle-Produkts Lactogene dar.[61] Diese Trockenmilch war in den Jahren 1974–76 mit aggressiver Werbung in Afrika und anderen Ländern der Dritten Welt vermarktet worden. Da hieß es: »Reiche Menschen benutzen Fläschchen für ihre Babys, eine Mutter, die ihr Kind liebt, kauft Lactogene.« Die Botschaft lautete, wer modern, aufgeklärt und westlich sein will, stillt seine Kinder nicht, sondern gibt ihnen Trockenmilch. Diese Botschaft, an eine Käuferschaft gerichtet, deren traditionell lange Stillzeiten eine wichtige Form der Geburtenkontrolle darstellen und die nur bedingt Zugang zu sauberem Trinkwasser und die für die Zubereitung von Fläschchen notwendigen hygienischen Bedingungen hat, mußte zu katastrophalen Folgen führen. Eine große internationale Protestwelle erzwang die Änderung der Vermarktung dieses Produkts, und seither hat sich eine starke Gegenlobby entwickelt, die den transnationalen Firmen auf die Finger schaut und sie dadurch zu neuen Vermarktungsstrategien zwingt. Firmen sind mittlerweile stärker um ihr Image bemüht und machen sich zumindest vordergründig die Anliegen von Umweltschützern und anderen Kritikern zu eigen. So übergab Coca-Cola 20.000 Hektar tropischen Regenwald an eine Vogelschutzorganisation. Dies geschah allerdings erst, nachdem Friends of the Earth in vielen Ländern erfolgreich zu Protesten gegen die Nutzung des betreffenden Territoriums aufgerufen hatten.

Trotz zunehmender Sensibilisierung der kritischen Öffentlichkeit gelingt es transnationalen Firmen weiterhin mit millionenschweren Werbekampagnen und weltweiten Verteilungsnetzen, Nahrungsmittel mit geringstem Nährwert zu vertreiben oder durch Importe lokale Industrien zu zerstören. So ist Brasilien gleichzeitig der größte Weltexporteur für Orangensaft und einer der großen Konsumenten von Fanta, eines Getränks, das kein Gramm Orangensaft enthält – all dies, während große Bevölkerungsteile unter Vitamin C-Mangel leiden! Die Zahl der Beispiele läßt sich beliebig erweitern, ob in Mexiko, wo Kellog's mit seinen Zuckerprodukten den Markt dominiert, oder in südafrikanischen Townships, wo Weißbrot und Softdrinks Maisbrei und Wasser beinahe vollständig vertrieben haben. Westliche Kleiderimporte, allen voran die von internationalen Hilfsorganisationen gesammelte und in Dritte Welt-Ländern verkaufte Second-Hand Kleidung, verdrängen und zerstören lokale Manufakturen.

Widerstand ist jedoch nur eine mögliche und unserer Meinung nach bei weitem nicht die häufigste Strategie im Umgang mit importierten Waren und Lebensstilen. Sie ist öffentlicher und medienwirksamer als andere Formen des Umgangs mit Fremdem. Proteste gegen Fremdeinflüsse werden im Westen vor allem dann wahrgenommen, wenn sie von der aufgeklärten Öffentlichkeit zur Untermauerung der eigenen Kulturkritik herangezogen werden können. Ethnologen und Aktionsgruppen, die ihr Objekt oft nur allzugerne vor dem Angriff der Moderne schützen wollen, reagieren positiv auf beinahe alle Formen des Widerstands. Privilegierte Westler sehen in Produkten des Massenkonsums unweigerlich einen Ausdruck falschen Bewußtseins. Den Wunsch nach Konsumgütern fassen sie als irrationalen Materialismus auf. Doch gerade die

Menschen, die von Europäern und Amerikanern gerne als natürliche Ökologen und Antimaterialisten dargestellt werden, etwa die Indianer im Amazonasgebiet, sind vielen (schockierten) Reiseberichten zufolge auf westliche Produkte geradezu versessen.[62] Die Verherrlichung von Widerstand wird aber spätestens dann unglaubwürdig, wenn mit den gleichen Argumenten Praktiken wie die Beschneidung von Frauen toleriert werden, die in manchen afrikanischen Ländern (z. B. Niger und Sudan) als Reaktion auf westliche Einflüsse wieder stark zugenommen haben. Die Positionen der Kulturrelativisten, die Kultur nur aus sich selbst heraus bewertet sehen wollen, stehen bei diesen Diskussionen der Überzeugung der Universalisten, daß eine Essenz an Werten weltweit verteidigt werden muß, unversöhnlich gegenüber.

Die Aneignung von Fremdeinflüssen

Menschen begegnen dem Neuen nicht nur mit Widerstand, sondern integrieren es in ihr eigenes Weltbild. Wir alle sind tagtäglich mit der Aneignung fremder Waren und Ideen beschäftigt. Gesellschaftssysteme scheinen eine ganz erstaunliche Fähigkeit aufzuweisen, die Einflüsse, die sie eigentlich in ihrer Identität bedrohen, umzuwandeln und zu domestizieren. Fremdes wird, wie der Ethnologe Sahlins es formuliert, von Menschen auch dazu eingesetzt, um »mehr wie sie selbst zu werden«. Bei ihrem Eintritt in das kapitalistische Weltsystem, »diesem globalen Kreuzzug ökonomischer Rationalität«, zeigten sich beispielsweise die Hochlandbewohner Neuguineas äußerst lernfähig. Zunehmenden materiellen Wohlstand nutzten sie für die Gestaltung der extravagantesten »traditionellen« Zeremonien, die jemals stattgefunden hatten. »Bei diesen jüngsten Festen wurden mehr Schweine gegessen und mehr Perlenketten ausgetauscht als in den guten alten Tagen, ganz zu schweigen vom großzügigen Verbrauch solcher Neuheiten wie Bier und Dosenfleisch.«[63] Dies ist Entwicklung im Sinne der Neuguineaner und steht den Vorstellungen einer Gesellschaft für Technische Zusammenarbeit (GTZ) wahrscheinlich diametral entgegen, die wachsenden Wohlstand zum Erwerb von Produktivmitteln eingesetzt wissen möchte.

Das Homogenisierungsszenario geht davon aus, daß der Konsum importierter Güter alleine schon vereinheitlichend wirkt und daß die Botschaft der Waren und Medien überall gleich rezipiert wird. Gegen dieses vereinfachte Sender-Empfänger-Schema wenden sich in jüngster Zeit vor allem Ethnologen. Konsum wird von ihnen als Teil vielfältiger Strategien der Selbstdefinition und Selbsterhaltung verstanden und nicht als oberflächliche, hedonistische Gleichmacherdroge.

Folgen wir beispielsweise Jonathan Friedman in den Kongo.[64] Junge Männer aus dem Kongo und Zaire, meist aus verarmten städtischen Gebieten, schließen sich seit den 50er Jahren der *La Sape* genannten Bewegung an. Der Name *La Sape* leitet sich vom französischen *se saper* (sich elegant anziehen) ab, wobei das Akronym SAPE auch für *Societé de Ambianceurs et Personnes Elégantes* steht. Die größtenteils jugendlichen Mitglieder sammeln systematisch europäische Designermode. Höhepunkt der Karriere stellt eine Reise nach Paris dar, *l'aventure* genannt, die ausschließlich dem Erwerb von Pariser Haute Couture dient. Bei der Rückkehr in den Kongo führen die Männer diese Kleidung mit den Etiketten außen am Ärmel angenäht in den Sape-Clubs von Brazzaville vor. Die mit lokal geschneiderten Kopien internationaler Mode begonnene Karriere innerhalb der streng hierarchisch aufgebauten Sapeur-Gemeinde findet ihren Höhepunkt in dieser Zurschaustellung der in Paris erworbenen Kleidung. Der Sapeur steigt zum *Grand*, dem höchsten Rang innerhalb des in Altersklassen und Kultgemeinden gegliederten Systems, auf. Was aber macht ein Kongolese im Versace-Anzug? Westliche Kleidung wird hier in ein durch und durch afrikanisches Projekt integriert. Kleidung wird im Kongo nicht nur als Symbol für, sondern als direkter Ausdruck von Lebenskraft angesehen. Lebenskraft, die für die Konstituierung und Erhaltung des Selbst notwendig ist, muß ihren Ursprung außerhalb der eigenen Gesellschaft haben. Diese Praxis, die Etablierung von Identität durch Anhäufung von Fremdem, läßt sich bis zu den ersten Kontakten mit Europäern zurückverfolgen. Innerhalb der hochgradig hierarchisch gegliederten kongolesischen Gesellschaft besaß der Herrscher das Monopol auf importierte Prestigegüter, die in der vorkolonialen Zeit ausschließlich aus dem innerafrikanischen Handel stammten. In der Kolonialzeit blieb dieses System erhalten, nur daß jetzt überseeische Güter Übermittler von Lebenskraft und Quelle des lokalen Wohlergehens wurden. Auch wenn die kongolesische Gesellschaft durch Kolonialisierung und Kontakte zum Westen gewaltige Veränderungen durchgemacht hat, sind wesentliche Aspekte der eigenen Kultur, wie die Bildung von Identität durch Anhäufung von Andersartigkeit, erhalten geblieben. Wie dieses Beispiel zeigt, müssen wir uns auf Identitätsvorstellungen einlassen, die sich von den unseren stark unterscheiden, wenn wir die Art und Weise verstehen wollen, wie fremde Objekte in anderen Kulturen eingesetzt werden.

Ähnliche, für den westlichen Betrachter ungewohnte Umdeutungen erfährt selbst Coca-Cola. In Rußland wird diesem Softdrink die Fähigkeit zugesprochen, Falten zu glätten. In Haiti wird Coke in Voodoo-Zeremonien eingesetzt, um Tote wieder zum Leben zu erwecken, und die Tzotzil-Ältesten in Mexiko treffen sich jeden dritten Donnerstag im Monat in der Kirche, um mit Hilfe von Coca-Cola und Poch, einem traditionellen lokalen alkoholischen Getränk, mit Gott Verbindung aufzunehmen.[65] Coca-Cola-Flaschen finden sich auch auf den Altären der japanischen Insel Süd Ryukyu. Hier wurden die leeren Flaschen von den Geistlichen in ihren Ritus integriert, da die Flaschenform an den Körper einer Schwangeren erinnert. Darstellungen von Schwangerschaft als wichtiges Glückssymbol finden sich schon seit langem auf den

Altären der Insel wieder, früher als Keramikfigur, heute als Coca-Cola-Flasche.[66]

In politisch repressiven Staaten werden globale Konsumgüter als Zeichen des Widerstands gegen das eigene Regime eingesetzt. Indonesische Demokratiebefürworter gehen demonstrativ zu McDonald's: »Mein Sohn und ich rächen uns an Suharto, indem wir jeden Tag bei McDonald's essen«[67], und chinesische Jugendliche schotten sich mit dem Sony-Walkman gegen die allgegenwärtige Lautsprecherpropaganda ihrer Regierung ab.[68]

Auch am Beispiel von Weihnachten, einem Fest, auf das wir später noch ausführlicher eingehen werden, läßt sich anschaulich darstellen, daß ein und dasselbe Phänomen höchst unterschiedliche Formen annehmen kann. Oder hätten Sie vermutet, daß Weihnachten, inzwischen das globale Fest par excellence, in Japan ein Fest der jungen verliebten Paare ist und Formen annimmt, die unsereins nur schwach an seine deutsche Variante erinnern? Allein schon die Ausschmückung des Weihnachtsbaums oder die Gestaltung des Festmenüs lassen die spezifisch japanische Umwandlung des Festes erkennen. Der Baum wird mit einer Vielzahl von Ornamenten, Anhängern, Lametta, Glöckchen und Rosen dekoriert, für europäische Augen ohne jede ästhetische Regel. Jeder Japankenner sieht aber sofort, daß dies genau die Art und Weise ist, wie die Japaner während des Tanabata-Festes im Sommer die Bäume an den Flußufern schmücken. Ein typisches japanisches Weihnachtsmenü wird eher aus einem »Delikatessenbaum« bestehen als aus der hierzulande obligatorischen Weihnachtsgans. Für den Delikatessenbaum wird ein weißer Daikon-Rettich mit Brokkoli, Spargel und Hühnerstücken sowie Croissants bestückt. Der Heilige Abend wird von jungen Paaren idealerweise in einem teuren Restaurant begangen, und nach dem Austausch eines exquisiten Geschenks (Schmuck von Tiffanys bevorzugt) zieht man sich ins gemietete Hotelzimmer zurück. Weihnachten ist hier also nicht, wie in den meisten anderen

Kulturen, das zentrale Fest der Familie und Häuslichkeit. Diese strukturelle Aufgabe hat schon das shintoistische Neujahrsfest übernommen, so daß Weihnachten in Japan zur Feier von romantischer Liebe umfunktioniert wurde.[69]

Auch Afrikaner lieben den Weihnachtsmann. Statt Tannenbäumen werden in Westafrika Zweige der einheimischen Kasuarine aufgestellt, und Weihnachten wird zu einem überkonfessionellen Fest, zu dem muslimische Freunde und Verwandte eingeladen werden. In vielen afrikanischen Städten setzen sich die Jugendlichen Masken auf und fordern von Erwachsenen Geschenke. Politisch korrekte Afro-Amerikaner afrikanisieren die »weiße Weihnacht« und feiern das »Kwanzaa-Fest«, das der kalifornische Aktivist und Professor Maulana Karenga erfunden hat. Beim »Kwanzaa-Fest«, einer Art Erntedankfest, wird nach afrikanischer Sitte den Ahnen Alkohol geopfert und ein siebenarmiger Leuchter angezündet. Auch bei Harrod's reagiert man auf die wachsende Nachfrage nach schwarzen Weihnachtssymbolen: Nächstes Jahr wird es schwarze Engel geben.[70]

Globale Medien

Auch im Medienbereich stellt die lokale Aneignung fremder Einflüsse eine dominante Strategie dar. In dem Moment, wo die Hausfrau in Beirut, der Teenager in Sydney und der Rentner in Gelsenkirchen dieselben Bilder über den Bildschirm flimmern sehen, scheint zwar die Einebnung nationaler und kultureller Identitäten und die Gleichschaltung der Welt durch CNN, *Dallas* & Co zu drohen. Weltweite Kommunikationsstrukturen sind jedoch nur auf den ersten Blick ein Indiz für eine globale Kulturschmelze. Bei genauerem Hinsehen lassen sich bei weitem mehr Indizien für die Aufnahme und Transformation des Globalen durch das Lokale finden, als es das Homogenisierungsszenario vermuten läßt.

Die Homogenisierungsdebatte entzündet sich vor allem an der weltweiten Ausbreitung der Medienstrukturen, insbesondere des Fernsehens. Schon die Zahlen sprechen für sich. Das größte weltumspannende Fernsehnetz, Ted Turners CNN, wird heute in 86 Ländern betrieben, die Bertelsmann-Gruppe besitzt Eigentumsrechte an Mediengesellschaften in 20 Ländern, und Rupert Murdochs Imperium umspannt drei Kontinente. Sie alle schaffen Realität für Millionen von Menschen weltweit, verbinden die Welt durch gleiche Inhalte, verbreiten globale Ideologien und wecken globale Phantasien. Durch die horizontale und vertikale Integration der Medienlandschaft hat weltweit eine Monopolbildung stattgefunden, die in den Worten Barbers einem »kommerziellen Totalitarismus« gleicht.[71] Die Herstellung und der Vertrieb der Hard- und Software, ob Kabel, Satellit, Bildschirm, Film, Fernsehzeitschrift, Video und Archivmaterial, liegen häufig in einer Hand.

Die weltweite Ausbreitung der Medienstrukturen hat scharfe Kritiker. Die großen Mediengesellschaften gelten als Übermittler westlicher und insbesondere amerikanischer Werte. Rupert Murdoch und sein Imperium, weltweit aggressivster Vertreter einer grenzenlosen Medienwelt, ist derzeit prominenteste Zielscheibe der Kritik. Star TV & Co werden für den Verfall von Tradition und Moral sowie den Niedergang der oft finanziell schwachen landeseigenen Medienmärkte verantwortlich gemacht. Religiöse Gruppierungen wie die Amish in den USA versuchen den Einfluß der Medien einzuschränken, indem sie den Gebrauch von moderner und schon nicht mehr so moderner Technologie wie dem Telephon einschränken oder, wie im Falle von Fernsehen, gänzlich verbieten.[72] Viele Regierungen haben Angst vor dem weltweiten Medienkonsum, der die nationale Zensur machtlos werden läßt und das eigene Wertesystems zu unterhöhlen droht. Manche versuchen sich durch Verbote vor unerwünschten Inhalten zu schützen. Der Iran, aber auch Malaysia, Singapur und Indonesien kontrollieren den Verkauf von Satelliten-Antennen, die sie ihren Normalbürgern vorenthalten. Doch wie lange diese Restriktionen aufrechterhalten werden können ist fraglich. Teheraner verstekken ihre Satellitenschüsseln unter Zelten, und Kuala Lumpur und Singapur buhlen selbst um den Rang, neben Hongkong Kommunikationszentrum für Asien zu werden.

Nicht nur die Medieninhalte rufen Kritik hervor, auch das Medium selbst wird für negative gesellschaftliche Entwicklungen verantwortlich gemacht. So beklagt der ägyptische Schriftsteller Nagib Machfus den durch Fernsehkonsum bedingten Niedergang der Kairoer Kaffeehäuser. »Früher gingen die Menschen in Cafés und lauschten den Geschichtenerzählern, die ein Instrument spielten und von Volkshelden erzählten. Diese Veranstaltungen hatten die Bedeutung, die heute Fernsehserien einnehmen.«[73] Natürlich hat Fernsehen starke Auswirkungen auf die Alltagskultur der Menschen, aber dieser Wandel ist kein reines Nullsummenspiel, wie Machfus suggeriert. Denn die von ihm angeführte ältere Unterhaltungsform ist nur Männern zugänglich. Fernsehen gibt Frauen, Jugendlichen, aber auch der Landbevölkerung gleichberechtigten Zugang zu Wissen und Geschichten. Die Zahl der gegenseitigen Besuche mag abgenommen haben, dafür besteht nun mehr Raum für geschlechter- und generationenverbindende Erfahrungen und Erlebnisse. Insgesamt erscheint es uns sehr schwer, Generalisierungen über die Auswirkungen von Medienkonsum zu treffen, da detailliertere Untersuchungen, die dicht an ihr Studienobjekt herangehen, viele der bei uns gängigen Allgemeinplätze in Frage stellen. Ob Fernsehen wirklich immer »die Natur der Erfahrungen selbst verändert« (Raymond Williams) und die Grenze zwischen Realität und Fiktion unweigerlich verschwimmt, wie allen voran Baudrillard behauptet, scheint uns erforschungsbedürftig.[74]

Sehen wir uns einige Tendenzen innerhalb der weltweiten Medienlandschaft an. Uniformierend wirken die Massenmedien vor allem zu einer Zeit und in den Ländern, in denen es nur wenige Sendekanäle und Medienarten gibt. In immer mehr

Ländern läßt sich jedoch eine stetig voranschreitende Differenzierung des Medienangebots feststellen. Die Satellitentechnologie hat nicht nur Murdoch Zugang zu neuen Zuschauerschaften eröffnet. Insgesamt entsteht eine neue Diversität, Nischen bilden sich für lokale Belange. In einer Kleinstadt wie Rochester, Minnesota, USA, kann der Zuschauer zwischen mehr als 40 verschiedenen TV-Kanälen auswählen, vom Black Entertainment Network über spanischsprachige Programme bis hin zu Kursen für die medizinische Spezialausbildung.[75] In Ostdeutschland erfreuen sich seit den 90er Jahren lokale Kabelsender großer Popularität. Allein in Brandenburg und Sachsen erreichen heute 120 Sender bis zu 55.000 angeschlossene Haushalte. Die Nachrichten betreffen Kaninchenzuchtvereine, Baustellen und entlaufene Haustiere, die monatliche Gemeinderatssitzung wird live übertragen, und lokale Werbung für Restaurants und Reisebüros füllt die restliche Sendezeit.[76] Aber diese Entwicklung ist nicht nur auf westliche Industrieländer beschränkt, die schon lange mit elektronischen Medien vertraut sind. In Südafrika ging mit der politischen Öffnung Anfang der 90er die Demonopolisierung der de facto staatlichen Medien einher. Innerhalb weniger Monate wurden landesweit knapp 100 neue Lizenzen für gemeinnützige »Community - Radiostations« genehmigt, die so verschiedene Hörergruppen bedienen wie die Bewohner des schwarzen Townships Alexandra, katholische Gläubige und die Freunde von Autorennen.

Weltweit beginnen gerade Minderheiten, moderne Kommunikationstechnologien für die Vermittlung und Förderung der eigenen Kultur und Sprache zu nutzen und mit ihrer Hilfe ihre politischen Ziele voranzutreiben. Seit den 70er Jahren bemühen sich die Inuit im Norden Kanadas und Alaskas ebenso wie die australischen Aborigines seit Mitte der 80er Jahre, von ihren Gemeinschaften kontrollierte Kommunikationsnetze aufzubauen und Programme in lokalen Sprachen zu produzieren.[77] In ihnen können die kulturspezifischen Anliegen und Werte auf völlig neuartige Weise verwirklicht werden. Der in westlichen Fernseh- und Radiosendungen verbreitete aggressive Präsentationsstil wird beispielsweise bei den Cree und Ojibwa im Nordwesten Ontarios vermieden. Die Auswahl der Moderatoren ist themenabhängig: Zu bestimmten Inhalten dürfen sich nur ältere und prominente Stammesmitglieder öffentlich äußern. Die selbstgesetzten Richtlinien der *Wawatay Native Communications Society* schreiben den ausschließlichen Gebrauch der lokalen Sprachen vor. Überlieferte Legenden und Geschichten werden ebenso vermittelt wie traditionelle Jagdmethoden. Der Sender hat sich außerdem die Übersetzung von neuen Begriffen in die einheimischen Sprachen zur Aufgabe gemacht.

Auch in Australien zeigte sich, daß Fernsehtechnologie, kontrolliert von indigenen Gemeinschaften, innovativ, kulturfördernd und politisch mobilisierend wirken kann.[78] Dank moderner Kommunikationstechnologie können Aborigines-Gemeinschaften in Zentralaustralien Verbindungen zwischen geographisch weit auseinanderliegenden Siedlungen herstellen. Videokonferenzsysteme, wie das *Tanami-Netzwerk*, ermöglichen isolierten Siedlungen des Hinterlandes, mit den Aborigines-Gemeinschaften in Sidney, Alice Springs und Darwin direkt zu kommunizieren. Kommunale Fernsehsender fördern die Archivierung und Vermittlung traditioneller Lieder, Tänze und Zeremonien. Der soziale Aufbau der Aborigines-Gesellschaft spiegelt sich in der Organisationsstruktur der Sender wider, und die Programme sind von einer spezifischen Aborigines-Ästhetik und -Thematik geprägt.

Kommunale und private Fernsehsender fordern das staatliche Informationsmonopol heraus und können zur Pluralisierung der politischen Landschaft beitragen – auch in Ländern, in denen mit Zensur und Gesetzen gegen die Meinungsfreiheit angegangen wird. So haben in der Türkei private Fernsehsender, unter ihnen auch ein kurdischer Sender, die von staatlicher Seite verheimlichte Kurdenverfolgung ins Licht der Öffentlichkeit gerückt. Einer der Sender veranstaltet zeitlich unbegrenzte Diskussionsrunden. Vor kurzem wurde acht Stunden lang über das bisher totgeschwiegene Thema der Samstagsmütter (Mütter, die mit samstäglichen Demonstrationen auf das Verschwinden ihrer Kinder u.a. in türkischen Gefängnissen aufmerksam machen wollen) debattiert.[79]

Globale Fernsehsender, so lautet die weitverbreitete Annahme, senden überall das gleiche: ein Programm für 80 Millionen Menschen. Dies wurde in der Globalisierungseuphorie Ende der 80er Jahre häufig propagiert und erschien den Betreibern ökonomisch besonders reizvoll. Aber auch bei den globalen Medienanstalten ist ein Trend hin zur Programmdifferenzierung festzustellen, und die Anzahl regional differenzierter Sendekonzepte wächst. Wie kein anderer erhob MTV, das 1993 eine halbe Milliarde Zuschauer in 71 Ländern zählte, den Anspruch eines globalen Musiksenders. 1999, so prophezeite damals Moderator Ray Cokes, würde es in dieser Welt keinen Platz mehr geben, der nicht unter dem Einfluß der britischen und amerikanischen Einheitskost von MTV stehe. Videos von Madonna und Nick Cave müßten die Teenager in Kuala Lumpur und Krakau genauso begeistern wie in London oder New York. Doch so homogen wie angenommen ist der Musikgeschmack wohl doch nicht. Von Brasilien bis Hongkong sind Konkurrenzsender entstanden, die unterschiedliche nationale und regionale Musikvorlieben bedienen, mit großem Erfolg, wie auch der deutsche Musikkanal Viva zeigt. Während in Deutschland Techno oder die »Toten Hosen« gefragt sind, wollen Ecuadorianer und Brasilianer Salsa und Samba-Reggae hören und sehen. Und so hat inzwischen auch MTV sein einheitliches Sendekonzept umgestellt. Viacom-Chef Sumner Redstone, der MTV produziert, erfaßte, daß seine Sender dort am erfolgreichsten operieren, wo sie sich den Märkten anpassen. MTV Europe ist mittlerweile in verschiedene regionale Zentralen aufgespalten, die über die Programme mitentscheiden, und MTV Asia sendet nun auch auf Japanisch, Hindi und Mandarin. In Brasilien wird auf Portugiesisch gesendet und in anderen Teilen Südamerikas spanisch gesprochen und gesungen.[80] Auch viele ursprünglich als paneuropäisch geplante TV-Kanäle, wie die Satellitenprogramme Sky und Superchannel, senden inzwischen national oder regional, und nur Eurosports kann von Reykjavík bis Palermo gesehen werden.

Der Mythos, demzufolge die Geschmäcker der Fernsehzuschauer weltweit langsam aber sicher gleichgeschaltet werden, wird auch durch die Tatsache widerlegt, daß die meisten Fernsehprogramme, die auf der Beliebtheitsskala ganz oben stehen, nationale Produktionen sind. Für die Acht Uhr-Nachrichten wird die Tagesschau und nicht CNN eingeschaltet. Durch den Zwang, die Sendezeiten zu füllen, werden zwar auf den nationalen Kanälen weltweit (mit Ausnahme der sich protektionistisch gebenden USA) viele Importe gesendet. Dies führt in ärmeren Ländern schnell dazu, daß die zu Dumpingpreisen von den großen Sendeanstalten auf den Markt geworfenen Serienproduktionen einen großen Teil des Programms ausmachen. Die höchsten Einschaltquoten erreichen aber fast durchweg einheimische Produktionen, wie *Hum Log* in Indien, die lateinamerikanischen Telenovelas oder die klassischen englischen Arbeiterserien *Crossroads* und *Eastenders*. *Derrick* versammelt regelmäßig bis zu zehn Millionen Bundesbürger vor den Bildschirmen, eine Zahl, an die nur sehr wenige sportliche Großereignisse wie die Olympischen Spiele heranreichen.[81] Und das, obwohl diese Sendungen fast durchweg wesentlich billiger produziert werden als die amerikanischen Quality-Soaps, von denen eine Folge schon mal zwischen 500.000 und einer Million Dollar kostet. Auch kommen nicht alle importierten Serien überall gleich gut an. In Japan und Brasilien, Ländern mit einem hohen Anteil an nationalen Produktionen, scheiterte beispielsweise *Dallas* und wurde nach kurzer Sendezeit abgesetzt.

Dallas und Co.

Doch abgesehen von diesen strukturellen Faktoren bleibt noch ein wesentlicher Aspekt in der Diskussion über die Auswirkungen des transnationalen Fernsehkonsums häufig unbeachtet: die Reaktionen der Fernsehzuschauer. Werden ausländische Programme überhaupt im ursprünglichen Sinne verstanden? Wird ein und dasselbe Programm überall auf der Welt, von der Hausfrau in Tokyo bis zum südafrikanischen Minenarbeiter, gleich aufgenommen und interpretiert?

Die wissenschaftliche Beschäftigung mit Fernsehkonsum bewegte sich in den letzten Jahrzehnten zwischen zwei Polen. Am einen Ende der Skala stehen theoretische Modelle, die die Macht der Kulturindustrien hervorheben und den Zuschauer als passives und machtloses Opfer begreifen. Am anderen Skalenende stellen Studien Medienkonsum als einen aktiven Prozeß dar, in dem die Zuschauer nicht nur zwischen verschiedenen Angeboten auswählen, sondern die konsumierten Programme auch höchst unterschiedlich lesen und interpretieren. Fernsehen als visuelles Valium versus Fernsehen als kreative Hochleistung.

Wir wollen uns im folgenden etwas näher mit einem besonders verrufenen Genre, den Soapoperas, beschäftigen. Soaps, Inbegriff der Amerikanisierung und Trivialisierung der Kultur im globalen Zeitalter, haben einen massiven Wandel in den Alltagsroutinen vieler Menschen auf der ganzen Welt bewirkt. Schon in den 70er Jahren kursierte die Anekdote von einem Stamm im Mittleren Osten, der den Beginn seiner jährlichen Migration verlegt hatte, um die Endfolge der damals laufenden *Dallas*-Serie nicht zu verpassen,[82] und auch arktische Inuit-Gemeinschaften stimmen ihre Jagdausflüge mit den Sendezeiten der beliebten Fernsehprogramme ab.[83]

Dallas, Pionier und Inbegriff der Prime-Time-Soap, Metapher für die Eroberung der Welt durch amerikanische Medien, versammelte in den 80er Jahren eine der größten internationalen Zuschauergemeinden zu einer imaginären Gemeinschaft.[84] Diese fand sich einmal wöchentlich vor dem Fernseher ein, um die Saga der Ewing-Dynastie, ihre zwischenmenschlichen und geschäftlichen Beziehungen und Transaktionen zu verfolgen. Bobby und Pam, J. R., Sue-Ellen und Miss Ellie fegten die Straßen in 90 Ländern zur Sendezeit leer und waren für die Überlastung von Wassersystemen und Telephonleitungen in den Sendepausen verantwortlich. *Dallas* war wohl die bisher erfolgreichste globale Serie, und dementsprechend wurde sie auch Gegenstand zahlreicher wissenschaftlicher Untersuchungen, in den USA ebenso wie in Deutschland, Algerien oder Israel.

In Israel erfreute sich *Dallas* so großer Beliebtheit, daß Kibbuzim ihre traditionelle Terminplanung umstellten, um die Folgen sehen zu können, und Kinobesitzer, erfolglos, zur Sendezeit Sonntag abends Sondertarife einführten, um Besucher anzuziehen. Fernsehen wurde in Israel erst verzögert im Jahre 1967 eingeführt, im Anschluß an lange Debatten, inwiefern es zentrale Werte der jüdischen Kultur, vom Lesen von Büchern über die Erneuerung der hebräischen Sprache bis zum Interesse für Politik, gefährden könnte. Israel hatte bis vor kurzem nur einen Fernsehkanal, und die Hälfte der Programme werden (meist aus den Vereinigten Staaten) importiert. Während die national produzierten Nachrichten und politischen Berichte beliebt sind, gelten einheimische Spielfilme und Unterhaltungssendungen als mittelmäßig. Und so sahen sich Israelis, nachdem das neue Medium ursprünglich mit dem Anspruch versehen wurde, soziale Integration und kulturelle Authentizität zu fördern, mit *Dallas* konfrontiert.

Zwei israelische Kommunikationsforscher, Tamar Liebes und Elihu Katz, machten es sich zur Aufgabe, die Rezeption dieser Soap interkulturell zu erforschen. Dazu untersuchten sie vier unterschiedliche israelische Bevölkerungsgruppen, Kibbuzim, Araber, marokkanische Juden und neue jüdische Immigranten aus Rußland. Parallel dazu wurden Amerikaner in Los Angeles (die ursprüngliche Zielgruppe der Serie) sowie

Japaner (bei denen *Dallas* nach sechs Monaten erfolgloser Ausstrahlung abgesetzt worden war) in die Studie aufgenommen. 66 Gruppen, zu jeweils sechs befreundeten Paaren, verfolgten gemeinsam mit einer Beobachtungsperson eine Serienfolge und diskutierten diese miteinander.

Die Ergebnisse weisen auf große Unterschiede im Sehverhalten hin. Wie die Serie gesehen und gedeutet wurde, hing maßgeblich von der ethnischen Zugehörigkeit der Zuschauer ab. Diese Unterschiede spiegelten den Grad der Zentralität oder Marginalität der jeweiligen Gruppen innerhalb der nationalen Gesellschaft, ihre Familien- und Wertsysteme und ihren Bildungsstand wider. So sahen bei den arabischen Gruppen Frauen und Männer die Serie getrennt und zeigten sich von dem Inhalt, den sie mit ihren Wertevorstellungen als unvereinbar empfanden, peinlich berührt. Sowohl sie, wie auch die marokkanischen Juden verstanden die Handlung relativ wörtlich und nahmen trotz ihrer Kritik, beispielsweise an den Geschlechterverhältnissen, regen Anteil. Kibbuzim und die Zuschauer in Los Angeles dagegen zeigten eine große kritische Distanz im Umgang mit der Serie und interpretierten die Handlung psychoanalytisch. Im Bewußtsein, daß die Serie ein Konstrukt des Drehbuchautors ist, kommentierten sie dessen clevere Schachzüge.

Interessant war die Reaktion der neu nach Israel immigrierten Russen. Sie sahen *Dallas* zwar regelmäßig, aber mit der größten Verachtung. Fast entschuldigend gaben sie zu, die Serie zu verfolgen, aber nur »weil man *Dallas* sehen müsse, um in Israel integriert zu (sein)«. Die Russen übertrugen die im sowjetischen Alltag im Umgang mit den Propagandamedien erlernte kritische Distanz auf *Dallas* und überprüften die Serie unablässig auf ihre versteckten Botschaften und falschen Ideologien. Wie der russische Regimekritiker Bukowski über die Einstellung der Bürger zu den sowjetischen Druckmedien schrieb: »Wir wissen, daß sie (die sowjetische Regierung) uns immer betrügen will, und deshalb sehen wir in allem Betrug.«[85]

Die Russen waren zwar einerseits von *Dallas* fasziniert, aber auch ständig auf der Hut, Manipulationen zu entlarven und Schäden für sich und ihre Kinder abzuwenden. *Dallas* wurde als kapitalistische Manipulation empfunden. »Sie sagen uns, daß die Reichen unglücklich sind, weil sie wollen, daß wir das glauben.« Bei den russischen Zuschauern, die mit Puschkin und Tolstoi aufgewachsen waren, kam die amerikanische Kultur schlecht weg. Die Zuschauerin Lara bemerkt etwa: »*Dallas* zeigt, daß Amerikaner keine Kultur haben. Man sieht sie nie ein Buch oder eine Zeitung lesen.« Darauf Zvi: »Sie erstaunen uns durch ihre Oberflächlichkeit.«

Die israelischen Ergebnisse bezüglich der höchst unterschiedlichen Aufnahme und Interpretation von *Dallas* bestätigen ähnliche frühere interkulturelle Studien. Auch in Algerien[86] wurde die amerikanische Soap nach vertrauten Kriterien umgedeutet. Sie wurde hier nicht als Epos über den modernen Kapitalismus verstanden, sondern zu der jüngsten Vergangenheit Algeriens in Bezug gesetzt. *Dallas* verkörperte für die Zuschauer die traditionellen Werte einer Welt, in der die Großfamilie der Hauptbezugspunkt des einzelnen war, drei Generationen unter der Herrschaft des pater familias zusammenlebten und die staatliche Bürokratie als Feind der Familiensolidarität empfunden wurde. Dieser Interpretation zufolge ist *Dallas* eine vormoderne Geschichte, in der universalistische Prinzipien wie Gleichheit und Gerechtigkeit Vetternwirtschaft und Familienfehden noch nicht in Verruf gebracht haben und persönliche Beziehungen schwerer wiegen als der Staat und seine Bürokratie. Natürlich gibt es auch eine spezifisch deutsche Lesart von *Dallas*. Nach Herzog-Massing[87] zeigten deutsche Zuschauer eine große Bewunderung für J. R. (»das ungebundene ES«). Diese konnten sie sich aber nur eingestehen, nachdem sie ihre Verbundenheit mit Miss Ellie bekundet hatten, die als tugendhafte Mutter den Übeln ihres Sohnes Grenzen setzt.

Neben der interkulturellen Variationsbreite in der Rezeption von *Dallas* bleibt die Frage nach der fast universellen Attraktivität einer Serie, die auf den ersten Blick sehr spezifisch amerikanisch wirkt. Findet sich hier ein Beweis für die Amerikanisierung unserer Welt? Den Studien über *Dallas* zufolge, konzentrieren sich die Fernsehzuschauer nur äußert selten auf die typisch amerikanischen Aspekte der Serie. Auch wird die US-Lebenswelt selten als persönlich nachahmenswert erlebt. Die Popularität der Serie beruht auch nicht auf der vermeintlich simplen Geschichte. Vielmehr ist die Handlung mit ihren schwierigen Verwandtschaftsverhältnissen, diversen Subplots und stakkatoartiger Szenenfolge kompliziert. Ohne Verständnis der Dialoge ist es unmöglich, der Handlung zu folgen, und dieses Verständnis wird in den untertitelten oder synchronisierten Fassungen noch erschwert. So wurde *Dallas* in Israel mit hebräischen und arabischen Untertiteln gesendet; für viele der ethnischen Gemeinschaften des Landes kein einfacher Genuß. Ein offensichtlicher Aspekt der weltweiten Verbreitung von *Dallas* und Co. ist natürlich die einfache Verfügbarkeit amerikanischer Programme auf einem Markt, auf dem nationale Produktionen nur einen Bruchteil der zu füllenden Programmstunden besetzen können. Doch die Wertschätzung der Serie beruht ebenso auf wichtigen inhaltlichen Faktoren. *Dallas* behandelt universale Themen wie dynastische Beziehungen, Geschwisterrivalitäten, Ehen als strategische Allianzen und die Vermischung von Familie und Geschäft. Alle diese Themen sind Bestandteil der klassischen Moralgeschichten auf der ganzen Welt. Die zentralen Botschaften der Serie, 1. Reichtum macht nicht glücklich und 2. man kann seiner Familie und den von ihr gesetzten Grenzen nicht entkommen, können weltweit verständnisvoll rezipiert werden.[88]

Die Attraktion von *Dallas* und ähnlicher Serien liegt in der Vieldeutigkeit ihrer Geschichten. Bei den oben beschriebenen Fallstudien wurde die Serie immer auch als Matrix, als Projektionsfläche für eigene Fragen genommen. Die Zuschauer saßen nicht isoliert und vom visuellen Valium ermattet in ihren

Fernsehsesseln, sondern diskutierten miteinander Themen wie Familienstrukturen, die Rolle der Frau und die Bedeutung von Freundschaft. Sie konnten dadurch ihr eigenes Leben reflektieren, eigene Werte und Standpunkte formen und bestätigen.

The Young and the Restless

Wie wir bisher gesehen haben, werden Seifenopern von Konsumenten sehr unterschiedlich aufgenommen. Wir möchten im folgenden aber noch einmal genauer die Rezeptionsmechanismen und die Wirkungsweise einer anderen Soap betrachten. Eine Studie des englischen Ethnologen Daniel Miller[89] zeigt, daß Popularkultur – unabhängig von ihrer Herkunft – bestimmte zentrale Themen einer Gesellschaft ins Bewußtsein rufen und auf den Punkt bringen kann. Die Objektivierung gesellschaftsrelevanter Schlüsselthemen kann zur Selbstreflektion und -erkenntnis beitragen.

In Trinidad war Ende der 80er Jahre die (seit 1973 von Columbia Pictures produzierte) US-Serie *The Young and the Restless* ungemein populär. Mehr als 70 Prozent der trinidadischen Fernsehhaushalte sahen die täglichen Folgen der Serie regelmäßig. Miller beschreibt, wie er seine Feldforschung täglich für eine Stunde unterbrechen mußte, da niemand Zeit für ihn hatte; alle sahen *The Young and the Restless*. Verkäufer verfolgten die Serie auf batteriebetriebenen Miniatur-TVs bei der Arbeit. Slumbewohner, in deren Hütten es keine Elektrizität gab, schlossen ihre Fernseher an die Autobatterie an. Entgegen dem gängigen Klischee vom isolierten, vereinsamten Fernsehzuschauer war Fernsehen hier eine höchst soziale Angelegenheit, bei der Nachbarn zusammenkamen und die Handlung lebhaft kommentierten. Am Telephon tauschte man sich über neue Entwicklungen aus und gab Prognosen über den weiteren Verlauf der Geschichten ab.

Die ursprüngliche Zielgruppe der nachmittags ausgestrahlten Folgen waren amerikanische Hausfrauen. Viel Dialog und wenig visueller Inhalt ermöglichen das Zuschauen beim Abwaschen. Worauf basiert der Erfolg dieser importierten Seifenoper in Trinidad? Ist er Ausdruck einer tiefgreifenden Amerikanisierung des kleinen karibischen Inselstaates? Trinidad war während eines Großteils dieses Jahrhunderts intensiven US-amerikanischen Einflüssen ausgesetzt, besonders seit der Stationierung amerikanischer Truppen im Zweiten Weltkrieg. Viele trinidadische Familien haben enge Verwandte in den Staaten, und im Fernsehen dominieren amerikanische Programme. Auf Trinidad selbst werden Fremdeinflüsse und ihre Auswirkungen auf die eigene Identität intensiv diskutiert. Die Geschichten in der beliebten Vorabendsendung werden jedoch als typisch trinidadisch verstanden, und der amerikanische Ursprung der Serie wird von den Zuschauern vollkommen ignoriert. Die Serie inspirierte die besten Calypsos des Karnevals 1988, einheimische Mode und neue Wortschöpfungen. Sie traf offensichtlich einen Nerv Trinidads und ist, in den Worten der Trinidader, »true, true, trini«.

The Young and the Restless spiegelt zentrale Gesellschaftsthemen Trinidads wider. Sex, soziale Krisen und Chaos – in Trinidad unter dem Begriff Bacchanal gefaßt – dominieren die Handlung. Der Calypso aus dem Jahr 1988 besingt sie folgendermaßen:

Philip and Cricket did love bad.
For some reason Jack Abbott donn like Brad.
Nina, the old lady donn like she,
Nina stick Philip with a baby.
Jack Abbott, he went crazy
Over Crickets mummy
so though the woman got Aids
he still went and marry she ...

Bacchanal ist Miller zufolge ein Schlüsselkonzept der trinidadischen Gesellschaft, in der hohe Scheidungsraten, alleinerziehende Mütter und Väter, Großfamilien und wechselnde Partnerschaften das westliche Kleinfamilienmodell ersetzen. Bacchanal steht für »Skandal«, »Durcheinander nach einem Skandal«, aber auch für »Wahrheit« und »ans Licht bringen«. Skandal offenbart das Versteckte, und diese Aufdeckung stellt für viele Trinidader per se einen wichtigen moralischen Wert dar. Doch Bacchanal ist ein ambivalentes Konzept: Auf der einen Seite untergräbt es mühsam aufgebaute Ordnungssysteme, andererseits aber bringt es Menschen ihrer wahren sozialen Natur näher.

Bacchanal selbst verbindet zwei Aspekte der trinidadischen Kultur, von Miller Beständigkeit und Kurzlebigkeit genannt. Beständigkeit drückt sich in häuslichen Werten, Hierarchiedenken und Religiosität aus. Frauen sind Hüterinnen dieser Domänen. Herkunft und Kontinuität sind von größter Bedeutung, und Regeln sollen die Dauerhaftigkeit der Werte garantieren. Kurzlebigkeit dagegen charakterisiert vor allem männliche Aktivitäten und drückt sich in egalitären Beziehungen, Trinken, Spielen und Wortwitz aus. Die äußere Erscheinungsform der Dinge, Mode und Stil, spielen eine wichtige Rolle. Die Beziehungen zwischen diesen beiden Sphären, ihren Werten und Idealen sind komplex.

Für die Beständigkeit stellt Bacchanal eine ständige Bedrohung dar. Frauen, Hüterinnen der häuslichen Sphäre, sind zugleich auch die Schwachstelle, an der das ganze mühsam aufgebaute Gebäude der Respektabilität zusammenbrechen kann. Ein Skandal, ein Fehltritt, und die Integrität ist dahin. Wenn nun, wie es in Trinidad oft der Fall ist, eine vorher als stabil und solide angesehene Familiengemeinschaft auseinanderfällt, dann bedeutet Bacchanal eine Katastrophe. Zugleich kann Bacchanal, insbesondere aus der Perspektive der Kurzlebigkeit, Menschen ihrer wahren Natur näherbringen, indem es Wahrheit aufdeckt und die künstlichen Fassaden der Anständigkeit einreißt.

Viele Arbeiten über Soapoperas vertreten die Ansicht, daß ein großer Teil ihrer Anziehungskraft darin besteht, zu beruhigen und Stabilität zu suggerieren: Fernsehen als visuelles Valium. Das mag in bestimmten Situationen zutreffen, doch in Trinidad war genau das Gegenteil der Fall. Hier beruhte die Attraktivität der Serie nicht darauf, eine heile Welt vorzutäuschen oder im Sinne des sozialen Zusammenhalts zu »funktionieren«, sondern auf der Tatsache, daß sie auf die zentralen Schwachstellen, die grundsätzlichen Widersprüche innerhalb der trinidadischen Kultur hinwies. Und dies zu einem kritischen Zeitpunkt. Denn nach dem Ölboom der 70er Jahre durchlebte der Staat, besonders seit 1986, eine schwere Rezession. Jetzt wurden die verdeckten Schwachpunkte der vorherigen Boomperiode sichtbar, neu in die Mittelklasse aufgestiegene Familien gerieten in finanzielle Schwierigkeiten und brachen auseinander. Die Serie, die in einzelnen Folgen untersucht, wie Lust, Sex und Klatsch die Fassade der Wohlanständigkeit aufbrechen und die Verwirrung und Unordnung des »wahren Lebens« offenbaren, bestätigte dabei das in der Rezession Gelernte: Die häuslichen Werte und die Fassaden der Beständigkeit halten Krisen nicht stand.

Im Bacchanal der amerikanischen Serie konnten sich die Trinidader Ende der 80er Jahre wiederfinden. Miller geht sogar so weit zu behaupten, daß eine importierte Serie Bacchanal besser ausdrücken kann als eine lokal produzierte. Trinidadische Fernsehanstalten symbolisieren Dauerhaftigkeit und können nicht glaubwürdig eine Sendung produzieren, die Bacchanal verkörpert. Aushängeschild des lokalen Fernsehens sind die Nachrichten, die in der Einschaltquote nur kurz hinter *The Young and the Restless* liegen und weit vor allen anderen importierten und einheimischen Sendungen rangieren. Die zwei populärsten Sendungen, die Nachrichten und die Seifenoper, verkörpern zusammengenommen die beiden zentralen Aspekte der trinidadischen Gesellschaft.

Das in dieser Fallstudie aufgezeigte Potential einer importierten Seifenoper ist jedoch nicht immer vorhanden und wird auch nicht immer und überall genutzt. Der Konsum importierter Sendungen kann auch Gefühle der Entfremdung und Hilflosigkeit mit sich bringen. Tatsache ist aber auch, daß die meisten Menschen heutzutage die Empfänger globaler Diskurse sind, deren Ursprünge sich immer schwerer lokalisieren lassen, da Kapital und Medienunternehmen transnational operieren. Wenn Israel, Trinidad oder irgendein anderer Staat am Bilderreichtum und Ideenpotential der Massenmedien teilhaben wollen, sind sie auf Importe angewiesen. Daß dies nicht das Ende der Eigenständigkeit einer Kultur bedeuten muß, zeigt das trinidadische Beispiel.

Ein neuer Kulturbegriff

Viele der Grenzen zwischen Kulturen, die wir bisher gezogen haben, und die Merkmale, durch die sie sich voneinander unterscheiden, lösen sich mit der zunehmenden Vernetzung und mit der weltweiten Verbreitung von Massenkonsum, Medien und Institutionen auf. Ganz offensichtlich schafft enge Vernetzung aber nicht eine große Kulturschmelze, sondern die alte kulturelle Vielfalt der Welt wird durch eine neue ersetzt.

Das Bild einer Welt, die aus klar voneinander abgrenzbaren Kulturen besteht, ist, wie schon in der Einleitung skizziert, unhaltbar. Gerade auch Ethnologen haben in der Vergangenheit die Auffassung vertreten, Kulturen seien statische, in sich geschlossene Systeme. Ihr pluralistisches Kulturverständnis von unterschiedlichen Lebensweisen, Weltbildern, Werten und Normen ist in alle Bereiche des öffentlichen Diskurses eingegangen. Plötzlich haben alle ihre eigene Kultur, Frauen in der Lebensmitte, Geschäftsleute, Treber, Fußballer, Sinti und Roma, Deutsche, Türken und Japaner. Doch just in dem Moment, wo sich, wie der schwedische Ethnologe Ulf Hannerz[90] es so treffend beschreibt, die Ethnologen selbstzufrieden in ihren Sesseln zurücklehnen und sich des Massenerfolgs ihres liebsten Konzepts erfreuen könnten, gerät dieses in den eigenen Reihen unter Beschuß.

Inzwischen belegen immer mehr Studien, daß die Vorstellung unser Welt als Kulturenmosaik nicht nur erst heute, sondern auch historisch fragwürdig ist. Wir haben inzwischen Kenntnis von höchst komplexen vorkolonialen Kontakten vermeintlich isolierter Menschengruppen. In der Kolonialzeit wurde der Kulturwandel zum Teil gewaltsam forciert. Kolonialregimes beispielsweise schufen aus administrativen Gründen ganze »Stämme«, die in der Folgezeit als eine »Kultur« betrachtet und untersucht wurden. Das Bild der reinen, homogenen und integrierten Kultur der jeweils Anderen entpuppt sich immer mehr als Projektion der mit der fragmentierten Realität der Moderne hadernden Westler. Doch die neue ethnologische Kritik am Kulturkonzept geht noch weiter. Es schafft und verabsolutiert in seiner Konzentration auf »Unterschiede« eben diese. Kultur wird dadurch zum »Werkzeug, um andere anders zu machen«, wie die Ethnologin Lila Abu-Lughod kritisiert.[91] In dem Moment in dem die Ethnologie kulturelle Unterschiede beschreibt und erklärt, werden diese neu konstruiert und aufrechterhalten. Und Unterschiede, so sehr man das bedauern mag, schaffen oft Distanz und Ungleichheit.

Die !Kung Buschleute in der Kalahari werden heute gern als eine der wenigen noch intakten Gruppierungen dargestellt, die einer jahrtausendalten Lebensweise folgen. Sie gelten als egalitäre Jäger und Sammler, die in großer räumlicher Isolation ihre Kultur aufrechterhalten konnten. Seit den vermeintlich ersten Kontakten mit der Außenwelt, in den 20er Jahren dieses Jahrhunderts und in zunehmendem Maße seit 1960, ist die Kultur dieser Nomaden von Wandel und Kulturkontakt bedroht. Der Mythos des Naturvolks zieht sich seither durch wissenschaftliche Abhandlungen ebenso wie durch publikumswirksame ethnologische Biographien, zum Beispiel

Marjory Shostaks *Nisa*. Doch der Buschmann wurde erst durch westliche Beihilfe zum Buschmann.[92]

Zahlreichen Belegen zufolge standen sansprachige Menschen (Buschmänner) schon mit anderen Bewohnern des südlichen Afrika in Kontakt, bevor sie bei Ankunft der ersten weißen Siedler ins Hochland des heutigen Südafrika und in die Kalahari im heutigen Botswana abwanderten. Das Image der Isolation und die Realität von Armut sind die Produkte eines Prozesses, der seit zwei Jahrhunderten im Gange ist und in den letzten Kolonialjahren seinen Höhepunkt erreichte. Die Mitglieder dieses letzten Jäger- und Sammlervolkes waren vor der Migration Viehzüchter, und der Eindruck, daß es sich bei den San um eine klassenlose Gesellschaft handelt, ist zu einem Zeitpunkt entstanden, an dem sie als eine Unterklasse in koloniale und nationale Gesellschaften eingegliedert wurden. Ebenso ist der vermeintliche Konservatismus der Kalaharibewohner, ihre Weigerung, sich modernen Lebensformen anzuschließen, die Konsequenz, nicht die Ursache ihrer Marginalität innerhalb der kapitalistischen Ökonomie Botswanas und Namibias. Da sich die sansprachigen Bewohner Botswanas nicht als zusammengehörige Gemeinschaft präsentieren, entsprechen sie nicht der in der Verfassung enthaltenen Definition einheimischer Ethnien und können keine Landansprüche gegenüber der botswanischen Regierung geltend machen. Die Klassifizierung »San/Buschmann« als solche ist nicht einmal 50 Jahre alt und entstand durch die »Retribalisierung« Afrikas in der Kolonialzeit.[93]

Ähnlich wie die !Kung waren die sogenannten Urbewohner Japans, die Ainu, neueren historischen Arbeiten zufolge früher eine hierarchische Gesellschaft mit einer Mischwirtschaft. Ihr heutiger marginalisierter Status sowie ihre Etikettierung als egalitäre »Jäger und Sammler« sind das Ergebnis einer langen und schmerzhaften Integration in den Meji-Staat.[94] Wie diese Beispiele zeigen, sind Unterschiede zwischen Kulturen nicht naturgegeben, sondern entstehen und wandeln sich in einem kontinuierlichen, vernetzten Raum, der von ungleichen wirtschaftlichen und politischen Machtverhältnissen geprägt ist. Die San sind nicht das »Volk der Wüste«, sie sind historisch systematisch in die Wüste »verbannt« worden.

Neue Kulturkonzepte versuchen der Durchlässigkeit von Grenzen und der internen Heterogenität von Gesellschaft gerecht zu werden. Die Differenz zwischen diesen Überlegungen und der oben kritisierten Auffassung von Kultur als eigenständige, homogene Einheiten läßt sich gut mit dem Unterschied zwischen politischen und geographischen Karten vergleichen. Während auf der politischen Weltkarte jedes Fleckchen Erde eindeutig einer Farbe, d.h. einem Nationalstaat zugeordnet wird und die einzelnen Staaten intern homogen erscheinen, ist bei der geographischen Karte eine viel amorphere Einteilung der Welt zu sehen. Und wirklich zieht Tim Ingold, einer der Ethnologen, der eine neue Kulturtheorie entwirft, den Vergleich mit einer Landschaft: »Stellen Sie sich eine Welt vor, in der Menschen in einer kontinuierlichen und unbegrenzten Landschaft leben, die in ihrem Erscheinungsbild und ihren Konturen unendlich vielfältig ist, und trotzdem ohne Ränder und Brüche ist.«[95] Eine ähnliche Vision entwickelte der deutsche Geograph Karl Ritter schon im 19. Jahrhundert, als er in seiner *Vergleichenden Geographie* schrieb, das Schicksal der Menschheit sei es nicht, entlang der rigiden Grenzen der Nationalstaaten zu leben, sondern in einer organisch zusammenhängenden, kontinuierlichen Landschaft, veranschaulicht durch viele dünne und überlappende, gebrochene Linien.[96]

Legen wir dieses Bild unserer Vorstellung der Welt zugrunde, müssen wir unsere Definition von Kultur angleichen. Welches Konzept von Kultur kann einem solchen fließenden Bild gerecht werden? Oder ist der Kulturbegriff als konzeptionelles Werkzeug völlig unbrauchbar geworden? Das Repertoire an Kulturdefinitionen ist bereits jetzt so groß und unüberschaubar, daß die Frage gerechtfertigt scheint, ob wir bei dem Versuch, die weltweiten Zusammenhänge zu erklären, nicht besser ohne den Kulturbegriff auskommen?

Nicht nur das Herdersche Verständnis von Kultur als Summe der angeborenen Charakteristika, sondern auch die Vorstellung von Kulturen als abgeschlossene Gebilde wird der Realität nicht gerecht. Wenn man aber, wie Hannerz vorschlägt, mit dem Begriff »Kultur« *alle* von Menschen erworbenen Charakteristika bezeichnet, dann umfaßt das Konzept 1. die erworbenen Merkmale eines Individuums (die einzigartige individuelle Kultur eines Menschen) sowie 2. die bestimmten Gemeinwesen eigenen Spezifika (Kulturen im ethnologischen Sinn) genauso wie 3. die allen Menschen gemeinsamen erworbenen Eigenschaften, die kulturellen Universalien. Wie ein Anthropologe (Robert Redfield), der sich der Erforschung von Gemeinsamkeiten zwischen Kulturen widmete, schrieb: »Alles Erworbene ist kulturell, nicht alles Kulturelle ist Unterschied.« Wenn dem so ist, dann läßt sich auch die Idee einer Welt mit fließenden Grenzen zwischen Kulturen vertreten. Man kann nun ebenso von »Kultur« wie von »Kulturen« reden.[97] In diesem Sinne ist auch das Konzept der Globalkultur zu verstehen, auf das wir noch ausführlicher zu sprechen kommen werden.

Kulturmelange

Durch den vermehrten Kulturkontakt verändert sich nicht nur Altes, es entsteht auch Neues. Elemente aus verschiedenen Kulturen gehen ungewohnte Kombinationen miteinander ein; neue Lebensformen entstehen. Diese Kulturmelange läßt sich an Individuen beobachten, ist aber auch ein immer häufiger auftretendes gesellschaftliches Phänomen. Eine von heterogenen kulturellen Einflüssen geprägte Identität gilt heutzutage noch als Einzelphänomen. So empfinden wir den französischen Hata Yogi nicht unbedingt als typischen Franzosen. Wenn dieser dann auch noch Russisch als erste Muttersprache spricht und Rastalocken trägt, so ist für viele klar, es handelt sich um einen »Gspinnerten«, einen der eigenen Gesellschaft entfremdeten Individualisten. Die Welt scheint aber zunehmend von solchen Menschen bevölkert.

Der Bildband *Eigenes Leben. Ausflüge in die unbekannte Gesellschaft, in der wir leben*[98] enthält eine Sammlung biographischer Portraitstudien über die deutsche Gesellschaft. Mit Photos und Kurzbiographien werden in Deutschland lebende Personen unterschiedlichen Alters in ihren Familien- und Lebenskonstellationen vorgestellt. Sie alle verbindet, so die Autoren Beck, Vossenkuhl und Ziegler, daß sie ihre Vorstellung eines »eigenen«, individuell gestalteten Lebens zu verwirklichen suchen. Nicht repräsentativ sei die Auswahl, so schikken die Autoren im Vorwort voraus, nur Protagonisten des eigenen Lebens wolle man vorstellen. Als Hinweis auf die Vielfältigkeit einer international oft als homogen und kulturell unflexibel dargestellten deutschen Gesellschaft ist dieser Versuch sicherlich gelungen und wirft die Frage auf, inwieweit der »echte«, repräsentative Deutsche überhaupt existiert?

Das Basteln am eigenen Leben ist zur Kollektiverfahrung unserer westlichen Welt geworden. »Normal« ist nach Ansicht des Soziologen Ulrich Beck nur noch, daß unser Leben nicht mehr primär vom äußeren Umfeld bestimmt wird, sondern Ergebnis eigener Entscheidungen ist. Die Normalbiographie wird zur Wahlbiographie. Zukunft leitet sich nicht mehr nur aus Herkunft ab. Anders als früher müssen Traditionen ausgewählt oder neu erfunden werden. Identität, wie sie insbesondere Großstadtmenschen erleben, ist nicht länger durch die Tradition verbürgt und abhängig von Herkunft, Sprache, Religion oder phänomenologischen Merkmalen – jene Kriterien, mit denen herkömmlich eine »ethnische Identität« bestimmt wurde. In dem Maße, wie diese Kriterien im Leben der Großstadt unwichtig werden oder ganz verschwinden, bedienen sich die Menschen anderer Faktoren, die jedoch die gleichen Funktionen erfüllen. Neue Bezugspunkte können die Mitgliedschaft in einem Sportverein sein oder Aktivitäten wie Graffitimalen. Musikrichtungen wie der Hip-Hop aus den innerstädtischen Ghettos Amerikas eroberten die Jugendszenen weltweit. Mittelstandsnachwuchs aus Halle und Osnabrück hört begeistert die Songs von Ice Cube und Public Enemy, die dem Frust der schwarzen Kids Ausdruck geben. Wer ein echter Hip-Hopper ist, trägt New Yorker Großstadtlook und begeistert sich für die NBA. Rödelheimer Rap und Tic Tac Toe erobern die Hitparaden und deuten die Erfahrungen der US-Rapper bundesrepublikanisch um.

Biographien können durch Ereignisse beeinflußt werden, die völlig zeit- und ortsunabhängig von der eigenen Existenz sind. Identität wird gleich einem Flickenteppich individuell zusammengefügt (Becks »Patchwork-Identität«). Dabei scheint die Suche nach den kulturellen Wurzeln zur Lebensaufgabe von immer mehr Menschen zu werden. Das aus Vietnam adoptierte deutsche Kind, die urdusprachige Muslimin aus London oder der australische Bangladeshi – sie alle besitzen – von verschiedenen Kulturen beeinflußt – eine »multikulturelle Persönlichkeit« und sitzen sozusagen zwischen den Kulturen.

Sieht man in der Literatur einen Spiegel gesellschaftlicher Entwicklung, fällt die Häufung literarischer Auseinandersetzungen mit dem Thema der *Multikulturalität* und der Suche nach der eigenen Kultur auf. Der Australier Adid Khan beschreibt in seinem Erstlingswerk *Seasonal Adjustment* die Reise des in Bangladesh geborenen Iqbal, der nach 18 Jahren Abwesenheit besuchsweise in sein Geburtsland zurückkehrt. Die Auseinandersetzung des Protagonisten in Begleitung seiner jungen, in Australien aufgewachsenen Tochter mit seiner Familie und der Kultur Bangladeshs wird zur interkulturellen Herausforderung. Die Tochter stellt all die Fragen, die sich auch dem westlichen Besucher aufdrängen. Vor ihrem Reiseantritt unterhalten sich Vater und Tochter über Weihnachten in Bangladesh:

– *Dieses Jahr gibt es (zu Weihnachten) weder Truthahn noch Pudding. Bitte fang nicht an zu meckern.*

– *Das ist aber ungerecht, warum nicht?*
– *Weil Weihnachten von den meisten Menschen dort nicht gefeiert wird.*
– *Und warum nicht?*
– *Sie sind keine Christen.*
– *Aber was sind sie dann?*
– *Muslime.*
– *Wie du?*
– *Na ja, so ähnlich. Sie praktizieren ihre Religion viel strenger als ich.*
– *Aber du magst doch Weihnachten auch so gerne. Du stopfst dich jedesmal mit Truthahn und Weihnachtspudding voll!*
– *Also hör mal!*
– *Entschuldigung.*
– *Bei mir ist das etwas anders.*
– *Warum anders? Du bist doch auch einer?*
– *Was heißt ›einer‹?*
– *Ein Muslim.*
– *Ja, schon irgendwie. Das ist schwer zu erklären.*
– *Papi?*
– *Ja?*
– *Bin ich eine Christin?*
– *Hmm … Nicht richtig. Mami ist eine.*
– *Wie fühlt sich das an, wenn man Christ ist?*
– *Weiß ich nicht, Kleines. Ich war nie einer.*
– *Sind die Christen anders als die Muslime?*
– *In manchen Dingen unterscheiden sie sich schon.*
– *Papi?*
– *Was denn?*
– *Ich würde gerne eine Christin sein. Darf ich?*
– *Wenn du alt genug bist, kannst du dir aussuchen, was du sein möchtest. Warum willst du denn Christin sein?*
– *Die Kinder in meiner Schule sind es, und ich will genauso sein wie sie.*[99]

Nicht nur Individuen, sondern immer mehr Gruppen von Menschen fallen aus den herkömmlichen kulturellen und gesellschaftlichen Kategorien. Der Ethnologe Hannerz arbeitet mit dem Begriff der *Kreolisierung*[100], der Vermischungen, Widersprüchen und durchlässigen Grenzen von Bedeutungssystemen gerecht zu werden versucht. Paradebeispiel für Kreolisierung ist die Welt der *Satanischen Verse*. In Salman Rushdies eigenen Worten: »Die Satanischen Verse feiern Vermischung, Unreinheit und das Ergebnis aus neuen und ungewohnten Verbindungen zwischen Menschen, Kulturen, Ideen, Politik, Filmen und Liedern. Das Buch freut sich an der Kreuzung und verabscheut die Verabsolutierung des Reinen. Melange, Mischmasch, ein bißchen von diesem, ein bißchen von jenem, auf diese Weise entsteht Neues in der Welt.«[101]

Der aus der Linguistik stammende Begriff der Kreolisierung bezeichnete ursprünglich die neu entstandenen Sprachen in der Karibik und Westafrika, die eine Mischung aus der jeweiligen Kolonialsprache und afrikanischen Sprachen sind. Er suggeriert Kreativität und Ausdrucksreichtum. Auf Kultur übertragen, versucht der Begriff jener neuen kulturellen Diversität gerecht zu werden, die mehr auf Verbindungen und weniger auf Autonomie der einzelnen Kulturen basiert. Kreolisierte Kulturen entstehen aus der Begegnung, den wechselseitigen Abhängigkeitsbeziehungen zwischen Gesellschaften. Kultur wird diesem Verständnis zufolge als ein Fluß von Bedeutungen angesehen, die in ständiger Bewegung sind, alte Beziehungen auflösen, neue Verbindungen eingehen.

Eine in Berlin lebende katholische Ecuadorianerin ist mit einem homosexuellen Deutschen verheiratet und lebt in einer Wohngemeinschaft mit fünf Lateinamerika-begeisterten Schwaben, die jeden Freitag Salsa tanzen. Die gelernte Biochemikerin verdient sich ihren Unterhalt als Haushaltshilfe und bringt ihrer Arbeitgeberin Spanisch bei. Sie selbst liest begeistert Herta Müller. Ihre beste Freundin stammt aus Äthiopien, und die beiden unterhalten sich auf Englisch. Esmeralda ist

Teil einer großen transnationalen Gemeinschaft in Deutschland, der »Latinos«. Sie gehen enge Beziehungen zur deutschen Gesellschaft ein, in Form von Ehe, Freundschaft, Arbeit und übernommenen Lebensgewohnheiten. Im Kontakt zwischen Deutschen und Latinos entstehen interessante kulturelle Mischungen. Der Peruaner, der in seiner Heimat keine Haushaltspflichten übernehmen würde, steht in Deutschland für seine Freundin kochend am Herd. Wohngemeinschaften, in den meisten lateinamerikanischen Städten eine Rarität, werden im Ausland zur normalen Wohnform. Aber auch das Deutsche verändert sich: Wir lernen Salsa tanzen, Empanadas kochen und lesen Vargas Llosa. Und während man Salsa in den meisten südamerikanischen Staaten zu jeder Gelegenheit im Familien- und Freundeskreis tanzt, wird es in Deutschland als neuer Gesellschaftstanz vermarktet, mit Tanzkursen und Wettbewerben. Hier finden sich Peruaner, Chilenen und Kubaner zu einer Latino-Gemeinschaft zusammen und lernen deutsche Lateinamerika-Fans kennen.

Alltagsbeispiele kreolisierter Identitäten zeigen, wie verwoben die Bezugspunkte vieler Menschen heute schon sind und daß Herkunft nicht mehr zwingend Ausgangspunkt jeder Selbstdefinition sein muß. Die einzelnen Einflüsse stammen oft aus unterschiedlichen Kulturen und sind selbst keine Ur-, sondern Mischformen. Salsa als eigenständige Musik- und Tanzform wurde beispielsweise erst in den 60er Jahren in den New Yorker Clubs entwickelt, um die große kubanische Exilgemeinde anzulocken. Bestimmte Kulturbereiche sind für Kreolisierung besonders offen und gehen kreativ und spielerisch auf die Vernetzung der Welt ein. Der Ethnolook von Kenzo mischt afrikanische Muster und amerikanische Baumwolle mit dem Stil asiatischer Wickelröcke. Junge afrikanische Modedesigner schaffen sich ihre eigene Marktnische mit Kleidung, die sie aus importierten Stoffen (»made in India«) mit afrikanischen Drucken zu Outfits in einem unverwechselbaren westlich-afrikanischen Stil verarbeiten. Dieser neue afrikanische Look wird durch afrikanische Musikgruppen wie Bayete, Papa Wemba oder Cesaria Evora auch in Europa populär. Der ehemalige zairische Diktator Mobuto Sese Zeko kreierte seinen eigenen unverwechselbaren Stil, indem er afrikanische und europäische Herrscherinsignien miteinander verband: den schlammfarbenen Tropenanzug der Kolonialisten und die Leopardenkappe. In der kalifornischen Küche gehen asiatische, mediterrane, arabische, mexikanische und amerikanische Kochstile eine schmackhafte Kombination ein. Im Kochbuch »California Heritage« finden sich neben dem thailändisch inspirierten »Rotbarsch mit eingelegtem Ingwer« und dem mexikanischen »Pork Estofado« auch »Hühnerbrust mit Portweinbirnen und Stilton«, welches auf englische Kochtraditionen verweist.[102]

In Nigeria erfreut sich Fújì-Musik heute großer Beliebtheit.[103] Die Superstars des Genres, Alhaji Dr. Sikuru Ayinde Barrister und Alhaji Professor Ayinla Kollington erscheinen täglich im lokalen Fernsehen, und ihre Musik dröhnt aus Taxis, Marktständen und Bars. Platten der beiden werden zwischen 100.000 bis 200.000mal verkauft, illegale Kopien nicht eingerechnet. Die Bands werden für Partys und wichtige Feste, von Taufen über Hochzeiten bis zu Begräbnissen, engagiert. In den Texten mischen sich Yoruba und Englisch, »Don't doubt my love, my sweetie. I love you«, gefolgt von muslimischen Gebetshymnen und yorubanischen Lobgedichten. Fújì-Bands gebrauchen importierte Musiktechnologie und lehnen sich an europäische und amerikanische Musikstile an. Die internationale Norm von 3–5 Minuten Spieldauer eines Songs wird aber fröhlich ignoriert, und auf den LPs reihen sich die Stücke ohne erkennbare Pausen aneinander. Eigene Tanzstile entstehen zur Musik. Der Name des Musikstils wird von Barrister als Anlehnung an Mount Fújì in Japan gedeutet, von anderen zu Fújì-Filmkameras in Bezug gesetzt. Die Videos der Bands schneiden Ausschnitte aus amerikanischen B-Movies, Amateurvideoaufnahmen der Live-Auftritte der Gruppe, schicke nigerianische Hotellobbies und flotte Flitzer auf den Straßen von Lagos, westliche Prestigeobjekte sowie Aufnahmen von Nelson Mandela aneinander.

Fújì-Musik ist in ihrer eklektischen Zusammenstellung von verschiedenen Genres, Sprachen und Ausdrucksformen sehr heterogen. Die Bandmitglieder setzen sich mit schriller Designerkleidung in Szene und experimentieren frei mit Musikstilen. Diese Merkmale ließen sich als typische Einflüsse der Moderne deuten, die einem traditionellen Musikstil unkritisch übergestülpt wurden. Doch die Trennung zwischen »einheimisch« und »importiert« erschließt sich dem westlichen Hörer nicht so einfach, wie es den Anschein hat. Viele der Elemente, die auf den ersten Blick als unhinterfragt übernommene westliche Stilmittel erscheinen, sind in Wirklichkeit traditionelle Bestandteile westafrikanischer Darstellungskunst. Der traditionelle Lobgesang der Yoruba (oríkì) vereint verschiedenste Stilelemente und Darstellungsweisen. Oríkì sind stark fragmentiert und beliebig veränderbar. Vielfältigste Referenzpunkte, Menschen, Ereignisse und Orte, die mit dem Leben des Besungenen in Beziehung stehen, werden vom Künstler herangezogen. Fújì-Musik ist ein Erbe der Oríkì-Tradition und steigert diese in ihrer Heterogenität und Vermischung. Aber das »Neue« läßt sich nicht auf die Addition von Traditionen unterschiedlicher Provenienz reduzieren. Fújì-Musik hat sich von ihren diversen Ursprüngen gelöst und ihre eigene Integrität als unabhängige kulturelle Form gefunden.

Kreolisierung stellt in einigen Fällen eine Kontinuität zu früheren Lebensformen her, in anderen Fällen entstehen neue Formen der Identität, die ohne historisches Vorbild sind. Da sich für diese neuen Kulturen keine Wurzeln aus der Geschichte extrapolieren lassen, werden sie oftmals als oberflächlich und inauthentisch abgetan. Allen voran melden sich hier gerne die Kritiker der Postmoderne zu Wort, die Oberflächlichkeit mit dem Fehlen von Wurzeln gleichsetzen und sich über neue Kulturformen lustig machen, besonders dann, wenn diese von neuen Emporkömmlingen, wie den unteren Mittelklassen der Industrieländer und den Mittelklassen der Entwicklungsländer, geschaffen und gelebt werden.

Organisierte Vielfalt

Alte Formen der Diversität verschwinden mit der zunehmenden Vernetzung der Welt, neue Formen entstehen. Doch wie stehen diese neuen Formen in Beziehung zueinander? Handelt es sich bei ihnen um voneinander unabhängige Einzelphänomene? Wir werden zeigen, daß viele lokale Partikularismen sich auf die globale Ebene beziehen und ohne ein übergeordnetes Referenzsystem nicht existieren würden.

Gerade an der Bildung von Nationalkulturen läßt sich diese Dynamik eindrucksvoll nachvollziehen. Der mittelamerikanische Staat Belize[104] ist seit 1981 von Großbritannien unabhängig. Er hat eine kleine (weniger als 200.000 Einwohner), aber ethnisch diverse Bevölkerung. Von der Wirtschaft bis zur Familienstruktur ist Belize sehr transnational. Neun Fernsehstationen, mexikanisches Satellitenfernsehen und Kabeldienste servieren ihre Kost, importierte Waren stehen in den Regalen der Geschäfte, und ausländische Touristen und Studenten suchen authentische lokale Eindrücke, unberührte Regenwälder und antike Ruinen. Paradoxerweise präsentiert sich die nationale Kultur des Landes nicht nur trotz, sondern wegen dieser transnationalen Erfahrung so ausgeprägt wie nie zuvor. Der Ethnologe Richard Wilk beschreibt, wie am Anfang seiner Beschäftigung mit Belize in den frühen 70er Jahren die meisten Bewohner die Existenz einer belizianischen Kultur gänzlich leugneten. Die zahlenmäßig dominante afro-europäische Bevölkerungsgruppe, Nachfahren der Sklaven und ihrer Besitzer, wurden als »Kreolen« bezeichnet und nannten keine »Kultur« ihr eigen. Die spanisch sprechende Landbevölkerung, »Mestizen« genannt, unterschied sich nicht von den Bauern des benachbarten Guatemala und Mexiko. Die einzige Gruppe mit einer anerkannten kulturellen Identität waren marginalisierte Minderheiten wie Maya, Hindi, Libanesen und Garifunda. Belizianische Küche, landestypische Waren und kulturelle Eigenarten existierten zwar in den Augen der besuchenden Fremden, nicht aber für das Gros der einheimischen Bevölkerung. Als Souvenirs boten sich nur Briefmarken, Geldmünzen und einheimisches Bier an; letzteres wurde neben dem Flughafen von Belize City von einem Amerikaner in einer Brauerei kanadischen Ursprungs hergestellt, der holländischen Malzextrakt und englische Flaschen benutzte. Politiker, gefolgt von einer kleinen intellektuellen Minderheit, propagierten zwar die Pflege einer lokalen Kultur, aber für die Bevölkerungsmehrheit war »belizianische Kultur« bis in die frühen 80er Jahre hinein ein Widerspruch in sich.

Das Bewußtsein einer spezifischen Identität konstituierte sich erst im Gefolge der zunehmenden Transnationalisierung; es entstand auf der Bühne des Welttheaters. Heute ist Belize stolz auf seine nationalen und ethnischen Besonderheiten. Scharfe Pfeffersaucen, Puppen und Kleidung sind beliebte Souvenirs, und der Punta Rock der lokalen Musikindustrie wird international vermarktet. Eine belizianische Küche hat sich etabliert, zuerst in von Exilanten betriebenen Restaurants in New York und Los Angeles, später in Form eines belizianischen Tagesgerichts in jedem belizianischen Touristenhotel und Restaurant. Es gibt nationale Theatergruppen, eine historische Gesellschaft, belizianische Künstler und Literatur.

Das Beispiel Belizes verdeutlicht, daß sich Nationalkultur heutzutage im transnationalen Raum entwickelt. Die Kulturen der Welt haben sich strukturell durch das seit dem Ende des 18. Jahrhunderts entstandene System der Nationalstaaten massiv aneinander angeglichen: Jedes Land hat eine Nationalhymne, einen Verwaltungsapparat und eine Volkswirtschaft. Durch diese gleichen Strukturen können sich Menschen weltweit zueinander in Beziehung setzen und ihre Lebensweisen miteinander vergleichen. Durch die Notwendigkeit, diese Strukturen spezifisch zu gestalten, entsteht erst der Zwang, bewußt eigenständige Identitäten auszuformen und zu artikulieren. Dieser Bewußtseinsprozeß und die Ausgestaltung der Strukturen setzt eine Dynamik in Gang, durch die die Welt pluralisiert wird.

Ähnliche Prozesse vollziehen sich auch unter- und oberhalb der staatlichen Ebene. In den beiden letzten Jahrzehnten hat das kulturelle Selbstbewußtsein vieler Volksgruppen zugenommen. Von den Ainu über die Südtiroler bis zu den Aborigines kultivieren und instrumentalisieren unterschiedlichste Volksgruppen ihre eigene Identität. Vormals in die jeweilige nationale Kultur assimilierte Gruppen, wie die Maori und Hawaiianer, besinnen sich seit den 70er Jahren auf ihre kulturellen Besonderheiten. Kultur stellt für viele staatliche Minderheiten eine scharfe und oft die einzige Waffe dar, um sich auf der globalen Ebene Gehör zu verschaffen und eigene Interessen durchzusetzen. Zu diesem Zweck werden Bewegungen gebildet wie die hawaiianische »Ka Ho'okolokolonui Kanaka Maoli« (Internationales Tribunal der Indigenen Bevölkerung Hawaiis)[105] oder das transnationale »Permanent People's Tribunal«. Letzteres stellt ein Forum für indigene Bevölkerungsgruppen weltweit dar, die sich durch öffentliche Auftritte und simulierte Gerichtsverhandlungen international Gehör verschaffen wollen, sich miteinander solidarisieren und versuchen, politische, wirtschaftliche und kulturelle Ansprüche gemeinsam durchzusetzen. Die Anliegen indigener Kulturen werden von einer Reihe von Organisationen wie der »Gesellschaft für bedrohte Völker« oder »Survival International« unterstützt, die mit Publikationen, Unterschriftsaktionen und Solidaritätsveranstaltungen eine internationale Öffentlichkeit ansprechen. Zusätzlich zu diesen aus dem westlichen Europa und den USA stammenden Institutionen sind in den letzten Jahren überall auf der Welt eine Unmenge kleiner Nichtregierungsorganisationen (NROs) entstanden, die sich zwar mit unterschiedlichen

Inhalten, aber ähnlicher Terminologie auf der internationalen Plattform an der Seite der indigenen Bewegungen tummeln. Während die Anliegen bis in die 80er Jahre an eine Reihe von UN-Büros, zumeist an das der Internationalen Arbeitsorganisation ILO, gerichtet werden mußten, wurde die internationale Regierungsgemeinschaft Anfang der 90er Jahre durch den öffentlichen Druck gezwungen, mit der »UN Working Group on Indigenous Populations« eine eigene Anlaufstelle für Minderheiten zu schaffen.

Nicht nur historisch gewachsene Gemeinschaften begeben sich auf die Suche nach ihrer Identität, es bilden sich auch neue Zusammenschlüsse, oftmals zwischen marginalisierten Bevölkerungsgruppen. Diese neuen Identitäten entstehen dabei nicht in einem idealtypischen freien Raum, sondern müssen meist gegenüber einer dominanten Bevölkerungsmehrheit durchgesetzt werden. Prominentes Beispiel für die Entwicklung eines neuen Minderheitenbewußtseins ist die Entstehung der Kategorie der »Schwarzen« in Großbritannien. Der aus Jamaika stammende Kulturwissenschaftler Stuart Hall beschreibt, wie er in den 50er Jahren seine Heimatinsel verließ, um in Großbritannien zu studieren. Obwohl 98 Prozent der jamaikanischen Bevölkerung schwarz sind, hatte er bis zu seiner Ankunft in England noch nie jemanden als »schwarz« angesehen. Auf Jamaika gab es eine Vielfalt an Bezeichnungen für die verschiedenen Farbschattierungen, und Halls Großmutter konnte 15 verschiedene Hauttöne unterscheiden. Erst im Großbritannien der 70er Jahre wurde »schwarz« zu einer ungemein wichtigen historischen, politischen und kulturellen Kategorie, die mit realer Pigmentierung aber nichts zu tun hatte. Als Schwarze bezeichneten sich jetzt die Mitglieder der karibischen, asiatischen und afrikanischen Minderheiten, die keine Gemeinsamkeiten miteinander hatten, außer daß sie von der weißen englischen Bevölkerung als geschlossene Gruppe betrachtet und behandelt wurden. Die abschätzige Fremdbezeichnung »schwarz« wurde positiv umgedeutet und bildete die Grundlage einer neuen gemeinsamen Identität für Pakistani, Kenianer und Jamaikaner. Dieser Prozeß ging mit einer gewaltigen Bewußtseinsveränderung der diskriminierten Minderheiten einher und schloß sie zum antirassistischen Kampf zusammen. Schwarze fordern heute die englische Mainstreamidentität heraus, die an die weiße Pigmentierung gekoppelt ist: Schwarze Engländer verstehen sich als englisch und schwarz.[106]

Das neue Selbstbewußtsein von Minderheiten darf nicht pauschal mit Fundamentalismus gleichgestellt werden (wie es Barbers vollkommen konturenloser Gebrauch des Begriffs Jihad nahelegt). Es ist eine »Kultur der Kulturen« (Sahlins) entstanden. »Die Politik vor Ort ist Mittel bzw. Ausdruck eines größeren Prozesses eines strukturellen Wandels: die Formierung eines Weltsystems aus Kulturen, einer *Kultur der Kulturen* – mit allen Merkmalen einer *Struktur der Unterschiede.*« (unsere Hervorhebung)[107]

Sowohl im System der Nationalstaaten als auch in dem der Kulturen gehen Homogenisierung und Differenzierung miteinander einher und bedingen sich gegenseitig. Die Welt wird sich zum einen immer ähnlicher, zum anderen immer unterschiedlicher. Auf dieses Phänomen wird zwar im Globalisierungsdiskurs hingewiesen, die Beziehungen zwischen beiden Prozessen werden aber nicht überzeugend dargestellt und analysiert. Die Beschreibung und Interpretation transnationaler Beziehungen folgt unverändert den gängigen Oppositionen von global/lokal, indigen/importiert, authentisch/oberflächlich. Doch wie wir am belizianischen Beispiel gesehen haben, muß das Lokale keinen Gegensatz zum Globalen darstellen. Das Lokale ist nicht nur konstitutiver Teil des Globalen, sondern entsteht oft erst in ihm. Zunehmend entstehen globale Strukturen, die Unterschiedlichkeit fördern. Aber einzelne Gruppen werden in sehr ähnlicher Weise unterschiedlich, da die Dimensionen, entlang derer sie variieren, begrenzter und dadurch gegenseitig verständlicher sind. Sie sind quasi miteinander kompatibel geworden. Mit den Worten Wilks: »Wir werden nicht alle gleich, aber wir präsentieren und kommunizieren unsere Unterschiede zunehmend auf eine Art und Weise, die einander ähnelt und daher allgemein verständlich ist.«[108]

»E too maaga – E too fat«

Kulturelle Strukturen, Kategorien und Standards sind von Machtbeziehungen geprägt. Die neue organisierte Vielfalt entsteht nicht im machtfreien Raum und wird nicht unter der gleichberechtigten Beteiligung aller Menschen etabliert. Welche Arten von Unterschieden Gehör finden, welche ignoriert oder unterdrückt werden, hängt von den global dominierenden Strukturen ab. Kehren wir mit Wilk[109] nach Belize zurück und betrachten am Beispiel von Schönheitswettbewerben, wie hegemoniale Strukturen wirken und wie sie auf globaler und nationaler Ebene ausgestaltet werden. Nationale Schönheitswettbewerbe werden genutzt, um nationale und ethnische Eigenheiten (in diesem Falle Schönheitsideale) differenziert zu artikulieren und präsentieren. Bei internationalen Schönheitswettbewerben unterwerfen sich Belizianer einerseits globalen, in diesem Fall westlich geprägten Standards, gleichzeitig sehen sie diese Veranstaltungen als Chance, sich als potentiell gleichberechtigte Teilnehmer mit anderen Staaten vor einer weltweiten Zuschauerschaft zu präsentieren.

Die Geschichte der Schönheitswettbewerbe beginnt in Belize im Jahr 1946. Die ersten Wettbewerbe wurden von älteren Damen einer Vereinigung organisiert, die das englische Kolonialregime in dem damaligen Britisch-Honduras unterstützte. Der Wettbewerb der »Queen of the Bay« sollte einem britisch-belizianischen Feiertag Würde verleihen. Die Kandidatinnen waren von den einzelnen Logen der Vereinigung im Land ausgesucht worden und marschierten zu patriotischer Musik über die Bühne, beantworteten Fragen zur Kolonialgeschichte und rezitierten englische Verse. In den darauffolgenden Jahren wurden die Wettbewerbe landesweit abgehalten und stellten eine wichtige Form des Geldsammelns und der Publicity dar. Doch auch die Gegner der Loyalisten, die anti-britische People United Party, hielt ab 1950 einen eigenen Schönheitswettbewerb, die Wahl der »Miss British Honduras«, ab.

Bis heute organisieren die zwei großen Parteien jährlich je einen Wettbewerb, bei dem die sechs Distrikte des Landes und Belize City miteinander konkurrieren. Die politischen Haltungen spiegeln sich dabei jeweils in den Veranstaltungen wider. Die konservative United Democratic Party setzt auf Hochkultur und Eleganz zu den Klängen europäischer Marschmusik, während die linkspopulistische PUP erotischere Darbietungen mit ethnischer Komponente zu den neuesten amerikanischen und karibischen Popsongs präsentiert. Wilk beschreibt, wie – je nach politischem Klima – neue Wettbewerbe entstanden und alte sich verwandelten. In den späten 60er Jahren gab es die »Miss Afro-Honduras«, inspiriert von der afro-amerikanischen Black Power Bewegung, in den 70ern entstand die »Miss Garifunda«, benannt nach der historisch am stärksten diskriminierten Volksgruppe Belizes. Eine Vielzahl unpolitischer und nicht ethnisch gebundener Wettbewerbe folgte, von der »Sugar Queen« über »Miss Agriculture« zur »Miss Cycling«. Unterschiedliche Altersgruppen wurden zusammengestellt, wie die »Miss Preteen« und die »Ms Maturity«. Im nationalen Raum ist im Rahmen einer gemeinsamen Struktur, nämlich der Schönheitswettbewerbe, eine unendliche Vielfalt entstanden – immer mehr Interessengruppen nutzen die Popularität von Schönheitswettbewerben, um sich in der Öffentlichkeit darzustellen. Je nach Interessenlage unterscheiden sich die Gewinner bezüglich Hautfarbe, Ethnizität, Parteizugehörigkeit, Klasse, Berufsgruppe oder Alter.

Erst seit den 70er Jahren kann Belize es sich leisten, Teilnehmerinnen zu den großen internationalen Veranstaltungen wie Miss World oder Miss Universe zu schicken. Die Professionalisierung der internationalen Schönheitswettbewerbe erfordert jedoch Ausbilder und Berater, die so kostspielig sind, daß den Teilnehmerinnen aus Belize der Wettbewerb nicht leichtgemacht wird. Trotz dieser Handicaps stellen die internationalen Veranstaltungen einen großen Anreiz für lokale Bewerberinnen dar. Internationale Wettbewerbe werden als eine Möglichkeit gesehen, die Gleichberechtigung Belizes gegenüber anderen Staaten zu demonstrieren. Das Wesentliche sei, so der lokale Organisator der »Miss Universe«, »... zu zeigen, daß wir mit dem Rest der Welt mithalten können«.[110]

Nicht nur Kosten erschweren die Konkurrenzfähigkeit der belizianischen Schönheiten. Die bei internationalen Wettbewerben geltenden Schönheitsideale sind westlich geprägt, die meisten Gewinnerinnen sind hellhäutig und großgewachsen. Das Ideal New York Citys und nicht Belize Citys setzt sich durch, auch wenn die Miss World 1995 aus Venezuela stammte. Das westliche Schönheitsideal ist dem vorherrschenden belizianischen Ideal diametral entgegengesetzt. Dieser Diskrepanz sind sich sowohl die Kandidatinnen als auch die Jury bewußt. So kommentierte einer der belizianischen Preisrichter: »Wenn man ein Mädchen hier für einen internationalen Wettbewerb aussucht, sagen die belizianischen Männer: ›E too maaga (›Die ist zu dünn‹). Nur Knochen, kein Fleisch dran.‹ Aber die (ausländischen) Schiedsrichter werden sich das belizianische Modell ansehen und sagen: ›E too fat (›Die ist zu fett‹)‹.« Diese voneinander abweichenden Schönheitsideale, das vollere, kleinere belizianische und das große, dünne des Nordens, treffen auf der globalen Bühne zusammen.

Wird diese Unterlegenheit langfristig dazu führen, daß Belizianer ihre eigenen Ideen, Werte und Ideale dem Globalen und Fremden anpassen? Wilk weist darauf hin, daß Belize seit über 350 Jahren diesem Druck ausgesetzt ist. Die Vorstellung einer eigenen Identität ist überhaupt erst im globalen Kontext entstanden, zuerst während der Sklaverei, dann innerhalb der rigiden Klassenstruktur des British Empire. 350 Jahre lang sind die Menschen mit vermeintlich überlegenen Schönheitsidealen und Werten konfrontiert worden. Viele dieser Standards sind inzwischen angenommen worden, und helle Haut und glatte Haare gelten auch in Belize als besonders schön. Globale Standards stellen eine Meßlatte dar, an der die eigenen Normen geprüft und bewertet werden. Zugleich aber finden viele Belizianer Frauen mit bunten Lockenwicklern im Haar sexy. Alternative Standards sind Seite an Seite mit den machtvollen globalen weißen Images entstanden und konkurrieren mit ihnen.

Wie wir in diesem Kapitel gesehen haben, werden fremde Einflüsse von Kulturen nicht einheitlich rezipiert. Das in den Medien vermittelte und von Kritikern beklagte Bild einer kulturellen Homogenisierung ist nur eine Facette der Globalisierung. Der Umgang mit Fremdem folgt zum Leidwesen der Politiker und Werbefachleute keinem weltweit gültigen Schema. Die Abwehr, Aneignung oder Transformation von Fremdeinflüssen ist nichts Neues. Selektion und Ausgrenzung sind alltägliche Mechanismen von Gesellschaften im Kontakt mit anderen Kulturen. Neu an den zeitgenössischen Globalisierungsprozessen ist die exponentielle Zunahme der Kulturkontakte. Durch sie entsteht eine noch nie dagewesene Vielfalt an Kultur- und Lebensformen. Anders als früher beziehen sich diese neuen Kulturformen heute zunehmend aufeinander. Unser Zeitalter ist gekennzeichnet durch eine organisierte Vielfalt – das Entstehen einer Globalkultur, ein Thema, das wir im letzten Kapitel aufgreifen werden. Kulturelle Partikularismen bilden sich vor dem Hintergrund globaler Strukturen heraus. Überall entstehen, wie Wilk es treffend bezeichnet, »Strukturen gemeinsamer Unterschiede«.[111]

Wir werden nicht alle gleich, sondern berufen uns nur zunehmend auf die gleichen Strukturen, Konzepte und Standards, um unsere Unterschiede auszugestalten und zu präsentieren. Wie das Beispiel der Schönheitswettbewerbe zeigt, ist dieser Prozeß keineswegs machtfrei, sondern entsteht im Ringen der um Hegemonie bemühten Akteure (Staaten, Nichtregierungsorganisationen und Wirtschaftsunternehmen) um Strukturen und Standards. Die Ausgestaltung dieser Strukturen erfolgt auf verschiedenste Weise, im Rahmen der verfügbaren politischen, kulturellen und wirtschaftlichen Spielräume der betreffenden Gesellschaften. Kritiker würden an dieser Stelle einwenden, daß die Freiheit der Ausgestaltung hegemonialer Strukturen der Wahl zwischen einem Dutzend Reinigungsmitteln im gutbestückten Supermarkt gleicht. Sie verweisen zu Recht darauf, daß die meisten der heute weltweit dominierenden Strukturen westlichen Ursprungs sind und die Entwicklungsrichtung der Globalisierung von amerikanischen und westlichen Interessen bestimmt ist. Bedeutet Globalisierung demnach nicht einfach nur Verwestlichung oder sogar Amerikanisierung?

ZWEITES KAPITEL

WER BEEINFLUSST WEN?

»Je moderner die Welt wird, desto mehr wird sie wie Amerika.«
(Rupert Murdoch)

»Jeder Mensch hat zwei Zuhause, den Ort, an dem er aufgewachsen ist, und Amerika.« (Milos Forman)

Dem Weltreisenden von heute fehlt es an nichts. Wo er auch hinkommt, begrüßt ihn in der Fremde das Vertraute. Holiday Inn in Lagos, Coke in der Wüste Gobi, Big Mac auf den Champs-Elysées, und alles untermalt von Madonnas »Holiday« oder den »Worldnews« von CNN. In den Hotelketten und Abflughallen von Manaus und Port Morseby wird Pidgin-Amerikanisch gesprochen. Kein Wunder, daß viele meinen, es werde sich in kurzer Zeit eine genormte, von amerikanischen Vorstellungen bestimmte Weltkultur entwickeln.[112]

Nicht nur Kulturreisende befürchten eine Amerikanisierung der Welt. Viele politische Aktivisten der ersten und dritten Welt, eine wachsende Öffentlichkeit in Europa und den USA sowie islamische Fundamentalisten erheben aus unterschiedlichen Motiven ihre Stimmen gegen das amerikanische Hegemonialbestreben in Wirtschaft, Politik und Kultur. Viele Länder sehen ihre nationale Identität durch die USA bedroht. Jack Lang, ehemaliger französischer Kulturminister, hielt 1982 auf der Weltkonferenz über Kulturpolitik in Mexiko eine berühmte Rede, in der er die anderen Nationen dazu aufforderte, die USA in ihrem finanziellen und intellektuellen Imperialismus einzudämmen.[113] Jacques Chirac warnte jüngst wieder davor, die französischsprachige Welt würde durch die amerikanische Dominanz der neuen Medien wie des Internets ökonomisch und kulturell in die Marginalität abgedrängt.[114]

Außerhalb Europas wird Amerikanisierung häufig mit Westernisierung gleichgesetzt, und beide Begriffe werden austauschbar verwendet. Die arabische Welt, aber auch viele asiatische Staaten warnen vor »westlichem Imperialismus« und geben damit ihrer Furcht vor dem Einzug abendländischer Werte – wie der Gleichheit der Geschlechter, Individualismus, verfassungsrechtlich garantierter Grundrechte und der Trennung zwischen Religion und Staat – Ausdruck. Der chinesische Staatspräsident vermutet sogar eine Verschwörung »feindlicher Kräfte im Westen«, die darauf hinarbeiten, China zu »verwestlichen« und zu »zersetzen.«[115] Internationale Bündnisse und Institutionen, von der UNO bis zur Weltbank, werden von vielen Seiten als Instrumentarien westlicher Interessen kritisiert, und ein Großteil der Drittweltstaaten sowie eine kritische Öffentlichkeit im Westen fordern die Reform ihrer Gremien und Machtbefugnisse. Die Vereinten Nationen sollten sich, etwa durch die Demokratisierung des Sicherheitsrates, den veränderten Verhältnissen am Ende des Kalten Krieges, anpassen, um ihrer Rolle als weltpolitisches Forum und Instrument gerecht zu werden.[116]

Globalisierung wird oft in einem Atemzug mit Amerikanisierung und Westernisierung genannt. Aber sind Westernisierung und Amerikanisierung wirklich das gleiche wie Globalisierung? Natürlich stammen, wie wir im folgenden knapp darlegen werden, viele der Impulse zur Vernetzung aus Westeuropa und den USA, und internationale Machtkonstellationen sind westlich dominiert. Die zeitgenössische Phase der Globalisierung geht unserer Meinung nach aber weit über ihre historischen Vorläufer hinaus. Im Gegensatz zur Amerikanisierung bezeichnet Globalisierung einen vieldimensional ausgerichteten Prozeß, der auch im Westen und in den USA mit rapiden wirtschaftspolitischen und kulturellen Veränderungen einhergeht.

Der Aufbau weltweiter Beziehungen ging seit Beginn der Neuzeit zuerst von Europa aus. Auf der Suche nach immer neuen Absatzmärkten schufen frühkapitalistische Wirtschaftsunternehmen nicht nur weltweite Handelsbeziehungen, sondern etablierten auch die dazu erforderlichen Institutionen (von der Handelsgesellschaft bis zum Postamt). Im Zeitalter des Imperialismus und Kolonialismus entstanden auf bekannterweise unrühmliche Art weltweit politische Abhängigkeitsstrukturen und eine flächendeckende geopolitische Einteilung der Welt, die bis heute weitgehend unverändert als Nationalstaatensystem erhalten blieb. Bis zum Zweiten Weltkrieg stammten fast alle global verbreiteten technologischen Innovationen, vom Schiffskompaß bis zu Massentransportmitteln, aus Europa.

In den letzten vier Dekaden lösten die Vereinigten Staaten Europa als Motor der weltweiten Vernetzung und weltweit einflußreichste Macht ab. Nach dem Zweiten Weltkrieg profitierten die USA gegenüber den wirtschaftlich geschwächten europäischen Industrienationen von dem kontinuierlichen Aufbau eines kapitalistischen Massenproduktionssystems. Vom Ende des Bürgerkriegs bis zum Anfang des 20. Jahrhunderts hatten sich die Vereinigten Staaten vom Agrarstaat zur größten Industrienation der Welt entwickelt. Eine Kombination verschiedener Faktoren war dafür ausschlaggebend: Ein Mangel an Arbeitskräften bei gleichzeitig steigender Nachfrage auf dem Binnenmarkt trieb die Industrialisierung nachhaltig voran. Die amerikanische Verfassung begünstigte von Anfang an eine gesamtamerikanische Wirtschaftsentwicklung, indem sie beispielsweise Einfuhr- und Ausfuhrzölle zwischen den einzelnen Bundesstaaten verbot. Über das Schienennetz wurden neue Absatzmärkte erschlossen, und die Eisenbahnunternehmen stiegen aufgrund ihrer Monopolstellung im Transportwesen schnell selbst zu einem der wichtigsten Kapitalgeber auf. Die geringen Qualitätsansprüche der amerikanischen Normalverbraucher begünstigten die rasche Industrialisierung und eine innerkontinentale Verbreitung der neu produzierten Güter. Innerhalb weniger Dekaden konnte sich, ungehindert von einer historisch gewachsenen Elitekultur, wie sie in Europa bestand, eine rege kommerzielle US-Popularkultur entwickeln. Unterhaltungskultur (Sport, Musicals und Filme) und Kommunikationstechnologien (Radio und Fernsehen) wurden breiten Bevölkerungskreisen zugänglich gemacht, wobei Kultur und Kommerz von Anfang an eine untrennbare Einheit bildeten. Für den erfolgreichen Export von Waren wie Ketchup und Ideen wie Freiheit ist das amerikanische Sendungsbewußtsein maßgeblich verantwortlich. Die Überzeugung, als fortschrittlichste Nation eine Führungsrolle innezuhaben, die schon als Pioniergedanke die Erschließung des Kontinents vorangetrieben hatte, wurde nach ihrer Erprobung im nationalen Raum seit Anfang des 20. Jahrhunderts auf die internationale Arena übertragen.

Amerikanische Einflüsse machten sich zuerst auf dem europäischen Kontinent bemerkbar. In London, bis dato Weltfinanzzentrum, eröffnete 1909 »Selfridges«, das erste große amerikanische Kaufhaus in der Oxford Street, Symbol für den unaufhaltsamen Einzug des amerikanischen Massenkonsums und Lebensstils. Nach dem Zweiten Weltkrieg, als sich die Welt in zwei ideologischen Blöcken gegenüberstand und das wirtschaftlich starke Amerika seine Waren und sein Lebensgefühl erfolgreich verbreiten konnte, avancierten die USA zum primären Bezugspunkt für einen Großteil der Welt und konnten die neu entstehende Weltordnung maßgeblich nach ihren Vorstellungen prägen. Diese Vormachtstellung zeigt sich in der für die USA günstigen Ausformung der weltweiten Handelsabkommen (GATT), in der Stärke des Dollars auf den internationalen Finanzmärkten oder der Wahl von New York als UN-Hauptsitz. Der »american way of life« des Überflußlandes der 50er Jahre, mit Coca-Cola, Jeans, Kaugummi und Elvis Presley, wurde von großen Bevölkerungsteilen in Europa zur nachahmenswerten Lebensform erkoren. In den 60er Jahren erreichte die Botschaft der amerikanischen Massenkultur auch die jungen Nationalstaaten Afrikas, Asiens und Lateinamerikas, die sich das US-Wohlstandsmodell zum Vorbild nahmen. Mit ihrer stark visuellen Ausrichtung scheint die amerikanische Popularkultur Sprachgrenzen mühelos zu überschreiten. Weltweiter Massenkonsum, besonders in den Bereichen Film, Musik und Essen, gelten bis heute als Ausdruck einer amerikanischen Monopolstellung, die die eigenen Traditionen bedroht. Amerikanische Popularkultur hat »alles andere hinweggefegt« und übt eine »pop-monokulturelle Hegemonie« aus.[117] Auch in der Politik beherrschen die Vereinigten Staaten den Großteil der internationalen politischen Bündnisse, Sicherheitsgremien und wirtschaftspolitische Institutionen wie die G7. Seit dem Zusammenbruch der Sowjetunion können sich die USA relativ ungestört als Weltpolizei gebärden.

Trotz zahlreicher Belege für eine amerikanische Dominanz ist das Amerikanisierungsszenario zu einfach gestrickt. Wir haben es inzwischen jedoch schon so verinnerlicht, daß andere Einflußrichtungen und Entwicklungen oft gar nicht mehr wahrgenommen werden. Ganz entgegen der gängigen Meinung, daß amerikanische Fastfood-Ketten, wie McDonalds, Kentucky Fried Chicken und Dominos Pizza, den Speiseplan weltweit beherrschen, erfreut sich in England indisches Essen und in Deutschland der Döner einer weitaus größeren Fangemeinde. Seit 1973, nach dem ersten Einbruch des deutschen Wirtschaftswunders, eröffneten türkische Gastarbeiter einen Dönerimbiß nach dem anderen, erst in Berlin Kreuzberg, später in der ganzen Republik, und seit der Einheit ist der Döner das beliebteste Fastfood des Ostens. In Berlin gibt es mehr Verkaufsstände für osmanisches Take Away als in Istanbul. In Deutschland wandern jährlich 720 Millionen Dönerkebaps über den Ladentisch, in Berlin werden davon allein knapp 100 Millionen Portionen verkauft. Deutschlandweit werden jährlich 3,6 Milliarden DM im Dönergeschäft umgesetzt, der Hamburger dagegen brachte McDonalds in unserem Land nur 2,6 Milliarden ein.[118] Auch die beliebten Geschichten unserer Welt stammen nicht alle aus Hollywood. Die Märchen der Brüder Grimm sind Kindern in Ecuador ebenso vertraut wie Kindern in Sachsen, und auch taiwanesische Kinder fürchten sich vor der Knusperhexe. Dieses deutsche Volksgut ist in 160 Sprachen übersetzt und in millionenfachen Auflagen verbreitet.[119] Bei dem Stichwort Medienglobalisierung fällt jedem sofort *Dallas* und *Beverly Hills 90210* ein. Daß *Derrick* eine ähnlich globale Fangemeinde hat, ist weniger bekannt. In 102 Ländern von Argentinien bis Kambodscha zieht der Oberinspektor mit seinem Gehilfen Harry die Zuschauer vor den Fernseher. Selbst in Australien gibt es Fanclubs, und der Shanghaier Polizeipräsident empfiehlt seinen Mitarbeitern zur Fortbildung *Derrick*-Videos.[120]

Zu fragen ist außerdem, auf welches Bild von Amerika sich die Homogenisierungskritiker eigentlich beziehen. »Amerika« ist nicht nur das Land der WASPs (White Anglo-Saxons), sondern auch der Hispanics, der Latinos und der Schwarzen, es ist ebenso das Land der Homosexuellenbewegung wie der Moral Majority. Die Definition dessen, was ein Amerikaner ist, ändert sich ständig. Entsprechend werden weltweit sehr unterschiedliche Facetten Amerikas rezipiert. Amerika ist zugegebenermaßen der Produzent einer vorbildlos erfolgreichen Popularkultur, und der *Terminator* und Konsorten mögen sprachliche und kulturelle Hürden besonders gut überwinden, aber Amerika läßt sich nicht auf den Österreicher Schwarzenegger reduzieren. Der französische Woody Allen-Fan, der malaysische Rapper, die deutsche Rechtsanwältin, die versucht, mit ihren Mandanten in Amerika entwickelte Streitschlichtungsalternativen (Mediation) auszuprobieren, der Chemiker, der die neuesten Peptid-Forschungen am kalifornischen Cal-Tech verfolgt – sie alle orientieren sich an Amerika, aber was sagt das schon aus? Sie beziehen sich jedenfalls nicht nur auf Disneyland und Hollywood, wie uns Amerikanisierungskritiker weismachen wollen, und sie sind auch nicht automatisch dem »Infantilismus« und dem »universellen (d. h. schlechten) Geschmack« verfallen, wie Benjamin Barber schreibt.[121]

Welche Außeneinflüsse als gleichmacherisch oder bedrohlich empfunden werden, hängt vom Standort des Betrachters ab; Homogenisierungskräfte sind heute noch weitgehend ortsspezifisch. So ist Indonesierung für Timor viel bedrohlicher als Amerikanisierung, und aus der Sicht Indonesiens stellt wiederum Japan eine hegemoniale Macht dar. Ebenso fürchten sich in China lebende Minderheiten, sei es in der Inneren Mongolei, in Xinjiang oder in Tibet, vor der gewalttätigen Zerstörung ihrer Lebens- und Denkweise durch die chinesische Zentralmacht und vor einer Gleichschaltung mit Peking.

Wir und die anderen

Das Amerikanisierungsszenario ist Ausdruck eines tiefgreifenden Denkens in Oppositionen, das durch den Ost/West-Konflikt auf die Spitze getrieben wurde. Diese Sichtweise verhindert einen unvoreingenommenen Blick auf die sich in den letzten Jahrzehnten differenzierenden Einflußrichtungen und Machtkonstellationen. Wir sind im Westen gewohnt, uns als die dynamischen, Geschichte machenden, entwickelten und modernen Nationen anzusehen und den Rest der Welt als statisch, unterentwickelt und traditionell. Diesem tiefsitzenden und über Jahrhunderte verbreiteten Oppositionsdenken zufolge kann nur der Westen die Geschicke der Welt nachhaltig beeinflussen.

Das Denken in Oppositionen offenbart sich deutlich am Beispiel des *Orientalismus*. Der palästinensische Literaturwissenschaftler Edward Said hat diesem Thema 1979 ein Buch gewidmet, in dem er den Orientalismus als westliche Projektion beschreibt. Er verfolgt, wie durch die Jahrhunderte eine ganze Denktradition, stereotype Bilder und ein spezielles Vokabular entstanden sind und wie diese »phantastische Geographie« in einem weiteren Schritt handlungsbestimmend wurde und Realitätscharakter annahm.[122] Saids Interesse für die Thematik wurde durch die vielfältigen Mißverständnisse, Kommunikationsprobleme und Vorurteile geweckt, die er bei der Übersetzung von Gesprächen zwischen Yasser Arafat und amerikanischen Politikern beobachtete. In *Orientalismus* weist Said nach, wie sich seit dem 18. Jahrhundert ein systematisches Gedankengebäude über den Orient entwickelte, das von einer »positionellen Überlegenheit« des Westens über den Orient ausging. Orient und Orientalismus sind zwei verschiedene Dinge: Das westliche Konstrukt Orientalismus sagt mehr über den Westen aus als über die realen Länder des »Morgenlandes«, die so weiträumige und unterschiedliche Regionen wie den Nahen, Mittleren und Fernen Osten umfassen.

Dem Orient wurde eine frei fließende Mythologie übergestülpt, die über eine Vielzahl wissenschaftlicher Vereinigungen, in Zeitschriften, Romanen und Kunstwerken verbreitet wurde. Orientalismus war im 19. Jahrhundert eine Modeerscheinung: »Zu Zeiten von Ludwig XIV. war man Hellenist, heutzutage ist man Orientalist« (Victor Hugo, 1829)[123]. Der Orient wurde in den Beschreibungen von Wissenschaftlern und Künstlern zu all dem, was der Westen nicht war oder ist: statisch, lethargisch, despotisch und unfähig zur Demokratie, zugleich gerissen, grausam und von Lügnern bevölkert. Weitere Attribute, die für den Orient stehen, sind seine vermeintliche Sinnlichkeit, Irrationalität und Unterwürfigkeit. Die europäische Identität formte sich vor allem in Abgrenzung zu diesen Attributen: Der Westen ist rational und vital, macht Geschichte und verkörpert den Fortschritt. Während die militärische und politische Stärke des Westens den Orientalismus überhaupt erst möglich machte, bot die kulturelle Dichotomie eine willkommene Legitimation für die koloniale Eroberung und Beherrschung des Orients. Die Vision eines kulturell und politisch unterlegenen Orients schien es zu rechtfertigen, den beherrschten Ländern in der Kolonialzeit die eigenen administrativen und ökonomischen Strukturen überzustülpen.

Orientalismus ist ein so mächtiges Gedankengebäude, daß es sich durch empirische Erkenntnisse nur schwer widerlegen läßt. Das Klischee vom lethargischen, statischen Orient impliziert, daß das »Morgenland« sich schon durch einen zeitlichen Stillstand kategorisch vom dynamischen Westen unterscheidet. Für die Orientalisten waren die alten Hochkulturen der Assyrer, Hethiter, Ägypter und Semiten der Orient schlechthin (der statischen Konzeption zufolge hatte sich ja seit Jahrhunderten nichts geändert). Dieses Verständnis schuf etliche Probleme für die zeitgenössischen Orientreisenden, denen es überlassen war, dem Kanon widersprechende Information zu verarbeiten.

Wenn die Länder des Nahen, Mittleren und Fernen Ostens heute eher als Partner erscheinen, ist dies darauf zurückzuführen, daß sie eine größere Herausforderung für den eine kulturelle Krise durchlaufenden Westen darstellen. Die Stereotypen sind aber nicht so leicht aus der Welt zu schaffen. An den derzeitigen Reaktionen auf die zunehmende Islamisierung läßt sich ablesen, wie sehr »der Orient« immer noch als Bedrohung empfunden wird. Diese Haltung steht auch hinter Huntingtons These des drohenden Konflikts zwischen der westlichen und der islamischen Welt: »Muslimische Kriegslust und Gewaltbereitschaft sind Ende des 20. Jahrhunderts eine Tatsache, die weder Muslime noch Nicht-Muslime leugnen können.«[124]

Kulturelle Feindbilder lassen sich durch die ganze Menschheitsgeschichte hindurch verfolgen. Was der Orient für den Westen war/ist, waren für die Griechen die Skythen und für die Römer die Germanen. In ethnozentrischen Weltbildern stellt die eigene Kultur den Mittelpunkt dar. So sah sich das christliche Europa im Zentrum der Welt, Gott am nächsten. Für die Chinesen lag das »Reich der Mitte« in Asien. Dem chinesischen Zivilisationsgedanken zufolge verkörperte der chinesische Kaiser den höchstmöglichen Grad menschlicher Kultur. Sein Reich galt den Chinesen als Weltmittelpunkt und konnte durch die Unterwerfung von Volksgruppen, beispielsweise der Mongolen, erweitert werden. Überseeische Völker wie die Portugiesen oder die Engländer mußten ihre Zugehörigkeit zur zivilisierten Welt durch Tributabgaben beweisen (Zahlungen, die von den Engländern als Geschenke zur Aufnahme von Handelsbeziehungen gedacht waren). Eine ethnozentristische Weltsicht spiegelt sich auch in der Selbstbezeichnung vieler Völker wider: Inuit, Bantu, aber auch Comanche bedeutet jeweils Mensch. Wir sind Menschen, Personen außerhalb unserer Gesellschaft sind es nicht.

Auch für die Europäer waren die Bewohner des Großteils der bekannten Welt keine vollwertigen Menschen, eine Einschätzung, die durch das Fehlen direkter Kontakte und infolge spärlicher Informationen aus zweiter Hand gefördert wurde. In den Beschreibungen anderer Kontinente, die wir bis zum 19. Jahrhundert vor allem Seefahrern, Missionaren, Pilgern, Soldaten und Handelsreisenden verdanken, wird das Fremde als andersartig, wild und exotisch porträtiert. Die Kosmographien des Mittelalters und der Barockzeit, die ersten Sammlungen mit Anspruch auf universelle Gültigkeit und Vollständigkeit, gingen unkritisch und wahllos mit den verfügbaren Informationen um. Vermeintliche Absonderlichkeiten fremder Kulturen interessierten mehr als die objektive Darstellung anderer Lebensweisen. Die *Cosmographica oder die Beschreibung der ganzen Welt* (1544) des deutschen Theologen und Mathematikers Sebastian Münster enthielt jeweils ein Kapitel zu Barbaren, Wilden und Monstern. Kannibalismus als Verstoß gegen das göttliche Recht und Inbegriff des Sündhaften bestätigte die Überlegenheit des christlichen Weltbilds und bestärkte den kulturellen Expansionsanspruch der Europäer. Der Reisebericht des Kolumbus, ein Bestseller im 16. Jahrhundert, faszinierte beispielsweise durch die Beschreibung von menschenfressenden Kariben. Kolumbus hatte selbst aber keine Kannibalen gesehen, sondern bezog seine Information u.a. aus Münsters *Cosmographica*, die er vor Ort durch die Berichte eines den Kariben benachbarten Volkes bestätigt zu finden glaubte. Menschenfresserei galt als weiterer Beweis dafür, daß die anderen wirklich anders, d. h. keine richtigen Menschen waren. Bis zum 17. Jahrhundert beriefen sich die literarischen und wissenschaftlichen Abhandlungen auf die in Reiseberichten enthaltenen Informationen.

Die fremdländischen Kuriositäten wurden auf vielfältige Weise in die Kultur des christlichen Abendlandes aufgenommen. Bereits im 16. Jahrhundert fanden die Ureinwohner Amerikas, die Indianer, Eingang in die Literatur, vor allem in englische Dramen (wie in Shakespeares *Der Sturm* von 1611); in diese Zeit fallen auch die ersten wissenschaftlichen Abhandlungen über die sogenannten Wilden (z. B. 1577 Jean Bodins *Law and Customs of the Commonwealth*). Im aristokratischen Europa des 17. und 18. Jahrhunderts wetteiferte man in der Zurschaustellung von Exotika: In England wurden im »Spectacle magnifique« versklavte Indianer aus Brasilien vorgeführt, die italienischen Fürsten stellten an ihren Höfen Kuriositäten aus fremden Ländern zur Schau, und in Hagenbecks Tierpark (Hamburg) fanden noch Ende des 19. Jahrhunderts Völkerschauen statt, bei denen Eskimos und Feuerländer vorgeführt wurden.

Ab dem 18. Jahrhundert wandelte sich das Interesse an fremden Kulturen. In Werken wie Voltaires Essay *Über die Sitten und den Geist der Völker* werden nun zum ersten Mal Erkenntnisse über fremde Lebensformen zur eigenen Kultur in Beziehung gesetzt. Im Zuge der Entwicklung der neuen Wissenschaften, wie der vergleichenden Geschichtsforschung, entstand ein dynamischeres Geschichtsverständnis, das die unterschiedlichen Kulturen in ein universelles Weltbild einzufügen versuchte. Bei systematischen Vergleichen mit der eigenen, europäischen Kultur stellte man nun Ähnlichkeiten zwischen den Wilden und der Bauernschaft fest – beide Gruppen galten als noch relativ unberührt von zivilisatorischen Einflüssen. Außereuropäische Gesellschaften verkörperten nicht mehr per se das Schlechte, das Fremde galt nicht mehr automatisch als minderwertig. 1550 wurde dem Neue-Welt-Reisenden und

Geistlichen Bartholome de Las Casas in einer berühmten Debatte am Hofe Karls X. noch die Frage »Sind es richtige Menschen?« gestellt. Die universalistische Perspektive der Aufklärung sah dagegen alle Formen menschlichen Lebens als Teil einer einzigen Ordnung. Dieser Perspektivenwandel war nicht mit der Vorstellung verbunden, daß alle Kulturen gleichrangig sind. Unterschiede wurden nun als Teile eines einzigen, hierarchischen Gefüges verstanden und durch die Rassenlehre wissenschaftlich-biologisch untermauert. Der Evolutionismus des 19. Jahrhunderts sah Gesellschaftsform und Kultur als Ausdruck spezifischer Entwicklungsstufen innerhalb der Menschheitsgeschichte an. Dieser Theorie zufolge befanden sich die verschiedenen Kulturen der Welt in unterschiedlichen Entwicklungsstadien, wobei der Westen den Zenit erreicht hatte, zu dem die Kulturen der anderen Kontinente erst hinaufgelangen mußten. In der Kolonialzeit rechtfertigte das evolutionistische Weltbild die Eroberung und die paternalistische Verpflichtung, die wirtschaftliche Entwicklung der Kolonien sicherzustellen und sie die Stufen der Entwicklungsleiter hinaufzubegleiten.

Die Vorstellung, die nicht-westliche Welt sei unterentwickelt, erhielt nach dem Zweiten Weltkrieg einen neuen Akzent. Der amerikanische Präsident Truman forderte bei seinem Amtsantritt, »die Segnungen unserer Wissenschaft und Technik für die Erschließung der unterentwickelten Weltgegenden zu verwenden«. Die Aufteilung der Welt nach wirtschaftlichen Kriterien erhielt die Opposition zwischen dem Westen und dem Rest der Welt aufrecht. Die Welt wurde gedrittelt: Neben dem westlich-kapitalistischen und dem östlich-sozialistischen Block wurde der Rest der Welt zu einer dritten Gruppe zusammengefaßt. Die sogenannte Dritte Welt entwickelte jedoch entgegen dieser Außensicht niemals ein gemeinsames Selbstverständnis, selbst die politische Absichtserklärung der blockfreien Staaten, als unabhängige Bewegung einen eigenen Standpunkt in der Weltpolitik zu vertreten, blieb auf einen Minimalkonsens beschränkt und wurde nach dem Ende des Ost-West-Konflikts ihrer Basis beraubt. Der Begriff »Dritte Welt« ist uns geblieben; im Sprachgebrauch vieler Medien, der Entwicklungshilfe- und Nichtregierungsorganisationen lebt er mangels erkennbarer Alternative weiter.

Die Dichotomie wir/die anderen wurde lange Zeit auch von Ethnologen aufrechterhalten. Während bis zum 19. Jahrhundert Wissen über fremde Länder in Form von sporadischen Reiseberichten gesammelt wurde, setzte mit der Erschließung der Kolonialgebiete ein gezieltes Interesse an deren Bewohnern ein. Die systematische Erforschung politischer Systeme, rechtlicher Normen, von Werten und Bräuchen bestimmte ebenso wie das Sammeln der materiellen Kultur der Kolonialvölker seit dem letzten Drittel des 19. Jahrhunderts das Berufsbild der Ethnologen.

Ethnologen stellten dabei der eigenen fragmentierten Moderne das Bild des anderen als holistisches kohärentes Ganzes gegenüber. Dieses Paradigma zog sich durch die verschiedensten ethnologischen Schulen und wurde erst in den 80er Jahren systematisch erschüttert. Jetzt wurde deutlich, welche unhinterfragten Annahmen die ethnologische Forschung und die westliche Sicht auf andere Kulturen schlechthin geleitet hatten. Bis zu den ersten Kontakten mit dem Westen, so lautete eine der Annahmen, hätten die meisten Völker in isolierten, statischen Gesellschaften gelebt und traditionelle Lebensweisen unverändert reproduziert. Ethnologischen Darstellungen zufolge schienen nicht-westliche Gesellschaften vom geschichtlichen Wandel ausgeschlossen. Erst durch den Kontakt mit den ersten überseeischen Besuchern seien Geschichte, Wandel und Fortschritt gleichsam »wie ein Schiff« (Sherry Ortner)[125] bei den »Naturvölkern« angekommen. Diese Sichtweise spiegelt sich auch im deutschen Lehrplan wider, der im Fach Geschichte ausschließlich europäische und amerikanische Geschichte thematisiert, während Wissen über nicht-westliche Gesellschaften im Geographieunterricht behandelt wird und selbst dort meist nur im Rahmen der spezialisierten Leistungskurse der Gymnasien. Ethnologen blenden außerdem immer noch gerne den Einfluß der eigenen westlichen Kultur auf die von ihnen untersuchten Völker aus; eine Einstellung, die treffend durch den bekannten Cartoon von Gary Larson charakterisiert wird: Hier verstecken die »Wilden« Fernsehen und andere Konsumgüter vor den herannahenden Ethnologen.

Heute fordern immer mehr Ethnologen eine Auseinandersetzung, die alle Gesellschaften der Welt als gleich, dynamisch und im Wandel begriffen versteht. Mit der Auflösung falscher Oppositionen und der Erkenntnis, daß wir und die anderen eine Welt teilen und daß es keine »besseren« oder »schlechteren« Kulturen gibt, ist zum ersten Mal breiteren Bevölkerungskreisen die Chance gegeben, unser ethnozentrisches Weltbild zu einer Sichtweise zu erweitern, die insbesondere in den Bereichen Ökologie und Menschenrechte das Wohl aller im Bewußtsein hat.[126]

Exkurs: Zur Welt als System

Sehen wir uns in einem kurzen wissenschaftsgeschichtlichen Abriß an, welche Antworten und Modelle in den Sozialwissenschaften entwickelt wurden, um der nach dem Zweiten Weltkrieg beschleunigten weltweiten Vernetzung, insbesondere dem massiv gewachsenen Welthandelsvolumen und der Intensivierung internationaler Beziehungen gerecht zu werden.

Die Modernisierungstheorie der 60er Jahre war die erste Globaltheorie der Sozialwissenschaften. Sie beschäftigte sich mit dem innerstaatlichen Wandel in den Ländern der Dritten Welt und ging von einer weltweit ähnlich verlaufenden Entwicklung aus, die von »Tradition« zu »Modernität« führe und anhand von politischen und ökonomischen Variablen am Vorbild der Industriestaaten meßbar sei. Die Unterentwicklung der als »traditionell« klassifizierten Gesellschaften wurde als historische Rückständigkeit angesehen. Im Gegensatz zu und als Kritik an der Vorstellung von weitgehend unabhängig nebeneinander existierenden Nationalgesellschaften formulierte Gunder Frank anhand empirischer Studien in Lateinamerika seine These der »Entwicklung der Unterentwicklung« als Erklärung für die Rückständigkeit der Dritten Welt. Entwicklung und Unterentwicklung werden von der Schule der Dependenztheoretiker, deren prominentester Vertreter Frank ist, nicht mehr als historische Entwicklungsphasen verstanden, sondern durch die hierarchischen Beziehungen zwischen Staaten erklärt. Unterentwicklung in den lateinamerikanischen und afrikanischen Ländern basierte dieser Theorie zufolge auf einer »strukturellen Abhängigkeit« von den westlichen Industrienationen. Statt »nachholender Entwicklung« (wie sie die Modernisierungstheoretiker forderten) sahen die Dependenztheoretiker die Zukunft in der nachahmenden Entwicklung des sozialistischen Musters. Dem Dependenzansatz verdanken spätere Theorien die Erkenntnis, daß weltweite Entwicklungen nur unter der Betrachtung langfristiger historischer Beziehungen begriffen werden können.

Um die Bedingungen für den Wandel des Weltsystems zu erfassen, entwickelte der Politologe Immanuel Wallerstein, um den prominentesten Vertreter dieser Denkrichtung herauszugreifen, die *Weltsystemtheorie*. In einem zweibändigen Werk[127] und zahlreichen Nachfolgepublikationen beschäftigt sich Wallerstein seit den 70er Jahren mit der Logik der zeitgenössischen weltweiten Zusammenhänge zwischen Staaten und sozialen Systemen im Rahmen der Entstehung des kapitalistischen Wirtschaftsystems. Die Welt wird auch von ihm nicht mehr als eine Addition von Nationalstaaten angesehen, sondern als System, dessen einzelne Teile, wie Staaten, Klassen, Städte und Unternehmen, in Bezug zueinander und zum Gesamtsystem stehen. Das *Weltsystem* der Neuzeit wird als ein dezentrales, aber hierarchisches Gebilde verstanden. Die Stellung einzelner Staaten oder Akteure im Weltsystem bestimmt ihre Position innerhalb der Hierarchie. Wallersteins bis heute einflußreicher These nach ist die Welt in *Zentrum, Peripherie* und *Semi-Peripherie* eingeteilt; jeder Staat hat eine Position im Weltsystem inne. Das Weltsystem ist das Ergebnis eines historischen Prozesses wirtschaftlicher Beziehungen, der Ausbreitung des Kapitalismus seit dem 16. Jahrhunderts. Über das kapitalistische Wirtschaftssystem sind alle Staaten miteinander vernetzt, verschiedene geographische Regionen führen unterschiedliche und ungleiche Funktionen innerhalb der globalen Arbeitsteilung aus. Das Zentrum wird von den Staaten gebildet, die die internationale Arbeitsteilung dominieren und von ihr profitieren. Als Peripherie werden die Staaten und Regionen bezeichnet, deren Produktion auf die Bedürfnisse des Zentrums ausgerichtet ist. Diese ökonomische Vernetzung verdichtet sich durch eine vom Zentrum ausgehende Verbreitung von Erziehungsinstitutionen, Technologien und politischen Systemen.

Der ökonomische Reduktionismus von Wallersteins Modell wurde vielfach kritisiert und in der Anwendung von zahlreichen Autoren zu relativieren versucht. Staaten bzw. Subsysteme scheinen nach dem Weltsystem-Ansatz keine Möglichkeit zu haben, ihre einmalige Position innerhalb des Systems wesentlich zu verändern. Die Peripherie, die Dritte Welt, wird auf ewig zum Rezipienten degradiert. Das Konzept der Peripherie impliziert, daß diese Länder ein hohes Maß an strukturellen Gemeinsamkeiten besitzen, ein Bild, das mit der Realität nicht übereinstimmt. Was nicht in die Systemlogik paßt, fällt aus dem Erklärungsmuster heraus, Veränderungen innerhalb des Systems werden nicht erklärt. Bei der strukturellen Analyse von Machtverhältnissen geht auch die Frage nach den Bedeutungen, die das System für die Menschen als dessen kleinste soziale Einheiten hat, verloren.

Für die Ethnologie ebenso wie für viele anderen Sozialwissenschaften erwies sich die Weltsystemtheorie trotz aller Kritik als fruchtbarer Ansatz für die Erklärung von Kulturwandel und weltweiten Austauschprozessen. Bis in die frühen 70er Jahre wurden die Beziehungen der Kulturen untereinander innerhalb des Fachs meist sehr vereinfacht dargestellt. Die in den USA während der 30er Jahre entstandenen Akkulturationsstudien[128], um nur einen Forschungsansatz herauszugreifen, der sich um eine Erklärung für Wandel in der kolonialen Welt bemühte, beschränkten sich darauf, die Auswirkungen der Kolonialherrschaft auf einzelne außereuropäische Gesellschaften zu untersuchen. Wandel galt innerhalb der außereuropäischen Gesellschaft als modernes Phänomen; ihre Geschichte schien jeweils in die Phase vor und nach dem Kontakt mit dem Westen zu zerfallen.[129] Das partikularistische und ahistorische Weltbild der Ethnologie, das Machtbeziehungen herunterspielte, wurde durch die Weltsystemtheorie nachhaltig verändert, die in der Folgezeit einen wichtigen Untersuchungsrahmen darstellte.

Die Vorstellung, daß Gesellschaften dynamische Gebilde und einander gleichwertig seien, begann sich in den Kulturwissenschaften im Laufe der 80er Jahre durchzusetzen. Eric Wolf griff in *Europe and the people without history* (1982)[130] als einer der ersten Wallersteins Modell für ethnologische Fragestellungen auf und wies darauf hin, daß die Menschen der sogenannten Dritten Welt historische Subjekte sind und nicht nur die Opfer und sprachlosen Zeugen ihrer eigenen Unterwerfung. In seiner ethnologischen Weltgeschichte schrieb Wolf die Geschichte der weltweiten gegenseitigen Kontakte, Abhängigkeiten und Verbindungen von 1400 bis heute. Die mit dem Kapitalismus aufkommende Nachfrage nach amerikanischem Silber, Pelzen, afrikanischen Sklaven, aber auch der Gewürzhandel in Asien schufen unvorhersehbare Verbindungen und Abhängigkeiten und beeinflußten das Leben von Menschen auf allen Kontinenten. Wolf wies nach, wie nachhaltig sich Leben, Ökologie, Wirtschaft und Politik aller Gesellschaften weltweit durch das kapitalistische Weltsystem veränderten.

Der Trend zur Dezentralisierung und Differenzierung

Historisch gesehen eignen sich Erklärungsmodelle wie die Amerikanisierungsthese und die Weltsystemtheorie, um die Machtverhältnisse in der Nachkriegssituation analytisch zu erfassen. Sie werden aber den rapiden wirtschaftlichen und politischen Veränderungen der letzten zwanzig Jahre nicht mehr gerecht. Die zeitgenössische Globalisierung ist durch eine Dezentralisierung und Deterritorialisierung wirtschaftlicher Strukturen gekennzeichnet; eine Phase, für die die englischen Soziologen Scott Lash und John Urry den Begriff des *desorganisierten Kapitalismus* geprägt haben.[131] Mit dieser Entwicklung geht eine Differenzierung der politischen Handlungsebenen einher. Der Staat muß seine Vormachtstellung heute mit einer wachsenden Anzahl trans- und subnationaler Akteure teilen. Im innerstaatlichen Raum hat zudem eine Pluralisierung der alten, die Gesellschaftsordnung bestimmenden Kategorien und Lebenswelten stattgefunden. Konzepte wie Nationalkultur und politische Links/Rechts-Positionen haben an Eindeutigkeit eingebüßt. Durch die zunehmende Mobilität und Vernetzung von Menschen, Waren, Ideen und Finanzen verlieren geographische Räume an Bedeutung. Alle diese Entwicklungen laufen darauf hinaus, daß die alten Dichotomien allmählich zerbröckeln. Aber behalten Sie im Auge: Bei diesen im folgenden beschriebenen Veränderungen handelt es sich um Trends und (noch) nicht um eine Zustandsbeschreibung.

In den letzten Jahrzehnten sind insbesondere in Asien und dem Mittleren Osten neue wirtschaftliche und politische Mächte entstanden. Mit dem Ende des Ost-West-Konflikts und der zunehmenden Globalisierung von Produktion, Handel und Kapital hat sich das Machtgefüge in Richtung einer multipolaren Weltordnung verschoben. Zu der wirtschaftlich dominanten Triade USA, Europa und Japan gesellten sich in den letzten Jahrzehnten weitere globale Spieler. Neue Industrieländer wie die momentan krisengeschüttelten asiatischen Tiger, ölexportierende Staaten oder so unterschiedliche Schwellenländer wie China, Brasilien, die Türkei, Israel und Chile gewinnen zunehmend an Bedeutung und stellen eine drohende Konkurrenz für die etablierten Industrienationen dar.

Auf den Finanzmärkten bestimmen nicht mehr nur die City of London oder die Wall Street und Anleger aus Amerika oder Europa die Kapitalströme, sondern eine Reihe von Börsen, Schuldnern und Investoren in der ganzen Welt lassen Währungen, Aktien, Anleihen, Immobilien und Waren zirkulieren. Inder investieren in ein Stahlwerk in der Slowakei, Deutsche spekulieren mit dem Yen, und Anleger aus den Golfstaaten kaufen Genfer Kaufhausketten auf.

Firmenstrukturen und Produktionsweisen unterscheiden sich im Spätkapitalismus qualitativ von früheren internationalen Unternehmen, die von einer nationalen Basis aus operierten. Anders als bei letzteren ist eine klare Zuordnung in Mutter- und Tochtergesellschaften bzw. zwischen Rohstoffproduktion und -verarbeitung bei transnationalen Firmen nicht mehr möglich. Diese beschaffen sich ihr Kapital und Management, organisieren ihre Produktion und verteilen ihre Gewinnströme in verschiedenen Ländern. Im Gegensatz zum klassischen Fordismus und zu international operierenden nationalen Unternehmen zersplittern transnationale Firmen die Warenproduktion. Einzelne Schritte werden dabei auf die unterschiedlichsten Orte verlegt, je nach profitabelster Kombination aus Kapital, Arbeitskraft und Gesetzgebung. Die Entwicklung und Produktion des Unilever-Shampoos »Organics« war auf fünf Länder (Thailand, Indonesien, die Philippinen, England und Frankreich) verteilt. Das Entwicklungsteam traf sich nur einmal persönlich und stand ansonsten über das firmeninterne Kommunikationssystem miteinander in Verbindung. Nach eineinhalb Jahren war das Produkt auf allen Kontinenten zu kaufen.[132] Die deutsche Lufthansa läßt ihr Buchungssystem in Indien erstellen, wo es gutausgebildete, billige Programmierer gibt. Deutsche Autobauer errichten Produktionsstätten in den

USA oder Südafrika, Siemens baut ein neues Werk in England. Die BASF wird ihr Hauptquartier für Farben nach Singapur verlegen, und im chinesischen Nanking entsteht gerade für sechs Milliarden DM ein zweites Ludwigshafen. Bayer nimmt zwei Werke in Thailand in Betrieb, und Hoechst investiert in Indien und China.

Transnationales Unternehmertum beinhaltet völlig neue Formen der Zusammenarbeit von Firmen, wie Allianzen, Anteilswechsel, Technologietransfer, Produktionslizenzen oder Marktteilung. Globale Allianzen entstehen zum Beispiel im Telekommunikationsbereich oder im Transportsektor, wo sich Swissair, Delta und Singapur Airlines zusammenschlossen. Aber nicht nur auf der Ebene der großen Konzerne findet die Globalisierung statt, sie erfaßt auch zunehmend mittelständische Unternehmen.[133] So braut die deutsche Brauerei Warsteiner in Argentinien und Vietnam. Und Helgoländer Krabben werden aus Kostengründen nicht mehr vor Ort, sondern in Marokko gepult!

Früher gehörten Firmen, selbst wenn sie weltweit operierten, dem einen oder anderen Staat an. IBM war fraglos eine amerikanische Firma. Nach den neuen Wirtschaftsstrukturen, bei denen sich Firmen aus verschiedenen Ländern zu Allianzen zusammenschließen, ist die Feststellung der Firmennationalität schwieriger. Welche »Nationalität« hat Visa International? Mag der Hauptsitz in den USA liegen, so gehört es doch 21.000 Finanzinstituten in 187 Ländern, und nach den Statuten darf kein Land 51 Prozent der Aufsichtsratsstimmen kontrollieren. Ist der Chevrolet, der in Mexiko aus großenteils importieren Teilen zusammengesetzt und dann in die USA rückimportiert wird, ein amerikanisches Auto oder der Ford, der in deutschen Werkstätten von türkischen Arbeitern montiert wird? Ist der Toyota Camry, der von einem Amerikaner im kalifornischen Design- und Forschungscenter entworfen, in Georgetown, Kentucky, aus amerikanischen Teilen zusammengebaut und in Arizona getestet wurde, nicht das amerikanischste Auto von allen?[134]

Der desorganisierte Kapitalismus hat einerseits einen gravierenden Machtverlust amerikanischer Firmen zur Folge gehabt. Während ein Unternehmen wie IBM vor 20 Jahren konkurrenzlos den Markt beherrschte, ist die Konkurrenz für den einstigen Hardwaremonopolisten durch Firmen wie NEC, Hitachi, Fujitsu in Japan, Acer in Taiwan und die Bull-Gruppe in Frankreich deutlich gestiegen.[135] Dieser Machtverlust bezieht sich aber hauptsächlich auf den traditionellen Industriebereich. In den Wirtschaftssektoren Dienstleistung und Information liegen die Vereinigten Staaten dagegen weltweit an der Spitze. Mit Software, Unterhaltung und Information werden nicht nur gewaltige Summen erwirtschaftet (1992 verzeichneten die USA im Servicesektor einen Überschuß von 56 Milliarden Dollar)[136], Telekommunikation und Information sind auch die qualitativ einflußreichsten Wirtschaftszweige des Informationszeitalters. »Der neue Herrscher dieses Universums ist die Klasse der Informations- und Kommunikationsexperten, die die Software unserer globalen Zivilisation konzipieren, besitzen und kontrollieren – die Bücher, Filme, Computerprogramme, Zeitschriften, Videos, Themenparks, Werbeseiten, Lieder, Software, Zeitungen und Fernsehprogramme.«[137]

Die neue Art der Warenproduktion hat weitreichende Auswirkungen auf die internationale Arbeitsteilung. Durch die Standortverlagerung von Produktionsstätten aus den alten Industrienationen in die Länder der sogenannten Dritten Welt, die schrittweise Entwicklung der westlichen Staaten zu Dienstleistungsgesellschaften, aber auch durch den Aufbau einheimischer Industrien insbesondere in einigen asiatischen, arabischen und lateinamerikanischen Staaten ist die westliche Vormachtstellung herausgefordert worden. Die traditionelle Zweiteilung der Welt in entwickelt/unterentwickelt, Industrieländer/Entwicklungsländer, kapitalintensiv/arbeitsintensiv wird durch die Globalisierung zum Teil aufgehoben.

Wirtschaft entzieht sich immer mehr dem staatlichen Kompetenzbereich – eine Entwicklung, die verstärkt bzw. erst ermöglicht wurde durch die Privatisierung ehemals staatlicher Monopole, beispielsweise im Telekommunikations- und Transportbereich. Die ursprünglich staatlichen Unternehmen Bundespost, heute Deutsche Telekom, und die französische Telecom, inzwischen Alcatel, schlossen sich mit dem amerikanischen Unternehmen Sprint zu Global One zusammen, um weltweit konkurrenzfähig zu bleiben. Da Firmen zunehmend ihre Steuern dort entrichten, wo die Abgabenlast besonders günstig ist, schwinden die Einnahmen des Staates. Dieser hat zugleich immer höhere Ausgaben, zum Teil durch Zahlungen an Arbeitslose, die ihre Arbeitsplätze infolge der Auslagerung von Unternehmen verloren haben. Welche Summen dem Staat in der Kasse fehlen, wird deutlich, wenn man sich vor Augen hält, daß beispielsweise der Umsatz von General Motors mit knapp 134 Milliarden Dollar das Bruttoinlandsprodukt von Staaten wie Norwegen oder Finnland übertrifft.[138] Das Kräfteverhältnis zwischen Staaten und Wirtschaftsunternehmen wird auch aus einem Kommentar des schwedischen Botschafters bei der europäischen Union, Lars Anell, deutlich. Zu der Drohung einzelner Firmen befragt, außerhalb Schwedens zu investieren, sollte das Land nicht der Union beitreten, meinte er lakonisch: »Was können wir tun. Schweden braucht Ericsson. Ericsson braucht Schweden nicht.«[139]

Auch in anderen Bereichen wird dem Staat seine Vormachtstellung streitig gemacht. Über- und unterhalb der staatlichen Ebene sind vielfältige Interessengruppen entstanden, die in Kommunikation miteinander politische Themen besetzen und das Machtmonopol der Staaten aufweichen. Internationale Bewegungen organisieren sich heute um nationenübergreifende Fragen der Ökologie (Greenpeace oder der World Wildlife Fund), der Menschenrechte (Amnesty International oder Human Alert), Gleichberechtigung oder Verbot von Kinderarbeit (Terre des Hommes). Internationale Organisationen vertreten die Interessen von Berufsgruppen, Verbrauchern, HIV-Infizierten oder Sportlern. Allein in Deutschland gibt es zwischen 3.000 und 5.000 Dritte-Welt-Gruppen mit über 100.000 Mitarbeitern. Seit den 80er Jahren zeichnet sich auch in den Ländern der ehemaligen Dritten Welt, allen voran Asien, ein boomartiges Wachstum der NROs ab. Ihre Legitimation beziehen sie aus der Tatsache, daß eine Vielzahl der drängenden gegenwärtigen Probleme nicht mehr von einzelnen Nationen kontrolliert und bewältigt werden können, sondern transnationale Konsensbildung erfordern.

Es sind nicht nur neue Handlungsebenen entstanden, sondern auch neue Formen der Kooperation. Viele Städte, Kommunen und Initiativen folgen den Aufrufen der Agenda 21, sich durch lokales Engagement (in der Stadt- und Verkehrsplanung, im Umweltschutz u. ä.) in internationale Abkommen und UN-Konferenzen einzubringen. Rheinland-Pfalz und Ruanda, Niedersachsen und der Sudan sind Städte- und Schulpartnerschaften, aber auch privatwirtschaftliche Beziehungen miteinander eingegangen. Angehende mosambikanische Bürgermeister besuchen kleine Gemeinden im Allgäu zum gemeinsamen Erfahrungsaustausch. Begegnungen solcher Art werden erst durch die zunehmende politische Dezentralisierung in vielen Drittweltstaaten ermöglicht, in denen bis dato Kommunen höchstens den verlängerten Arm der Zentralregierung darstellten und internationaler Austausch folglich nur über die staatliche Ebene verlaufen konnte.

Auch innerhalb der Nationalstaaten sind Veränderungen am Werk. Durch Einwanderung und Migration werden seit den 60er Jahren auch die vermeintlich homogenen europäischen Nationalkulturen multikulturell. Araber aus dem Maghreb, Afrikaner und Türken leben in Frankreich oder Deutschland, Asiaten aus den ehemaligen holländischen Kolonien ließen sich in den Niederlanden nieder, und Menschen aus der Karibik, Indien, Pakistan, Kenia oder Uganda versuchten ihr Glück in Großbritannien. Daß diese Migrationsbewegungen just zu dem Zeitpunkt massiv anwuchsen, als die europäischen Mächte die Dekolonisierung betrieben, entbehrt nicht einer gewissen Ironie. »Sowie die Engländer ihre Flagge einrollten, sind wir auf unsere Bananenboote gesprungen und fuhren unter vollen Segeln nach London«, schreibt der Kulturwissenschaftler Stuart Hall. In den USA, immer schon Einwanderungsland und Schmelztiegel, ändert sich durch die gewaltigen Migrationsströme die ethnische Zusammensetzung der Bevölkerung fast täglich. 1980 hatte jeder fünfte Amerikaner afrikanische, asiatische oder indianische Vorfahren, 1990 schon jeder vierte.[140]

Dieser Prozeß geht mit der Gründung von ethnischen Enklaven innerhalb der Nationalstaaten einher und führt so zur Pluralisierung der nationalen Kultur und Identität. Nicht nur Los Angeles und New York sind extrem multikulturelle Städte, auch in Frankfurt am Main leben Bürger aus 140 verschiedenen Staaten und machen zusammen fast ein Drittel der Gesamtbevölkerung aus.[141] An die 400.000 Nichtdeutsche leben in Berlin, davon 140.000 Türken.[142] Bedingt durch das Neben- und Miteinanderleben werden nicht nur individuelle Erfahrungshorizonte aufgebrochen und neue Konflikte erzeugt, sondern Solidaritäten über den nationalen Raum hinaus ermöglicht. Ein Berliner Schlagzeuger fühlt sich einem brasilianischen Percussionisten im Zweifel mehr verbunden als seiner Kreuzberger Hausmeisterin. In deutschen Großsiedlungen mit kulturell diversen Bewohnerschaften trifft man sowohl auf die typischen Konflikte als auch auf Beispiele für neue Solidaritätsbündnisse in einer pluralistischen Gesellschaft. Dort werden alltäglich Machtkämpfe um die Aufrechterhaltung »deutscher Ordnung« ausgetragen und ein geeignetes Maß an Toleranz gegenüber der »Mittelmeermentalität« (andere Tagesrhythmen, unterschiedliches Lärmempfinden und fremde Essensgerüche) erprobt. Die Ergebnisse lassen sich nur schwer verallgemeinern: Das 50jährige deutsche Ehepaar, das sich verzweifelt auf die »Erkenntnis« beruft, 15 Prozent seien die magische Grenze für einen »gesunden« Ausländeranteil, lebt Tür an Tür mit einer funktionierenden Nachbarschaft, bestehend aus einer italienischen und einer deutschen Kleinfamilie sowie einer libanesischen Alleinerziehenden, die sich über gemeinsame Grillfeste und im Kampf gegen unangenehme Hausbewohner zusammengefunden haben.

Nach dem Ende des Ost-West-Konflikts und dem Scheitern des kommunistischen Staatsmodells haben die alten politischen Kategorien an Aussagekraft verloren. Daß klare Einteilungen in »rechts« und »links« nicht mehr greifen, zeigten schon die Reaktionen auf den Golfkrieg, als ungewohnte Allianzen zwischen ehemals rechten und linken politischen Positionen entstanden. Der Golfkrieg konnte nicht mehr einfach als typisches Beispiel für US-Imperialismus attackiert werden, obwohl klar war, daß die Ölinteressen des Westens für das amerikanische Engagement eine entscheidende Rolle spielten. Moralisch verwerflicher erschienen Saddam Husseins Grausamkeiten gegenüber dem irakischen Volk, insbesondere den Kurden und anderen Minderheiten gegenüber. Auch in der deutschen Gesellschaft sind die Fronten aufgeweicht. Grüne treten in die CDU und Republikaner in die FDP ein. Die einst klassischen Gegensätze zwischen linken Umweltschützern und rechten Wirtschaftsunternehmen verschwimmen. Was früher undenkbar war, ist heute politische Alltagspraxis. So wechselte der Hamburger Umweltsenator Vahrenholt (SPD), lange Zeit einer der schärfsten Kritiker der Chemieindustrie, 1998 zur Deutschen Shell AG. Vahrenholt sieht Wirtschaftsunternehmen als die neuen Träger von Innovationen im Umweltbereich, nachdem die in den 70er Jahren von der Politik geforderten Umweltschutzmaßnahmen in Deutschland zum großen Teil Realität geworden sind. Die ökologischen Herausforderungen können ihm zufolge nicht mehr von der staatlichen Bürokratie bewältigt werden. »Dazu braucht es Unternehmen, die sich die Entwicklung dieser Technologien (z. B. Solarenergie) auf die Fahnen geschrieben haben.«[143]

Durch die beschriebene Dezentralisierung in Wirtschaft und Politik verlieren geographische Räume an Bedeutung. Elektronische Medien, inbesondere das Internet, spiegeln und verstärken diese Entwicklung. Im Gegensatz zu den herkömmlichen Medien stellt das Internet ein zentrumsloses Medium dar, das es den Benutzern überall ermöglicht, Informationen gezielt heranzuziehen. Hält der gegenwärtige Trend einer rasanten Zunahme an Hoststations sowie die immer preiswertere Nutzung an, so wird das Internet das erste demokratische Werkzeug zur Globalisierung von Informationen. Die höchsten prozentualen Zuwachsraten bei Internetservern sind in Argentinien, Peru, Ägypten und auf den Philippinen zu verzeichnen. Diese Wachstumsraten sind natürlich in Relation zu den sehr geringen Ausgangszahlen zu betrachten; der Kontinent Afrika stellt nach Schätzungen der UNESCO mit 20.000 Servern, Südafrika ausgenommen, das Schlußlicht der vernetzungsfreudigen Regionen dar. In vielen Ländern wird sich die Zahl der Netzanschlüsse 1998 verdoppeln: in Australien von 1,6 Millionen auf 2,3 Millionen, in Thailand von 0,1 Millionen auf 0,2 Millionen.[144] Momentan befinden sich 35 Prozent der Server außerhalb Nordamerikas, und 40 bis 100 Millionen Menschen weltweit haben, dem Media Lab am Massachussetts Institute of Technology zufolge, Zugriff auf das Netz. Einer der Net-Gurus, Nicholas Negroponte, schätzt, daß im Jahr 2000 eine Milliarde Menschen ans Internet angeschlossen sein werden.[145]

Die Diskussion über Englisch als Arbeitssprache des Internets ist eine weitere Facette der Amerikanisierungsdebatte. Kritiker des Internets befürchten eine Dominanz der USA im Cyberspace. Das Internet ist im Ursprung ein amerikanisches Produkt, es wurde 1969 vom Pentagon entwickelt, und auch heute noch muß die USA als einziges Land in ihren Internetadressen kein eigenes Länderkürzel angeben. Die lingua franca des Internets ist Englisch. Das Potential des Internets reduziert diese Kritik jedoch auf eine jetzt schon absehbare Übergangszeit, in der sich Simultanübersetzungen erst in der Entwicklungsphase befinden. Die Flexibilität und die Vielseitigkeit des Internets sowie die preiswerte Nutzung sind die großen Vorteile gegenüber herkömmlichen Medien wie dem Buchdruck. Schon heute gibt es Belege dafür, daß das Internet interkulturellen Austausch fördert und im Gegensatz zu Massenmedien auch kleinste Sprach- und Interessengruppen bedient. Farsisprachige Astrophysiker können sich nun unabhängig von ihrem Aufenthaltsort gezielt Informationen besorgen und sie miteinander austauschen.

Asia Connect, ein malaysischer Internet-Anbieter, stellt eine der vielen Firmen dar, die an der Aneignung des Internets für die eigene Region arbeiten.[146] Sie entwickelt speziell auf die Interessen eines asiatischen Publikums zugeschnittene Inhalte, Verkehrssprache ist Englisch. Im Januar 1996 wurde eine zehnminütige Online-Konferenz zwischen dem malaysischen Premier Mohamad Mahathier, PLO-Führer Yasser Arafat und dem philippinischen Präsidenten Fidel Ramos abgehalten. Firmen wie Asia Connect setzen asienspezifische Inhalte den westlichen Inhalten des Netzes, die heutzutage noch 90 Prozent ausmachen, entgegen. Vor zwei Jahren gab es das Internet in Malaysia noch nicht, heute werden beliebte sites, wie Lillian Too's Feng Shui Ratgeber (energetische Inneneinrichtung), bis zu einer Million mal pro Monat besucht. Ihre asienausgerichtete Strategie gibt Asia Connect recht: Malaysische Radiostationen, Zeitungen und Institionen möchten mit eigenen Homepages im Netz vertreten sein. Über diese Server sind vietnamesische Homepages zugänglich, und asiatische Geschäftsfrauen können online miteinander in Verbindung treten. 1997 erweiterte die Firma ihr Büro in Hongkong und wird neue Filialen in Thailand und Indonesien eröffnen.

Africa Online verbindet Kenia mit dem Rest der Welt, gegen den Widerstand der Regierung unter Präsident Moi. Mit Zuwachsraten von 10 Prozent im Monat erhoffen sich die Betreiber einen gewaltigen Schub hin zu Demokratisierung und verbesserten Wirtschaftsbeziehungen. Fortbildungskurse für Lehrer und Ärzte, aber auch die freie Kommunikation mit Menschenrechtsaktivisten stehen in Aussicht. Andere afrikanische Staaten, wie Ghana, Uganda und Südafrika, begreifen die globale Vernetzung als Chance, Anschluß an den Weltmarkt zu finden. In Südafrika sind bereits alle wichtigen Parteien, Verbände und Regierungsstellen online, so daß die Verfassungsgebende Versammlung zahlreiche Vorschläge und Kommentare per e-mail erhalten konnte[147] – direkte politische Partizipation wird möglich. Geplante Bürgerzentren mit Internetanschluß sollen in Zukunft einer breiten Bevölkerungsschicht den Zugang zum Netz ermöglichen.

Auch mit der islamischen Welt kann man im Netz in Kontakt treten. Anfragen können Sie an den Cybermuslim »Selim« richten.[148] Dieser weist den Weg zum Islam-FAQ, einer Zusammenstellung von »Frequently Asked Questions« über den Islam. Auch wenn die meisten dieser muslimischen Datenbanken bezeichnenderweise noch in den USA liegen, besteht für die Muslime im Rest der Welt die Chance, kulturspezifische Inhalte anzubieten. Hypertextversionen des Koran existieren bisher erst in sechs Sprachen (u. a. in Bahasa Indonesia, Englisch und Tatarisch), aber wie wird es in einem Jahr aussehen?

Globale Kommunikationstechnologien wie das Internet erleichtern weltweit operierenden Bewegungen die Arbeit und machen sie effektiver. Durch den Einsatz des kostengünstigen und schnellen Kommunikationsmittels können internationale Konferenzen organisiert, Informationen übermittelt und ausgetauscht werden.[149] Elektronische Medien ermöglichen neue Arten der Solidarisierung. Die herkömmliche Zensurschere des Staates wird diesem freien Informationsfluß bald nicht mehr Herr werden. Noch allerdings ist in Ländern wie China, Vietnam und Singapur der Internetzugang nur über Regierungsinstitutionen oder leicht kontrollierbare private Firmen möglich. In anderen Ländern wie Zimbabwe erfolgt die staatliche Kontrolle über die Genehmigungspflicht des Modemanschlusses oder des Mobiltelefons. Zugang zum Netz wird vielfach auch durch die Kosten erschwert. In El Salvador beispielsweise bietet die staatliche Telefongesellschaft ANTEL den einzigen Internet-Zugang und verlangt (nach einer einmaligen Gebühr von 800 Dollar) für jede Minute online 50 Cent.[150]

Talk Back

Eine starre Einteilung der Welt in die herkömmlichen Dichotomien mit festen Zentren und Peripherien muß durch ein multizentrisches Bild von Einflüssen ersetzt werden.[151] Zentren und Peripherien sind nach wie vor auszumachen; für unterschiedliche Bereiche, sowohl innerhalb der klassischen Felder der Politik, Ökonomie und Kultur als auch für spezialisierte Technologien, Jugendkulturen und Mode, haben sich jedoch diverse Zentren mit jeweils eigenen Peripherien herausgebildet. Amerika ist Zentrum der militärischen Macht und des Infotainment, Frankreich ein Zentrum der Haute Cuisine und Haute Couture, New York steht für postmodernen Lebensstil und Indien für spirituelles Wachstum. Japan wurde Vorbild für viele ostasiatische und südostasiatische Länder, als andere Staaten sich von Japan abschauen konnten, wie man von der Welt durch selektive Inkorporation und Aneignung fremder Ideen lernen kann.

Wir wollen uns etwas genauer die Sichtweise eines Dorfes in Bangladesh auf Zentrum-Peripherie-Beziehungen anschauen.[152] Talukpur repräsentiert nach der herkömmlichen Sicht ein typisches Dorf in der Peripherie. Ein Großteil der Bevölkerung lebt als Fremdarbeiter in England (»Londoni« genannt), den USA und im Fernen und Mittleren Osten. Ein wichtiger Teil des wirtschaftlichen Einkommens von Talukpur stammt entsprechend aus den Taschen der Migranten. Deren Überweisungen werden in Häuser, Land und technologische Neuerungen investiert. Verbindungen zum Ausland gelten als Motor der lokalen Entwicklung, und westliche Güter wie elektronische

Waren, Kosmetik und Kleidung besitzen hohes Prestige. Was auf den ersten Blick als Paradebeispiel für westliche kapitalistische Hegemonie erscheint, verliert auf den zweiten Blick seine Eindeutigkeit. In Talukpur fallen ökonomische und ideelle Zentren nicht zusammen. Während England als Finanzquelle geschätzt wird, erfährt es keine kulturelle Bewunderung. Den Platz des kulturellen und spirituellen Zentrums nimmt für die muslimischen Bewohner Talukpurs eindeutig der Mittlere Osten, insbesondere Saudi-Arabien, ein. Gemäß dem Landesdurchschnitt sind die meisten der Bewohner Talukpurs muslimisch. Es gibt muslimische Bruderschaften, die Familienstruktur richtet sich nach der männlichen Abstammungslinie, Frauen tragen einen Schleier und, sobald sie das Familiengehöft verlassen, auch die gesicht- und händebedeckende *burqa*. Die in der Region um Talukpur vorherrschende Ausprägung des Islams steht dem Sufismus nahe, in dem sogenannte *pir*, spirituelle Führer und rituelle Mittler zwischen den Gläubigen und Allah, eine zentrale Rolle einnehmen. Die Reise nach Saudi-Arabien, der »Heimat Allahs«, bringt den Gläubigen seiner eigenen Vollkommenheit näher. Wer es sich leisten kann, pilgert nach Mekka (*haj*) und lernt dort ein paar Worte Arabisch. Beides erhöht das Ansehen innerhalb der bangladesischen Dorfgemeinschaft. Ähnlich wie bei der Migration nach London, bringt der Kontakt mit dem Ausland Reichtum, hier aber spirituellen Reichtum.

Einflüsse verlaufen jedoch nicht nur vom Zentrum in die Peripherie. Schon Zucker aus der Karibik und chinesischer Tee veränderten die Nachmittagsgewohnheiten der Briten und führten zu einem Ritual, das heutzutage als Ausdruck englischer Lebensart schlechthin gilt. Kulturelle Ströme können durchaus auch von der Peripherie ins Zentrum verlaufen. Für dieses sogenannte *talk back* gibt es eine Vielzahl historischer und zeitgenössischer Beispiele.

Wußten Sie, daß der Bungalow eine aus Indien stammende Hausform ist, die in allen Erdteilen kopiert und in westlichen

Industrieländern zum Prototyp des Einfamilienhauses geworden ist? Auch die in Indien gängige Bezeichnung dieses Haustyps (*Banggolo*) hat sich durchgesetzt, alle europäischen Sprachen, aber auch Japanisch, Thai, Arabisch und Türkisch haben sie in ihren Wortschatz integriert. Die ursprüngliche Form des Banggolos aus Holz oder Bambus läßt sich bis in die Bauerngemeinschaften des ländlichen Bengalen zurückverfolgen. Die den Tropen angepaßte Bauweise inspirierte die englischen Kolonialherren zu einer ähnlichen, wenngleich englischen Komfortbedürfnissen angepaßten Bauweise, die in der zweiten Hälfte des 19. Jahrhunderts nach England exportiert wurde.

Bungalows entstanden in England als Ferienwohnung am Stadtrand und auf dem Land und avancierten zum Symbol des aufsteigenden Bürgertums und zugleich der neuen räumlichen und sozialen Spaltung der Gesellschaft. Von England aus wurde der Bungalow in alle Erdteile verbreitet. Mit seiner zweckmäßigen Formgebung und der standardisierten Vorfertigung setzte er sich als Prototyp in den USA und in Australien durch. Mit der Kolonialisierung verbreitete sich der Bungalowstil Anfang des 20. Jahrhunderts auf dem afrikanischen Kontinent, wobei vor allem die Tropentauglichkeit der Bauweise gepriesen wurde. Als typische residentielle Form ist der Bungalow heute in beinahe allen städtischen Gebieten des Kontinents zu finden; nicht zuletzt in Südafrika, wo die vom Apartheitregime errichtete Miniaturversion in den schwarzen Townships zum Symbol räumlicher Unterdrückung wurde. In Deutschland hielt der Bungalow nach dem Zweiten Weltkrieg Einzug. Als etwas klägliche Nachahmung einer Villa, einer Mischung aus kleinem Häuschen und einem »Freisitz«, sollte der deutsche Bungalow in den 50er Jahren den Traum der prosperierenden Deutschen von einem finanzierbaren Eigenheim am Stadtrand oder auf dem Lande verwirklichen.

Zeitgenössische Beispiele für kulturelle Einflüsse aus der Peripherie stammen aus unterschiedlichen Bereiche wie der

Cross-Over-Musik, spirituellen Lebensformen, Mode, Kampfsportarten, Literatur und Wirtschaftstheorien. Neue Impulse für die Sozialwissenschaften gehen in letzter Zeit verstärkt von Wissenschaftlern aus Drittweltländern aus, die oft an US-amerikanischen und englischen Universitäten lehren. Mit ihren unkonventionellen Standpunkten fordern Denker wie Stuart Hall, Paul Gilroy, Homi Bhabha oder Gayatri Spivak gängige gesellschafts- und kulturwissenschaftliche Theorien heraus.

Besonders deutlich läßt sich das *talk back* im Literaturbetrieb verfolgen. Englischschreibende Schriftsteller der Peripherie finden seit den 80er Jahren zunehmend Anerkennung im Zentrum. Als verkaufsfördernd und öffentlichkeitsschaffend wirkt dabei die Verleihung renommierter Buchpreise, wie des englischen Booker-Preises, der dem jeweils besten englischsprachigen Roman des Jahres verliehen wird. In den vergangenen 15 Jahren wurde der Booker-Preis von zwei Australiern, einer Neuseeländerin-Maori, einem Südafrikaner, einem Nigerianer, einem Japaner, einem Inder und einer Inderin gewonnen. Diese Autoren benutzen kein »British English«, sondern Englisch ist häufig ihre Zweitsprache. Die englische Sprache ist in ihren Romanen durchsetzt mit Fremdwörtern und neuen Wortschöpfungen aus mehreren Sprachen. Die Südafrikaner André Brink und J. M. Coetzee (mehrmaliger Anwärter auf den Booker-Preis) verfassen ihre Werke zweisprachig, in Englisch und Afrikaans. Für die endgültige Fassung wird von den Autoren selbst von einer Sprache in die andere vor- und zurückübersetzt, je nach Szene und Charakteren.

Ähnlich wie die Schriftsteller die englische Sprache verändern, indem sie fremde Wörter und Begriffe in die Sprache des Zentrums integrieren, wandeln sich auch die Inhalte. Timothy Mos *Sour Sweet* versetzt seine Leser in Londons Chinatown, ohne einen einzigen englischen Charakter auftreten zu lassen. Ben Okri hält seine Leser in *Die hungrige Straße* in der Slumrealität des politisch korrupten und ökonomisch verarmten Lagos gefangen; dem beengten Kosmos kann der junge Protagonist nur durch Ausflüge in die Ahnenwelt seiner Yoruba-Vorfahren entkommen. Wurden Werke wie die von Okri oder Mo bis vor kurzem noch in ethnologischen Kursen behandelt, finden sie heute Eingang in die Lehrpläne der englischen oder vergleichenden Literaturwissenschaften. Die alten Kategorien der Zentren werden durch diese neuen literarischen Werke aufgeweicht. Was einst als Kuriosität galt, wird nun als Bestandteil des Zentrums akzeptiert. Ein Teil der indischen Literatur gehört heute, wie der indische Schriftsteller Khushwant Singh bemerkt, zur englischsprachigen Weltliteratur. In diesem Sinne hat sich nicht so sehr »das Andere« verändert, sondern die Definition dessen, was als vertraut gilt, ist erweitert worden. Wie in anderen Bereichen stellt auch in der Literatur der Einfluß von Peripherien auf Zentren nach wie vor eine Ausnahme dar. Noch dominieren die alten Genres: So werden die schwarzen Südafrikaner Walli Serote, Bessie Head und Can Themba als afrikanische Literaten gehandelt, während die weißen Südafrikaner Nadine Gordimer und André Brink zu den internationalen englischsprachigen Schriftstellern zählen. Bald aber werden auch Verleger gezwungen sein, bisherige Kategorisierungen zu überdenken.

Während das *talk back* der Peripherien momentan in der Popularkultur, in Literatur, Tanz, Musik und Küche, Mode und Sport am deutlichsten zu erkennen ist, lassen sich vergleichbare Tendenzen auch in anderen Bereichen ausmachen. Das Interesse an östlicher Spiritualität und spirituellen Lebensformen ist seit den 70er Jahren in westlichen Industrienationen zu einem Massenphänomen geworden, und Meditiationspraxis, die Lehren indischer Gurus und Aufenthalte in japanischen Klöstern oder kalifornischen Ashrams prägen das Leben einer wachsenden Anzahl von Menschen.

Auch im Wirtschaftssektor lassen sich Beispiele für die Beeinflussung von Zentren durch Peripherien finden. So ist in der Wirtschaft der Fordismus weltweit von einer neuen Unternehmensideologie abgelöst worden, deren Ursprungsland Japan ist. In jeder Business-School, Universität und in der Fachliteratur wird im Sinne des japanischen Organisationsökonomismus gepredigt, daß eine Firma fähig sein müsse, schnell und flexibel auf ungewisse und schwankende Marktkonditionen zu reagieren. Die Prinzipien hinter der Erfolgsstory japanischer Unternehmen, wie strategisches Management, »just in time«-Produktion, Qualitätsmanagement, Teamarbeit sowie eine funktional und numerisch flexible Arbeiterschaft, werden heutzutage in den verschiedensten Organisationen weltweit umgesetzt.

Auch aus Bangladesh stammen richtungweisende Modelle, in diesem Fall für den Banksektor. Der bangladesische Wirtschaftswissenschaftler Mohammed Yunus, ein in den Vereinigten Staaten ausgebildeter Ökonom, begann 1976 in einem Dorf in Bangladesh ein Forschungsprojekt, das 1983 zu dem Bankkonzept der unabhängigen Grameen-Bank führte und inzwischen weltweit Nachahmung findet.[153]

Mit dem Konzept der Grameen-Bank, die Kleinstkredite an Arme vergibt, versuchte er der sozioökonomischen Wirklichkeit des Subkontinents gerecht zu werden und zugleich gesellschaftliche Impulse zu geben. Die Kredite werden ohne die ansonsten im Bankgeschäft üblichen Sicherheiten vergeben. Die Kreditvergabe fängt schon bei Summen im Wert eines Huhns oder einer Nähmaschine an. Kunden der Grameen-Bank sind fast ausschließlich arme Frauen, die beim Eintritt in die Bank über keinerlei Einkommen und Besitz verfügen. So wie die erste Kreditnehmerin Jorimon erhalten Millionen von Frauen einen Kredit über 60 DM, mit denen sie beispielsweise eine einfache Reisschälanlage und ungeschälten Reis kaufen können. Durch den Verkaufserlös steigern sich die Familieneinkünfte, der Kredit kann pünktlich zurückgezahlt werden, die Frauen können einen zweiten Kredit aufnehmen.

Das Konzept hatte sowohl ökonomisch als auch gesellschaftlich durchschlagende Wirkung. Im islamischen Bangladesh sind Frauen oft Hauptenährer der Familie, haben aber weder Eigentum noch können sie über ihr Einkommen verfügen. Der Kontakt zu öffentlichen Institutionen wie Banken läuft über die Männer. Die gesellschaftliche Abhängigkeit der Frauen spiegelt sich auch in ihrer Position innerhalb der Familie. Im Scheidungsfall hat die Frau kein Anrecht auf finanzielle Absicherung. Das Konzept der Grameen-Bank bricht radikal mit dieser Tradition. Frauen verhandeln nun selbst, sie erhalten Kredite für ihre Projekte und können die Profite in Besitz umsetzen. In jüngerer Zeit werden auch Kredite zur Land- und Hausfinanzierung vergeben, wobei darauf geachtet wird, daß das Land auf den Namen der Frau eingetragen wird. Dank dieser Praxis werden Frauen nicht mehr so häufig von ihren Männern verstoßen.

Auf die Vermittlung neuer sozialer Werte wird in der Grameen-Bank ausdrücklich Wert gelegt. Alle Kreditnehmerinnen werden dazu angehalten, die 16 programmatischen Grundsätze der Bank zu befolgen. Diese umfassen allgemeine Aufrufe wie: »Während der Saatzeit werden wir so viele Samen wie möglich säen« und »Wir werden Latrinen bauen und diese benutzen«, aber auch sozial sehr bedeutsame Forderungen wie: »Wir werden bei der Verheiratung unserer Söhne keine Mitgift fordern, und wir werden bei der Verheiratung unserer Töchter keine Mitgift geben. Wir nehmen Abstand von der Praxis der Kindesverheiratung.«

Das Bankensystem ist dezentral in lokalen Büros organisiert. Frauen bilden vor Ort Kreditgruppen, und erst wenn eine Teilnehmerin ihren Kredit zurückgeführt hat, darf die nächste aus der Gruppe einen neuen Kredit aufnehmen. Die Frauen bieten einander Unterstützung, kontrollieren sich gegenseitig und üben Druck auf die Rückzahlung der Kredite aus. Sie haften der Bank gegenüber gemeinsam und ersetzten so die üblichen, von armen Menschen aber nicht erfüllbaren Sicherheiten durch eine informelle Gruppenhaftung.

Die Werte der Bank stellen viele der traditionellen Bankrichtlinien und -grundsätze auf den Kopf. Während normalerweise Kunden zu ihrer Bank gehen, sucht die Grameen-Bank ihre Kunden auf. Werden Kredite im Regelfall nur gegen Sicherheiten vergeben, so sind die Kunden der Grameen-Bank explizit die Ärmsten der Armen. Das Bankgeschäft ist, besonders in einer islamischen Gesellschaft, eine reine Männerdomäne, die Kreditnehmer der Grameen-Bank sind jedoch fast nur Frauen. Und während der volkswirtschaftlichen Logik zufolge die Eliminierung von Armut als unprofitables Unternehmen gilt, werden die Kunden der Grameen-Bank nicht als Wohlfahrtsempfänger, sondern als Kunden behandelt. Die typische Ranghierarchie wird durch ein dezentralisiertes Entscheidungssystem ersetzt. Anstelle der Direktoren entscheiden und verantworten sich die Kreditnehmerinnen und Bankangestellten selbst. Wenn eine Frau aus der Kreditgruppe ein Problem hat, sollen die Frauen zuerst versuchen, untereinander eine Lösung finden.

Die Strategie der Bank beruht auf zwei Grundprinzipien, die für die klassische Volkswirtschaft neu sind. Sie versteht sich als finanzielles, aber auch als soziales System. Die herkömmliche Volkswirtschaftslehre bezieht nur Arbeiter und Unternehmer in ihre Modelle ein und läßt Frauen und Kinder außer acht. Ökonomischen Grundsätzen zufolge kann Armut nur durch das Ankurbeln der gesamtwirtschaftlichen Produktivität bekämpft werden. Aber dieser Entwicklungszyklus ist nicht nur sehr langfristig angelegt, sein Erfolg ist außerdem ungewiß. Yunus' Strategie ist direkter: Wachstum wird durch die Eliminierung von Armut angekurbelt.

Yunus' Konzept hatte durchschlagenden Erfolg: Über zwei Millionen Frauen sind Kunden der Bank, deren Teilhaber sie gleichzeitig sind. Die Bank verleiht monatlich ca. 25 Millionen Dollar, mehr als jede andere Bank im Land. Der Durchschnittskredit beläuft sich auf 100 Dollar, wobei oft auch geringere Summen verliehen werden.[154] Die Rückzahlungsquoten von 92 Prozent übertreffen die der traditionellen Schweizer Banken.

Dieses Erfolgskonzept blieb auch im Westen nicht unbeachtet. Bankfachleute aus Europa und Amerika fahren nach Bangladesh, um sich das Konzept näher anzusehen. Dabei erfolgt die Vermittlung (»Exposure and Dialogue« genannt) auf eine ungewöhnliche Art und Weise: Die westlichen Besucher werden in Zweiergruppen mit einem Dolmetscher in verschiedene Orte geschickt. Den Großteil des zehntägigen Aufenthalts verbringen sie bei Kreditnehmerinnen und begleiten diese im Alltag. Sie werden angehalten, ihre Beobachtungen in Form einer Lebensgeschichte ihrer Gastgeberinnen zusammenzufassen. Durch diesen holistischen Ansatz wird versucht, ein empathisches Verständnis für die Bedürfnisse und Überlegungen der Kreditnehmerin zu wecken und, gemäß dem Slogan der Grameen-Bank, »im Dialog ihre Welt verstehen (zu) lernen«. Aus der Kenntnis des Lebensumfelds werden die individuellen wirtschaftlichen Entscheidungen, Erfolge und Mißerfolge erst nachvollziehbar. Während des restlichen Aufenthalts versuchen die Teilnehmer anhand der Lebensberichte und ihrer Erfahrungen, die Erfolgsprinzipien herauszukristallisieren und sie auf ihre Übertragbarkeit zu prüfen.

Inspiriert von den Erfahrungen der Grameen-Bank werden in vielen Entwicklungsländern, von Sri Lanka, Malaysia, Nepal, den Philippinen und Indien bis Malawi, Burkina Faso und Guinea, ähnliche Projekte initiiert. Die Konzepte der Grameen-Bank werden aber auch für die Länder Osteuropas und die Bekämpfung struktureller Armut in Deutschland, Frankreich, Kanada und den USA diskutiert. In den Vereinigten Staaten treten Bill und Hillary Clinton als Fürsprecher auf, und an die 40 verschiedene US-Fonds orientieren sich schon am Grameen-Modell. »The Women's Self-Employment Project« in Chicago oder der »Lakota Fund« im Pine Ridge Reservat in South Dakota vergeben Kredite an Frauengruppen. Die Kreditbewilligung an Frauen hat erfahrungsgemäß einen größeren sozialen Einfluß als die an Männer. Frauen stecken ihre Profite eher in Erziehung und Ausbildung, Gesundheit und verbesserte Nahrung für die Familie. Anders als in den Entwicklungsländern kommen aber alle diese Initiativen bisher nicht über eine begrenzte Zahl von Kreditnehmerinnen hinaus. Westliche Wohlfahrtsmodelle scheinen ebenso ein Hindernis darzustellen wie die ganz unterschiedlichen wirtschaftlichen Rahmenbedingungen.

Die Verselbständigung von Konzepten und Waren

Bestimmte Konzepte und Waren sind inzwischen schon so globalisiert, daß ihre Ursprünge keine Rolle spielen. Tomaten stammen aus der Neuen Welt, sind aber heute integraler Bestandteil der italienischen Küche. Die ursprüngliche Einflußrichtung wird nach einer gelungenen Aneignung unwichtig. Dies gilt für Konzepte wie Klasse, Menschenrechte und Demokratie ebenso wie für Methoden wie palliative Medizin. Die aus England stammende Hospizbewegung hat inzwischen weltweit Wurzeln geschlagen, bei den Inuit ebenso wie in Australien. Alle drei Jahre zieht diese Bewegung am »Day of Hospices« die Aufmerksamkeit der Weltöffentlichkeit auf sich und ihr Konzept einer humanen Begleitung Sterbender. Beim letzten weltweiten Hospiztag am 18. Oktober 1997 fanden 500 Konzerte in 43 Nationen statt, und 24 Stunden ertönte Händels *Halleluja* ununterbrochen um den ganzen Globus.

Die ursprünglich im Westen formulierten Menschenrechte beanspruchen universelle Gültigkeit. Der Schutz vor Folter und Diskriminierung wird vor allem im Westen von einer breiten öffentlichen Mehrheit unterstützt. Die Debatte über die universelle Gültigkeit der Rechte ist jedoch noch längst nicht abgeschlossen. Menschenrechte sind in der langen Tradition der westlichen liberalen Demokratien entstanden und stellen ihren Kritikern zufolge den arroganten Versuch des Westens dar, anderen Kulturen die eigenen Werte aufzuzwängen. Die Grundfrage nach der Universalität oder Kulturgebundenheit der Menschenrechte war schon vor der Verabschiedung der Erklärung der Menschenrechte (1948) umstritten. Damals gab der UN-Sozial- und Wirtschaftsrat den Auftrag an die Abteilung für Philosophie innerhalb der UNESCO, im weltweiten Vergleich herauszufinden, inwieweit Menschenrechte in allen Gesellschaften gelten. Die Mitglieder der Abteilung waren sich bei der Aufgabenstellung darüber im klaren, daß, wie die Philosophin Jeanne Herrsch betonte, es nicht ausreichen würde, existierende Rechtskataloge aus den verschiedenen Gesellschaften zu vergleichen. Die Kommission forderte weltweit auf, Kulturgut, welches auf die Verankerung der Menschenrechte in anderen Kulturen verwies, zu sammeln, und war erstaunt über die starke Resonanz, die vielen Geschichten, Gedichte und Sprichwörter, die bei ihr eingingen.[155] Viele asiatische, arabische und afrikanische Intellektuelle verweisen seit den 80er Jahren verstärkt auf eigenständige Traditionen der Menschenrechte in ihren Kulturen, und selbst Gegner der universellen Gültigkeit der Menschenrechte diskutieren eher die Rangfolge der einzelnen Werte, als daß sie diese pauschal in Frage stellen. Ihre Kritik bezieht sich unter anderem darauf, daß beim Schutz der Menschenrechte in der internationalen Arena die politisch-bürgerlichen Rechte zu Lasten der sozioökonomischen Menschenrechte überbetont würden. Von asiatischer Seite, aber auch von manchen afrikanischen Staatsoberhäuptern wird besonders der Vorrang von Gruppenrechten gegenüber individuellen Rechten gefordert (vgl. dazu die »Bangkok Declaration of Asian States« von 1993 oder den 1982 von afrikanischen Staaten unterzeichneten Regionalpakt, die »Banjul Charta der Menschenrechte und Rechte der Völker«).

Doch während in internationalen Foren noch über die normative Grundlage der Menschenrechte gestritten wird, ist in der Praxis eine eigene Realität entstanden. Ein Wanderarbeiter in Ile, mitten im Landesinneren von Mosambik, verwickelt, mit einem Exemplar der »Universellen Erklärung der Menschenrechte« unterm Arm, die deutsche EU-Wahlbeobachterin in ein Gespräch über die Gültigkeit der Menschenrechte in seinem bürgerkriegszerrütteten Land.[156] Indigene Bevölkerungen weltweit, ob in Venezuela, Mexiko oder Burma, verfassen Briefe und Petitionen an die UN-Commission for Human Rights. Ob diese Rechte ursprünglich in ihrer Kultur eine Rolle gespielt haben, interessiert sie nicht. Die Idee der Menschenrechte wird heute vor allem in den Konflikten um ethnische, nationalistische und religiöse Interessen eingesetzt, um sich vor anderen, als bedrohlich empfundenen Mächten (häufig dem eigenen Staat) zu schützen. Die Frage, inwieweit Menschenrechte in allen Kulturen auf eine lange Tradition zurückblikken können, erübrigt sich. Lieber, so fordert der Anthropologe Richard Wilson, sollten wir uns ansehen, »wie die Konzepte (der Menschenrechte) in einem neuen Kontext angewendet werden, in dem sie nicht entstanden sind«.[157]

Auch andere ursprünglich westliche Konzepte sind inzwischen zu einer *authentischen globalen Abstraktion* geworden. Kapitalismus und Moderne werden in den südostasiatischen Staaten und China auf eigenständige Art und Weise gelebt und von asiatischen Politikern und Intellektuellen als in ihren Kulturkreisen verwurzelte Konzepte progagiert.[158] Seit den 70er Jahren verfolgen die Staaten Südostasiens, wie Singapur, Malaysia und Taiwan, ein Entwicklungsmodell, das sich durch einen stark deregulierten Kapitalismus mit wenigen sozialen und politischen Beschränkungen sowie autoritäre Regimes auszeichnet, die eine strenge Kontrolle über das soziale und politische Leben ausüben. China hat sich nach Dengs historischem Besuch in Südchina im Jahre 1992 diesem Weg angeschlossen und verzeichnet seitdem die weltweit höchsten Wirtschaftswachstumsraten.

Der Aufstieg der »Tiger« wie auch Chinas wurde sowohl von den Staaten selbst als auch vom Westen als erfolgreiche eigenständige Entwicklung angesehen. Konservative westliche Politiker erkoren den asiatischen Entwicklungsweg sogar zum Vorbild für die alten Industrienationen, auf jeden Fall aber als richtungweisendes Modell für Schwellenländer. Wirtschaftlicher Erfolg ist den asiatischen Machthabern zufolge nicht, wie viele westliche Entwicklungstheorien behaupten, an politische Partizipation gebunden.

China betont, daß die Entwicklung der letzten 20 Jahre Ausdruck einer eigenständigen Moderne ist, die nicht als Reaktion auf das westliche kapitalistische Modell entstanden sei. Das Erfolgsrezept bestehe vielmehr aus einer geschickten Verbindung einzelner westlicher Elemente, basiere aber letztendlich auf jahrtausendealten chinesischen Traditionen. Während zu Maos Zeiten chinesische Traditionen als unvereinbar mit einer chinesischen sozialistischen Moderne galten, erfuhren sie seit Ende der 70er Jahre, nach der Amtsübernahme Deng Xiaopings, offiziell eine Neubewertung und wurden nun als von feudalistischen Elementen gereinigte, chinesische Besonderheiten des Sozialismus gepriesen. Die politische Philosophie und die kapitalistische Wirtschaftsweise sind dieser Vorstellung zufolge auf zwei urchinesische Elemente zurückzuführen: den Konfuzianismus mit seinen Tugenden Loyalität, Solidarität und Fleiß, und den sogenannten *guanxi*. *Guanxi* bezeichnet die menschlichen Beziehungen und die Verbundenheit der Chinesen untereinander. Sie sind dem chinesischen Diskurs zufolge an die »chinesische Rasse« gebunden, in die auch Überseechinesen (in Malaysia, Singapur, den USA etc.) mit einbezogen werden. Als transzendentes Prinzip wird *guanxi* über das Recht der einzelnen Staaten gestellt. Singapurs alter Staatsmann Lee Kuan Yew begründet: »*Guanxi*-Verbindungen durch die gleiche Sprache und Kultur können fehlende Gesetze und mangelnde Transparenz von Normen und Regeln wettmachen.«[159]

Konfuzianistische Werte können der offiziellen Ideologie zufolge potentielle Auswüchse des Kapitalismus ausgleichen. In den chinesischen Medien ist zu vernehmen: »Konfuzianismus lehnt Profitdenken nicht ab, sondern fordert faires Verhalten beim An- und Verkauf. Konfuzianismus hat nichts gegen Geld und Reichtum, legt aber Wert darauf, daß ihr Erwerb von moralischen Grundsätzen geleitet wird.«[160] Konfuzianistische Werte und persönliche Beziehungen sind die vom Westen unabhängige Basis des chinesischen Kapitalismus und stellen den wesentlichen Unterschied zwischen dem westlichen und chinesischen Modell dar. Als typisches Beispiel für den chinesischen Umgang mit Reichtum wird beispielsweise die in Amerika geborene Mrs. Yuan angeführt, die Anfang der 90er Jahre nach Shanxi, die Heimatstadt ihres Vaters, zurückkehrte und dort mit im Ausland erworbenem Kapital ein Seniorenheim errichtete. Sie begründete ihre Wohltat damit, daß in den USA Menschen umgeben von Wohlstand einsam alt werden müßten. Mit ihrem Heim wolle sie aus Amerika stammenden chinesischen Pensionären ein würdevolles Altern in China ermöglichen.

Transnationale Kulturen

Für eine wachsende Anzahl von Menschen, wie Migranten, Geschäftsleute, Jugendliche, Wissenschaftler, Künstler oder Internetbenutzer, verlieren feste geographische Räume als wichtigste Bezugspunkte der Identität und des Alltagslebens ihre Bedeutung und werden von deterritorialisierten Gemeinschaften abgelöst, die durch soziale, berufliche und ideelle Gemeinsamkeiten miteinander verbunden sind. Deterritorialisierte Gemeinschaften sind nichts Neues. Die jüdische Diaspora ist vielleicht das klassische historische Beispiel einer transnationalen Gemeinschaft. Bis zur Gründung des Staates Israel waren die Juden ein Volk ohne Territorium, das durch kulturelle Gemeinsamkeiten, die Heilige Schrift, Verwandtschafts- und Geschäftsbeziehungen sowie den Bezug zu speziellen religiösen Orten (in Palästina und Ägypten) miteinander verbunden war. Auch die anderen Weltreligionen bildeten und bilden transnationale Gemeinden, ebenso wie die armenische

Diaspora oder die bis 1991 exilierte südafrikanische Befreiungsbewegung. Doch während Diaspora und Exil für den Großteil der Menschheit vereinzelte Erfahrungen waren, werden sie durch die Globalisierung zur Alltagserfahrung von vielen.

Der deterritorialisierte Nationalstaat

Globale wirtschaftliche Unsicherheit und Abhängigkeitsverhältnisse zwingen immer mehr Menschen, ihre Heimat zu verlassen und als Arbeitsmigranten ihr Glück in der Fremde zu suchen. Neu entstehende Netzwerke, denen bei uns bislang wenig Beachtung geschenkt wird, sind in vielen Teilen der Welt realitätsbestimmend. Die vielschichtigen und dichten Migrantennetze zwischen der Karibik und den USA sind ein Paradebeispiel für *transnationale Gemeinschaften*.[161] New York ist als Teil der Karibik bezeichnet worden und die Karibik als Teil New Yorks. Im Extremfall leben mehr Bürger einer bestimmten Region der Karibik in Nord- und Südamerika als in ihrer ursprünglichen Heimat. So konnten 96 Prozent der Kinder einer Schulklasse auf dem kleinen Inselstaat St. Nevis und Kitts im Ausland lebende Familienangehörige vorweisen, eine Tatsache, die in der nevisianischen Redewendung »Zuhause ist das, was man verläßt« Ausdruck findet.[162]

Karibische Gesellschaften sind seit ihrer Entstehung im 18. Jahrhundert partielle Gemeinschaften, die schon ihre Existenz den ökonomischen Anforderungen der Zentren »verdankten« und nur in Abhängigkeit von einer größeren und dominanten Gesellschaft überleben konnten. Ihre Wirtschaft war nie selbständig, sondern vollkommen auf die Bedürfnisse der jeweiligen Kolonialmacht abgestimmt. Die Inseln in der Karibik waren im 18. Jahrhundert begehrte Kolonien, für deren Plantagenwirtschaft (Zucker, Kaffee u. a.) eine große Anzahl von Sklaven aus allen Teilen Afrikas herbeigeschafft wurden, die sich mit der indigenen Bevölkerung vollkommen vermischten.

Mangel an eigenen materiellen Ressourcen, eine exportorientierte Wirtschaft, das Verbot, eigene Manufakturen und Handelsbeziehungen aufzubauen, sowie die von den Kolonialherren etablierten rigiden sozialen und politischen Strukturen machten die karibischen Gesellschaften zu Beispielen extremer Abhängigkeit. Nahrungsmittel, Kapital, Technologien und industrielle Waren mußten von außen importiert werden, und Emigration stellte von Anfang an für alle sozialen Klassen eine historische Notwendigkeit dar. Nach der Abschaffung der Sklaverei 1883 blieben die kolonialen Klassenstrukturen weitgehend erhalten, und die geringe soziale und kulturelle Entwicklung auf den Inseln führte dazu, daß die Bevölkerung sich auch weiterhin in ihren Wertevorstellungen am Ausland orientierte. Die kolonialen Landbesitzer waren meist abwesend, und ihre lokalen Verwalter bemühten sich, enge familiäre und wirtschaftliche Beziehungen zur englischen, französischen, niederländischen oder spanischen Kolonialmacht zu knüpfen. Für die Unter- und Mittelschicht wurde Migration eine beliebte Möglichkeit, sich dem rigiden Kolonialregime zu entziehen, und Landarbeiter ließen sich auf anderen karibischen Inseln, in Costa Rica oder Panama anwerben.

Mit zunehmender wirtschaftlicher Krise wurde Emigration auf vielen karibischen Inseln zur Staatspolitik erhoben und von den kolonialen Regimes als eine Art Sicherheitsventil für die eigene verarmte Bevölkerung ausdrücklich gefördert. Auch nach der Dekolonisierung und Unabhängigkeit der karibischen Staaten bleiben die strukturellen Abhängigkeiten für einen Großteil der Inseln bestehen, so daß sie auf Migration und Transnationalismus angewiesen sind, um das Überleben der einheimischen Bevölkerung zu sichern. Die letzten 20 Jahre mit ihrer nachhaltigen ökonomischen Krise und dem Trend zur Globalisierung von Kapital und Produktion lösten immer größere Migrationswellen aus. Andererseits haben die Rezession im Westen sowie die gewandelten Produktionsprozesse die Nachfrage nach Arbeitern auch in den Industrienationen stark reduziert bzw. verändert. Migranten sehen sich daher sowohl in ihren Heimatstaaten als auch in ihren Arbeitsländern einer instabilen und unsicheren Situation ausgesetzt, die ständige Wachsamkeit, Veränderungsbereitschaft und häufige Standortwechsel erforderlich macht.

Zwischen Migranten und der Bevölkerung im Herkunftsland bestehen vielfältige und enge Beziehungen, und familiäre, wirtschaftliche und politische Verbindungen erstrecken sich über geographische, politische und kulturelle Grenzen hinweg. Grenada und St. Vincent sind zwei der kleinsten Nationalstaaten im südlichen Teil der Karibik. Die Mehrheit der erwachsenen Bevölkerung dieser westindischen Inselstaaten lebt in den USA. Auf Grenada beispielsweise halten sich nur 32.000 seiner Staatsbürger auf, ca. 60.000 leben in den USA, 15.000 davon in New York City. Hier arbeiten sie in den unterschiedlichsten Berufssparten, als Hausangestellte, Informatiker und Musikproduzenten, oder haben sich mit einem kleinen Gewerbe (Bäckereien, Schönheitsalons) selbständig gemacht, nicht zuletzt im Rahmen der sogenannten »Enklavenwirtschaft«. Die Mitglieder dieser Diaspora publizieren karibische Zeitschriften, gestalten Radiosendungen, gründen Immigrantenvereinigungen, Tanzclubs und Steelbands, beteiligen sich an Schulgremien und nehmen aktiv am politischen Leben von New York City teil.

Während sich die aus der Karibik stammende Bevölkerung bis in die 70er Jahre hinein in der US-amerikanischen Öffentlichkeit als Gemeinschaft isolierte und weitgehend unter sich blieb, veränderte sich ihr Selbstverständnis und ihre Selbstdarstellung in den 80er Jahren grundlegend. Dieser Wandel hat auch in New Yorker Stadtvierteln deutlich sichtbare Spuren hinterlassen: »In Crown Heights und East Flatbush haben jamaikanische Restaurants, puertoricanische Bodegas und trinidadische Roti-Läden die amerikanischen Süßwarengeschäfte verdrängt. In Cambria Heights und Laurelton weisen die geschniegelten Vorgärten und frisch gestrichenen Fassaden auf die hier lebende karibische Mittelschicht hin. Auf der Boston- und der Gunhillstraße verbreiten Schallplattenläden die pulsierenden Texte des Soca und die munteren Reggae-Rhythmen.«[163] Ab diesem Zeitpunkt wurde die karibische Gemeinschaft auch von der amerikanischen Öffentlichkeit als eigenständige, politisch bedeutsame Minderheit wahrgenommen. So begleitete nun der damalige Bürgermeister und prominente Fürsprecher amerikanischer Minderheiten Jesse Jackson die Brooklyner Carnival Parade, und erste politische Allianzen mit anderen Minderheiten, wie den afro-amerikanischen Gruppen, wurden geschlossen.

Obwohl sich die westindischen Gemeinschaften aktiv um die Integration in die US-amerikanische Gesellschaft bemühten, pflegten die Migranten aus Grenada und St. Vincent weiterhin enge Beziehungen zu ihren Herkunftsländern. Nach der Entlassung der Karibikstaaten in die Unabhängigkeit nahmen diese überwiegend privaten Verbindungen vermehrt öffentlichen Charakter an. Ein neues Nationalbewußtsein veranlaßte die Auslandsgemeinschaften, offizielle Netzwerke für den Transfer von Finanzen und Know-how in ihre Heimatstaaten aufzubauen. Schulen, Krankenhäuser und Sportarenen konnten mit Hilfe der Emigrantenorganisationen errichtet werden. Die Lebenswelt der westindischen Migranten ist transnational. Die Hälfte der Migranten aus St. Vincent und Grenada verfügt sowohl über Grundbesitz in den USA als auch in ihrer Heimat, und weit über 50 Prozent überweisen regelmäßig Geld nach Hause. Firmen, die auf den Handel zwischen New York und den karibischen Inseln spezialisiert sind, senden heimische Kräuter und Nahrungsmittel in die eine und Stereoanlagen, Kleidung oder Haushaltsgeräte in die entgegengesetzte Richtung. Emigrierte Familienmitglieder holen andere hinterher, helfen ihnen bei der Jobsuche und dem Aufbau eines Lebens im Ausland. Kinder arbeitsfähiger junger Frauen werden oft bei Verwandten in der Heimat zurückgelassen, so daß die Kernfamilie über mehrere Inseln und Staaten verteilt ist.

Die enge Beziehung der Migranten zu ihren Heimatinseln hängt mit ihrer Position innerhalb der US-amerikanischen Gesellschaft zusammen. Westinder werden hier nach der »One-drop-Regel«[164] als Schwarze klassifiziert und finden sich am untersten Ende der sozialen Leiter wieder. Die amerikanischen Rassenkonzepte stärken die Solidaritätsbündnisse zwischen den Migranten und ihren Heimatländern. Zugleich sind die meisten Familien in Grenada und St. Vincent zum Überleben darauf angewiesen, ein oder mehrere Mitglieder im Ausland zu haben, die ihnen Geld und Güter zukommen lassen. Die Verteilung einer Familie über zwei oder drei Staaten reduziert die Abhängigkeit von einem einzigen Land. Durch transnationale Aktivitäten sind Familien in der Lage, ihren Mitgliedern eine Ausbildung zu ermöglichen und ihr Prestige und ihren sozialen Status im Heimatland zu erhöhen, um auf diese Weise innerhalb der rigiden lokalen Klassenstruktur aufzusteigen. Dieser Aufstieg muß jedoch mit harter Arbeit, langer Abwesenheit von Zuhause und Einsamkeit in der Fremde bezahlt werden.

Eine vergleichbare Situation findet sich in Haiti. Auch hier sind die Verbindungen zwischen dem Inselstaat und den Migranten in den Vereinigten Staaten sehr ausgeprägt. New Yorker Haitianer bleiben über fünf Wochenzeitschriften, 12 haitische Radioprogramme und zwei eigene Radiostationen, die rund um die Uhr Nachrichten und Unterhaltung senden, mit ihrem Herkunftsland in Verbindung. Nachrichten werden zum Teil über Telephonleitungen direkt aus Haiti gesendet. Der haitische Taxifahrer in Brooklyn kann auf diesem Weg direkt Neuigkeiten aus seinem Heimatdorf empfangen. Als die freien Informationswege während der politischen Repression nach Aristides Sturz gekappt wurden, kam den persönlichen Verbindungen zu Migranten in den USA große Bedeutung zu. Neuigkeiten fanden über die haitische US-Bevölkerung ihren Weg zurück nach Haiti. In der politischen Krisensituation wurde über Demonstrationen und die Verbindungen der Migranten zu US-Medien und dem Kongreß starker Druck auf die US-Regierung ausgeübt.

Wie bei den Migranten aus Grenada und St. Vincent hat sich auch innerhalb der haitischen Exilgesellschaft das Zusammengehörigkeitsgefühl und die gemeinsame Selbstdarstellung gegenüber der amerikanischen Öffentlichkeit in den letzten Jahren stark verändert. Es entstand eine ausgeprägte haitische Transmigranten-Identität. Als in den 70er Jahren haitische Boatpeople in den USA ankamen, zeigte die dortige Immigrantenbevölkerung kein Interesse, viele versuchten sich vielmehr von diesen armen Neuankömmlingen zu distanzieren. Im Gegensatz dazu erhielten die Boatpeople, die nach Aristides Vertreibung Anfang der 90er nach New York kamen, einen warmen Empfang, sie wurden als Repräsentanten eines freien haitischen Volkes begrüßt. Durch den engen Kontakt mit anderen Kulturen im Ausland entsteht auch in der Heimat Neues. Nach der Begegnung mit afro-amerikanischen Gruppen begannen die haitischen Migranten, sich mit deren afrozentrischer Rückbesinnung auseinanderzusetzen und zu identifizieren. Inspiriert von der Suche schwarzer US-Bürger nach ihren afrikanischen Wurzeln, entwickelte sich auch in Haiti eine selbstbewußte haitisch-kreolische Kultur, die anstelle von Französisch Kreol als Landessprache propagierte.

Die politische Praxis versucht dieser neuen Realität gerecht zu werden. Die Regierungen in Ländern wie Grenada, St. Vincent, aber auch Haiti und den Philippinen sind bemüht, die Wanderarbeiter mit Hilfe politischer Zugeständnisse an ihre Heimatstaaten zu binden. Während früher Migranten bei ihrer Rückkehr und Besuchen in der Heimat von Politikern und der Bevölkerung oft mißtrauisch beäugt oder als Opportunisten kritisiert wurden, wird ihre Zugehörigkeit neuerdings durch die Verleihung von Wahlrechten, doppelter Staatsbürgerschaft und Landbesitzrechten im Herkunftsland bekräftigt. Die ehemalige philippinische Präsidentin Aquino, die selbst lange Zeit in den USA lebte, pries in Manila die Migranten als »Helden und Heldinnen der Nation«[165] und berief einige von ihnen als Kabinettsmitglieder. Migranten aus St. Vincent, Grenada, Haiti und den Philippinen sind in ihren Heimatländern auf führende Posten gewählt worden. Grenadische Präsidentenanwärter halten Wahlveranstaltungen in New York ab, und Brooklyn ist als Grenadas größter Wahlbezirk bezeichnet worden (Maurice Bishop). Aristide wies die Migranten auf ihre Pflichten und Rechte ihrer Heimat gegenüber hin und bezeichnete die in den USA lebenden Haitianer als »zehnte Provinz« des neun Provinzen umfassenden Haiti. Auf Haiti wird versucht, die Staatsbevölkerung im In- und Ausland im Kampf gegen die US-Dominanz und gegen damit verbundene Abhängigkeitsstrukturen zu solidarisieren und zu mobilisieren. Karibische Regierungen treten auch als politische Vermittler zwischen ihren Migranten und der US-Regierung ein. Der Transfer von Menschen, Gütern, Geld und Information verbindet eine Nation zu einer Gemeinschaft, selbst wenn ihre Mitglieder auf unterschiedliche Staaten verteilt sind.

Eine neue Art von Nationalstaat entsteht. Im Gegensatz zum klassischen europäischen Modell, das sich als fest abgegrenztes Territorium mit eigener Bevölkerung und Kultur definiert, ist der neue Nationalstaat weniger an ein Territorium als an seine Mitglieder gebunden, unabhängig davon, wo diese leben. Diese Konzeption eines sogenannten *deterritorialisierten Nationalstaats* erlaubt auch Bürgern, die weit verstreut in anderen Staaten leben, sozial, politisch, kulturell und oft ökonomisch Teil des Nationalstaats ihrer Vorfahren zu bleiben. Deterritorialisierte Nationalstaaten sind daher eine typische postkoloniale Erscheinung. Der deterritorialisierte Nationalstaat ist Ergebnis der Alltagspraxis und wird bislang weder von Migranten noch von ihren Heimatstaaten als neue Identitätsform oder politisches Modell thematisiert. Die in den USA lebenden Migranten aus der Karibik bezeichnen sich noch nicht als transnationale Gemeinschaft, sondern greifen auf eine Bandbreite etablierter Identitätsbezüge zurück: grenadisch, karibisch, kreolisch, westindisch, afrikanisch oder schwarz.

Während die Identität der transnationalen Migranten noch an Nationen gebunden ist, basiert das Zusammengehörigkeitsgefühl der *schwarzen Gemeinschaft* nicht auf einem gemeinsamen geographischen Raum, sondern auf der geteilten Erfahrung von Diskriminierung und Rassismus innerhalb der US-amerikanischen Gesellschaft. Auf die breitgefächerte Kategorie *schwarz* beruft sich in den USA eine Vielzahl ethnischer Minderheiten, die sowohl Migranten aus der Karibik, Asien, Südamerika als auch die Nachkommen der afrikanischen Sklavenbevölkerung umfaßt. Von den betroffenen Gemeinschaften wird der Begriff *schwarz* mit großem Erfolg zur politischen Solidarisierung verwendet und weltweit von Minderheiten in ihren politischen Sprachgebrauch aufgenommen. Als schwarz bezeichnen sich z. B. die schwarzen Bevölkerungen in den USA, England, der Karibik und Afrika, deren gemeinsamer Bezugspunkt der Terror der Sklaverei und des Rassismus darstellt. Auch den indigenen Bevölkerungen Australiens, Neuseelands und Südamerikas ebenso wie den Bewohnern des indischen Subkontinents dient der Begriff, vor allem im internationalen politischen Diskurs, als Eigenbezeichnung.

In seinen zwei Büchern *There Ain't No Black in the Union Jack* (1987) und *The Black Atlantic* (1993) beschäftigt sich Paul Gilroy mit der schwarzen afro-karibischen/britischen/amerikanischen Diaspora.[166] Die schwarze Kultur umfaßt einen multizentrischen Raum und kann, so Gilroy, nicht auf eine nationale oder ethnische Tradition reduziert werden. Während sich bisherige Vorstellungen von einer übergreifenden schwarzen Identität auf einen Pan-Afrikanismus bezogen, erweitert Gilroy die Definition um schwarze Immigranten in England. Diese schwarze Diaspora eint die allen gemeinsamen Erfahrungen von Verschleppung, Migration, Flucht und Reisen. Die bedeutenden schwarzen Intellektuellen des 19. Jahrhunderts, wie

Marcus Garvey und W.E.B. du Bois, die in den USA politische Bewegungen für die Emanzipation der Schwarzen anführten, stellen ebenso wie zeitgenössische schwarze Musik gemeinsame transnationale Bezugspunkte dar. Die Geschichte der schwarzen Diaspora besteht auf der einen Seite aus der leidvollen Erfahrung der Sklaverei und eines pseudowissenschaftlich begründeten Rassismus, birgt aber andererseits auch positive Identifikationsbezüge, wie den langen gemeinsamen Kampf um politische und soziale Emanzipation und die Erarbeitung eigenständiger kritischer Denktraditionen.

Die Kultur der schwarzen Diaspora stellt für Gilroy eine »Gegenkultur der Moderne« dar, die die westliche (weiße) Ideologie der linearen, progressiven Entwicklung in Frage stellt. Die Erfahrung der Sklaverei hat das Zeitempfinden der Schwarzen konkret verändert. Zeit wird nicht als linear, sondern als »synkopisch« empfunden (ein Begriff, den Gilroy aus der Musikwissenschaft entlehnt). Gilroy beruft sich dabei auf Ralph Ellison: »Unsichtbarkeit, lassen Sie mich erklären, vermittelt einem ein etwas anderes Zeitgefühl, man ist nie so ganz im Rhythmus. Manchmal ist man voraus und manchmal hinterher. Statt eines schnellen und unmerklichen Zeitflusse wird man sich der Knoten bewußt, dieser Punkte, an denen die Zeit stillsteht oder an denen sie vorwärts springt. Und man fällt in die Pausen und schaut sich um.«[167] In der Erfahrung der Diaspora, dem Hin- und Hermanövrieren zwischen »hier« und »dort«, ist lineare Geschichte aufgebrochen. Die Gegenwart wird ständig von einer Vergangenheit überschattet, die auch die Zukunft beeinflußt.

Die »privilegierten Heimatlosen«

Für eine ganz andere Gruppe von Menschen verliert die Nation als Hauptbezugspunkt des Lebens ebenfalls stark an Bedeutung. Bei diesen »privilegierten Heimatlosen« (Pico Iyer) handelt es sich um Geschäftsreisende, Spitzensportler oder sogenannte *Symbolanalytiker*. Anders als bei politischen Flüchtlingen oder Wirtschaftsmigranten ist Transnationalität für sie nicht mit der Angst verbunden, nach einem langen Flug aus Ghana oder Peru von Grenzpolizisten am Frankfurter Flughafen festgehalten zu werden.[168]

Geschäftsreisende, Mitarbeiter von transnationalen Firmen und der Headquarter Economy (Anleger für Lebensversicherer, Pensions- und Investmentfonds) verbringen einen Großteil ihres Lebens unterwegs, halten sich in Flughäfen, Hochgeschwindigkeitszügen und internationalen Hotels auf. Als Weltgeschäftsmann gilt, wer beim Aufwachen im Hotelzimmer nicht mehr weiß, auf welchem Kontinent er sich befindet. Die 40 monatlichen Flugstunden eines Münchner Investmentbankers sind für viele dieser Weltreisenden eher die Norm als die Ausnahme. Ein chinesischer Geschäftsmann bringt diese Ortsungebundenheit auf den Punkt: »Ich kann überall in der Welt leben, solange ein Flughafen in der Nähe ist.«[169]

Firmen bemühen sich heute bewußt um die Konstruktion einer transnationalen Unternehmensidentität. Das Zugehörigkeitsgefühl zu einem weltweit operierenden Unternehmen wie IBM soll den Managementtheorien zufolge engere Loyalitätsbezüge, wie die zu einer Nation, überwinden. Im Rahmen von Workshops und Rundschreiben, mit Hilfe von visuellen Symbolen und einem speziellen Jargon wird eine globale Firmenidentität geschaffen und aufrechterhalten. Auf dem Firmengelände entsteht ein eigener kultureller Mikrokosmos. Der meist von oben gesteuerte Integrationsprozeß verläuft keineswegs konfliktfrei. Dies wird allein schon durch die wachsende Anzahl an Experten deutlich, die zur Schlichtung interkultureller Fragen herangezogen werden.

An transnationalen kreativen Neuschöpfungen arbeiten heute weltweit unzählige Symbolanalytiker. Zu den Symbolanalytikern, wie Hannerz in Anlehnung an den amerikanischen

Ex-Arbeitsminister Robert Reich Menschen bezeichnet, die Symbole (Daten, Ideen, visuelle Ausdrucksformen) weitgehend unabhängig vom nationalen Kontext erschaffen und manipulieren, zählen Wissenschaftler, Berater oder Künstler. Diese tauschen sich auf internationalen Kongressen und in Fachzeitschriften, auf Ausstellungen und Theaterbühnen aus. Sie verbindet über nationale Grenzen hinweg oft mehr miteinander als mit ihren realen Nachbarn, und in ihren Diskursen spielt die geographische Herkunft meist keine Rolle – außer als Erfahrungshintergrund, über den sie sich in Bezug zu anderen setzen.

Wissenschaft ist heute ein Bereich, in dem Menschen sich unabhängig von ihrer Herkunft miteinander austauschen können. Empirisch-analytische Wissenschaft kennt prinzipiell keine nationalen Grenzen: Die logisch-deduktive Vorgehensweise ist potentiell jedem Menschen zugänglich. Chinesische Chemie unterscheidet sich nicht von deutscher, usbekische und australische Mathematiker beziehen sich bei ihrer Erkenntnisgewinnung auf einen gemeinsamen Wissensbereich. Wissenschaft ist eher institutions- als nationengebunden. Forschungsgelder und -institutionen sind für den Wirkungsgrad von Wissenschaftlern oft wichtiger als ihre Herkunft.

Seismographen der Globalisierung

Eine Kategorie der Symbolanalytiker, die das Potential der Transnationalität zunehmend für sich ausschöpft, sind Schriftsteller. Autoren wie Salman Rushdie, Kazuo Ishiguro, Hanif Kureishi, Sandile Dikeni oder Dubravka Ugresic schöpfen aus ihrem eigenen multikulturellen Hintergrund und spiegeln eigene Erfahrungen in ihren Werken wider. Widersprüche der Globalität stehen dabei häufig im Zentrum ihres Interesses.

Die eigene Identität und die der Leserschaft sind oft nicht fest umrissen. Der indische Schriftsteller Vikram Seth schreibt:

»Bin ich ein amerikanischer Schriftsteller, weil ich in Amerika gelebt habe? Oder bin ich ein indischer Schriftsteller? Oder bin ich vielleicht ein Schriftsteller des Commonwealth, dieses seltsamen Monsters? Oder bin ich ein entwurzelter Kosmopolit?« Durch die Übersetzung von Werken in Dutzende von Sprachen wird es für Autoren auch immer schwieriger, sich ihre Leserschaft vorzustellen. Kazuo Ishiguro dazu: »Ich habe diese sehr seltsame, unscharfe Vorstellung von meiner Leserschaft – bestehend aus Brasilianern, Japanern und Italienern –, und dabei sehe ich fast keine englischen Leser«. Ishiguro weiter: »Sobald es mir gefällt, japanisch zu sein, kehre ich den Japaner heraus, und wenn es mir reicht, werde ich einfach wieder zum gewöhnlichen Engländer.«[170]

Die Ortsungebundenheit, die diese Menschen verkörpern und die von vielen Menschen negativ, als Wurzellosigkeit, Entfremdung und qualvolle Suche nach der eigenen Identität bewertet wird, deuten die »privilegierten Heimatlosen« positiv für sich um. So wie der anglo-indische Schriftsteller Pico Iyer schreibt: »Ich kann überall landen und finde ganz dieselbe Mischung aus Vertrautheit und Fremdheit wieder: Lusaka ist mir schließlich kaum fremder als das England der Gastarbeiter, in dem ich geboren wurde, als das Amerika, in dem man mich als ›Ausländer‹ registriert hat, und das Indien, das ich kaum kenne und das, wie man sagt, meine Heimat ist. (...) Ich kann an jedem dieser Orte leben, lieben und arbeiten (...) Mein Büro ist nie weiter fort als das nächste Faxgerät oder Modem (...) Wenn die Stewardeß den Gang entlangkommt und mir das Einreiseformular reicht, was trage ich dann ein? Mein Reisepaß sagt das eine, mein Gesicht etwas anderes; mein Akzent, meine Augen wieder etwas anderes. Wohnort, Reiseziel, selbst ›Familienstand‹ läßt sich nicht leicht ausfüllen, meistens mache ich nur bei ›other‹ mein Kreuz (...) Diese Art Leben weckt ein beispielloses Gefühl der Freiheit und Mobilität; da wir an keinen Ort gefesselt sind, können wir unter vielen Orten wählen. Wir gehören zur ersten Generation, die Tibet für eine Woche besuchen oder Tibeter am anderen Ende der Straße treffen kann. Wir gehören zur ersten Generation, die den Urlaub in Nigeria verbringen kann, um den eigenen Wurzeln nachzuforschen – und vielleicht herauszufinden, daß es sie gar nicht gibt.«[171]

Diese transnationalen Schriftsteller zählen sich selbst zu einer neuen Spezies, die, wie Salman Rushdie sagt, »eher in Ideen als an Orten verwurzelt ist, die an Erinnerungen ebenso wie an materiellen Dingen hängt; Menschen die gezwungen sind, sich über ihre Andersartigkeit zu definieren – da sie von anderen durch sie definiert worden sind; Menschen, in deren Innerem es zu seltsamen Verschmelzungen kommt, zu beispielslosen Verknüpfungen zwischen dem, was sie sind, und dem Ort, an dem sie gerade leben.«[172]

»Die Nation ist eine Krankheit«

Vivek: »Bhagwan. Ich bin als Engländer geboren. Gibt es noch Hoffnung?«

Bhagwan: »Niemand wird als Engländer geboren. Das ist eine Krankheit, die man später kriegt. Wir lernen es, es ist nicht angeboren (...) Meine Sannyasin gehören zu keiner Rasse, zu keiner Nation, zu keiner Religion. Das bedeutet, ein Sannyas zu sein: aus allen Arten von Gefängnissen herauszukommen (...) einfach nur Mensch werden, seine Universalität erklären, sagen: ›Die ganze Welt gehört uns‹ (...).«[173]

Der starke Zulauf, den viele religiöse Gruppen und Sekten heutzutage erfahren, ist Ausdruck dafür, daß Menschen versuchen, ihre Identität und ihre Herkunft zu transzendieren. Spirituelle Lehrer wie der aus der sufistischen Tradition stammende Pir Vilayat Khan, der vietnamesische Mönch Thich Nath Hanh, der tibetanische Lama Sogyal Rinpoche oder der indische Yogi Maharishi Mahesh bieten durch ihre Lehren und kontemplative Techniken wie Meditation Wege zur Überwindung der herkömmlichen Identitätsvorstellungen an. Während einige dieser spirituellen Meister sich als Vertreter ihrer jeweiligen jahrhundertealten Glaubensrichtung verstehen, die sie in ihrer traditionellen Form weitergeben wollen, entwickeln andere eine bunte Synthese aus verschiedenen Religionen und Weltbildern, mit der sie den Bedürfnissen ihrer Anhängerschaft insbesondere in den Industrienationen gerecht zu werden versuchen. Ein bekanntes Beispiel für eine spirituelle Bewegung, die ein kreolisiertes Weltbild propagiert und sich auf verschiedene religiöse Traditionen beruft, ist die Gemeinschaft, die sich um Baghwan Shree Rajneesh (1931–1990), später als Osho bekannt, gebildet hat. Menschen aus über fünfzig Ländern gehören dieser transnationalen Gemeinschaft an und bezeichnen sich als »Sannyasin«.

Die großen Osho-Zentren befinden sich in den alten und neuen Industriestaaten: Australien, Brasilien, Dänemark, Finnland, Frankreich, Großbritannien, Israel, Italien, Japan, Kanada, Malaysia, den Niederlanden, Singapur, Südkorea, Spanien, Schweden, Taiwan und den Vereinigten Staaten von Amerika. Aber sie gedeihen auch in der Peripherie, beispielsweise in Samarkand, Usbekistan.[174] Hier treffen sich zweimal wöchentlich an die fünfzig Menschen in einer Sporthalle, um an Oshos Dynamischer Meditation teilzunehmen. 31 Sarmakander sind als Sannyasin initiiert, es herrscht große Nachfrage nach Oshos Büchern, und einzelne Mitglieder fahren den weiten Weg nach Moskau, um sie zu erwerben.

Die Osho-Sannyas-Gemeinschaft hat seit ihren Anfängen in den 70er Jahren Hunderttausende von Anhängern gewonnen. Diese lebten und leben in der Stammkommune in Poona, Indien (und in den 80er Jahren in Oregon, USA) oder in der ganzen Welt verstreut. Sannyasin gründeten besonders in den Anfangsjahren große Kommunen, wie in Amsterdam, wo 300 Menschen ein ehemaliges Gefängnis bewohnten. Die kommunale Lebensform (Osho: »Die Familie ist Gefängnis«) sollte das Erlernen neuer Verhaltensweisen, das Ausleben freier Sexualität und spontaner Gefühlsäußerungen erleichtern. Sannyasin bildeten eine Wirtschaftsgemeinschaft und sonderten sich durch das Tragen von orangefarbener Kleidung und einer Kette (Mala) mit Oshos Bild darin von ihrer Umwelt ab. Ein Sannyasin erhält bei seiner Initiation einen neuen Namen, der bei seinem spirituellen Weg hilfreich seien soll: Nashwan, Dassana, Anil, Premveda oder Chanda. Sannyas-Kultur zeichnet sich durch eine spezielle Körpersprache, langes Umarmen und innigen Blick bei der Begrüßung aus. Einschneidende kollektive Maßnahmen, beispielsweise die Sterilisation vieler Frauen in den 70er Jahren – Osho zufolge gibt es schon genug Kinder auf der Welt, und diese verhinderten konsequentes spirituelles Wachstum –, sollen die Gemeinschaft verbinden. Bestimmte Berufe, wie verschiedenste Massage- und Therapieformen, werden durch Ausbildung und gruppeninterne Nachfrage gefördert.

Kulturelle und nationale Grenzen sowie Unterschiede zwischen den Geschlechtern werden heruntergespielt. Jeder kann Sannyasin werden, und im Gegensatz zu den Weltreligionen werden Nicht-Mitglieder nicht diskriminiert. Sannyasin gehen oft multinationale Partnerschaften ein und sprechen miteinander in einer dritten Sprache, meist Englisch. Die Zugehörigkeit zur Gemeinschaft definiert sich über eine bestimmte Art der Lebensführung, Geisteshaltung und spirituelle Suche. Die transnationale Gemeinschaft gruppiert sich um ihren Meister und nach seinem Tod (der für Sannyasin als unbedeutend dargestellt wird) um sein Energiefeld, welches sich in Poona, dem Ort seines Wirkens und Sterbens, manifestieren soll. Sannyasin, die nicht permanent in Poona leben, »pilgern« zu diesem Zentrum, um die energetische Verbindung aufrechtzuerhalten. In ihren Heimatorten bleiben sie über Oshos unzählige Bücher, Videos, die monatlich erscheinende *Osho Times* oder die homepages im Internet[175] mit »Osho-Energie« in Berührung.

Die westliche Außenwelt begegnete Bhagwan mit einer Mischung aus Faszination und Angst. Poonas Freizügigkeit wurde in der westlichen Boulevardpresse ausführlich beschrieben. In Oregon standen dann die kriminellen Machenschaften und materiellen Exzesse Oshos im Zentrum der Kritik. Gruppierungen wie die Sannyasin und andere Sekten werden unabhängig von ideologischen Positionen oft auch deshalb abgelehnt, weil sie durch ihre Überzeugungen die traditionellen Loyalitäten zur vorherrschenden Glaubensgemeinschaft, Nation oder Ideologie herausfordern. Diese prekäre Situation verlangt von beiden Seiten eine ständige Auseinandersetzung miteinander und ein kontinuierliches Hinterfragen der eigenen Position. In den letzten Jahren sind die Grenzen noch durchlässiger geworden. Osho stellte seinen Anhängern frei, ihre Uniform abzulegen, und die Berührungsängste der Nicht-Sannyasin wurden schwächer. Heute beschreibt eine Zeitung wie das *Wall Street Journal* den Osho-Ashram in Poona als »ein spirituelles Disneyland für entfremdete Erste-Welt-Yuppies«. Zehntausende Besucher strömen jedes Jahr durch die Türen des Ashrams, neben den altverdienten Sannyasin vielfach erfolgreiche Geschäftsleute, Weltenbummler und Symbolanalytiker.

Virtuelle Gemeinschaften

Wie schon in verschiedenen anderen von uns angesprochenen Bereichen macht das Potential des Internets die weitreichendsten transnationalen Gemeinschaften denkbar. Die einzigen, in vielen Regionen der Welt allerdings noch höchst utopisch erscheinenden Voraussetzungen für die Mitgliedschaft in der globalen Internet-Gemeinde sind der Zugang zu einem vernetzten Computer und der Wunsch nach digitalem Austausch. Virtuelle Gemeinschaften bestehen aus Menschen, die sich in bestimmte Bereiche des Netzes gleichzeitig einloggen und dort, mehr oder weniger regelmäßig, miteinander kommunizieren. Beliebte digitale Treffpunkte stellen momentan die sogenannten MUDs und MOOs dar. MUDs, Multi-User-Dungeons, sind Treffpunkte für interaktive Rollenspiele, in denen die Teilnehmer beliebige Rollen annehmen können. In den MOOs (objektorientierte MUDs) können die Teilnehmer auch die Räume, in denen sie sich bewegen, virtuell erzeugen und verändern. Sogenannte Avatare ermöglichen es den Mitspielern, in visuelle Figuren zu schlüpfen, sich im Netz auch eine eigene optische Identität zu schaffen. Diese dreidimensionalen computeranimierten Puppen können sich verschiedenste Kleidung und Accessoires anziehen und ermöglichen den Ausdruck von Emotionen, die bis dato im Netz mit Hilfe von Bildzeichen ausgedrückt werden mußten, die man sich um 90 Grad gekippt vorzustellen hat: :-) als Symbol für »mir geht es gut«, :-(für schlechte Laune und =:-O für erschrocken sein. Zusätzlich entwickelt sich im Netz eine eigene Sprache voller Akronyme (B/C = because, CU = see you, TIA = thanks in advance, LOL = laughed out loud, <g> = grin) und Spezialausdrücke (loggen, chatten, surfen).[176]

Die virtuellen Gemeinschaften sind empirisch noch wenig erforscht. Eine der Pionierinnen, die amerikanische Anthropologin und Soziologin Sherry Turkle, sieht in ihnen »sehr phantasiereiche, imaginative Welten (...) Die Teilnehmer sind nicht nur Autoren des Textes, sondern zugleich Erfinder ihrer eigenen Rollen. MUDs und MOOs sind Welten, in denen Menschen anonym miteinander interagieren können und in denen man Rollen spielen kann, die so weit entfernt oder so nahe am ›wirklichen Selbst‹ sind, wie man möchte (...) Die Menschen, die neue Identitäten in virtuellen Landschaften ausprobieren, wollen Aspekte ihrer selbst kennenlernen, die sie im ›wirklichen Leben‹ nicht artikulieren können (...) Das Internet ermutigt uns dazu, unsere Identitäten als vielgestaltig und flexibel anzusehen. Ein MUD-Spieler sagte zu mir: ›RL (Internetjargon für ›real life‹) ist nur ein Fenster mehr; und es ist normalerweise nicht mein bestes Fenster.‹ Das Leben im Internet, die virtuelle Existenz auf dem Bildschirm, kann uns dazu bringen, über die vielen unterschiedlichen Rollen nachzudenken, die wir im täglichen Leben spielen. Viele von uns wachen als Geliebte auf, frühstücken als Mutter und fahren als Anwältin zur Arbeit. Das Leben im Internet dramatisiert und konkretisiert diese Verhältnisse.«[177]

Neben dieser potentiellen Zunahme an Reflexivität und Selbsterkenntnis können in den virtuellen Gemeinschaften höchst konkrete Interessen, Anliegen und Bedürfnisse befriedigt werden. Wir beziehen uns hier nicht nur auf Sex, sondern auf Gesprächskreise wie das Alzheimer-Netzwerk, das Angehörigen von Alzheimer-Patienten, die oft isoliert und an ihr Zuhause gebunden sind, ermöglicht, weltweite Kontakte aufzubauen, Informationen auszutauschen, sich miteinander zu solidarisieren und gegenseitige Unterstützung zu geben.[178] Eine Vielzahl von Interessengruppen, wie HIV-Infizierte, Umwelt-, Verbraucher- oder Hausfrauengruppen, bedienen sich schon heute des Kommunikationsmediums zum schnellen und effizienten Austausch. In den diversen Diskussionsforen, wie dem Bosnien-Forum oder dem Forum für kulturelle Diskussionen und current events, zählt weder die geographische Entfernung noch der soziale Status der Teilnehmer. In dem Moment, wo Menschen gemeinsame Interessen verfolgen, können sie sich im virtuellen Raum begegnen, diskutieren, streiten oder verbünden und wenn sie sich sympathisch sind, können sie sich sogar RL, im »richtigen Leben«, treffen.

DRITTES KAPITEL

AUTHENTISCHE WELTEN

Mami Wata

Der aufmerksamen Besucherin Togos wird der Besessenheitskult um die weibliche Gottheit Mami Wata nicht entgehen. In 14 Ländern und von 41 ethnischen Gemeinschaften Westafrikas wird diese Wassergottheit verehrt. Bekommt die Besucherin Einblick in eine der traditionellen Kultstätten, sieht sie eine hölzerne Meerjungfrau mit europäischen Gesichtszügen und langem glatten Haar. Ihre westliche Herkunft wird durch eine schrill rosa oder leuchtend weiße Gesichtsfarbe akzentuiert. Westlich gekleidet, mit Modeschmuck behangen, eine Sonnenbrille auf der Nase und einen Autospiegel in der Hand, sitzt sie inmitten eines Schreins, der mit Talkumpuder, Parfumflakons, Softdrinks, Kerzen und Süßigkeiten bestückt ist. Eine Schlange um die Schultern und das dritte Auge auf der Stirn hat Mami Wata sich von indischen Gottheiten ausgeliehen. Zu Seiten der Kultfigur hängen in Sanskrit verfaßte Briefe und die Korrespondenzen der Priesterin mit Religionswissenschaftlern in Dehli und Toronto. Bei der Anbetung der Figur verliert sich so manches Mami Wata-Medium im Trancezustand, und dabei praktizierte Schwimmbewegungen weisen auf die maritime Herkunft Mami Watas hin. Mami Wata-Verehrer nehmen durch eine Reihe von solchen Ritualen Kontakt mit ihrer Gottheit auf, huldigen ihr und bitten um Reichtum und Wohlergehen. Bei einem großen Bankett wird ein festlicher Tisch mit westlichen Speisen gedeckt, wobei die für togolesische Gaumen ungewöhnlichen Gerichte wie rohes Gemüse nur mit mühsam verborgenem Abscheu verzehrt werden. Am Wochenende finden in togolesischen Hotels Veranstaltungen mit europäischem Standardtanz statt – Mami Wata bittet zum Tanz.[179]

Unsere Touristin wird sich vielleicht verwundert fragen, ob ihr ein bizarres Theaterstück vorgespielt wird oder ob sie, wie ihr der Reiseprospekt versprochen hatte, Zeugin eines »traditionellen afrikanischen Brauchs« ist. Das Ritual wirkt befremdend und unecht. Wie passen Sonnenbrille, Autospiegel und Walzer zu ernsthafter religiöser Hingabe? Die traditionelle Kultur Afrikas scheint unwiderruflich von westlichem Einfluß zerstört. Westliche Konsumobjekte in einer afrikanischen Kultstätte wirken fehl am Platz. Der Andere, hier der togolesische Afrikaner, scheint durch den Einzug westlicher Waren seiner Echtheit und Authentizität beraubt. Der westliche Besucher fühlt sich unangenehm berührt. Die häßliche Seite des Fortschritts, die Entzauberung der Welt, hat jetzt auch Afrika erreicht. Was im Westen zwar beklagt, aber als irreversibles Faktum angesehen wird, wünscht man den angeblich noch im Einklang mit der Natur lebenden Menschen nicht. Globalisierung scheint jedoch die Zerstörung der verbliebenen heilen Welten mit sich zu bringen. Der Papua-Neuguineer im Einkaufszentrum von Port Morseby ebenso wie der Lederhosen tragende Japaner im Münchner Hofbräuhaus und die karaokebegeisterte Chinesin in Shenzen scheinen ihren eigenen Kulturen untreu zu werden und ihre Authentizität gegen kommerzielle Instantwelten einzutauschen.

Ebenso scheint die Übernahme westlicher Institutionen und abendländischen Gedankenguts die Menschen ihren Lebenswelten zu entfremden. Diese Entfremdung meinen wir zu erkennen, wenn westliche Konzepte wie Demokratie oder Verwaltung sich in nicht-westlichen Staaten in pervertierter Form präsentieren. Stempelorgien an vielen innerafrikanischen Grenzübergängen, »Bußgelder«, willkürlich erhoben von unterbezahlten brasilianischen Ordnungshütern, oder personell überbesetzte öffentliche Behörden in den Vereinigten Arabischen Emiraten scheinen Zivilisationspessimisten genügend Beweis dafür, daß westliche Konzepte nicht erfolgreich exportiert werden können.

Auch im formal-ästhetischen Bereich wirkt die Übernahme westlichen Geschmacks oft unbeholfen oder wie eine mißlungene Kopie. Formal mag das Wohnzimmer mit dem Couchensemble, der mit Nippes angefüllten Glasvitrine, dem Beistelltischchen und dem Fernseher den Anforderungen der europäischen Mittelschicht entsprechen, aber im südafrikanischen Township Khayelitsha oder im ecuadorianischen Quito erscheint der abendländischen Betrachterin diese Einrichtung wie ein hilfloser Versuch, den westlichen Standard nachzuahmen – ein Eindruck, der durch die für die Größe der Behausung überdimensionierten Möbel sowie die Schonbezüge und Blumen aus Plastik vervollständigt wird.

Der Verlust von Authentizität wird nicht nur beklagt, wenn kulturfremde Güter und Institutionen in außereuropäischen Gesellschaften auftauchen, sondern kennzeichnet im besonderen Maße die durch die Globalisierung entstehenden deterritorialisierten Kulturen mit ihren schwer abzuleitenden Wurzeln. Sie sind dem renommierten Politologen Anthony Smith zufolge »eklektisch«, »fundamental künstlich« und »oberflächlich«.[180] Einer historisch gewachsenen nationalen Identität wird die oberflächliche und beliebige transnationale Identität von Geschäftsleuten und Unterhaltungskünstlern gegenübergestellt. Wer seiner Ursprungskultur nicht treu bleibt, dem wird unter Umständen Kultur ganz abgesprochen.

Mit der zunehmenden Vernetzung der Welt und den vermehrten Fremdeinflüssen wird Authentizität zum Schlüsselthema und spielt bei der Bewertung von Kulturen eine maßgebliche Rolle. Dem abendländischen philosophischen Ideal der Authentizität zufolge erfährt der Mensch die Sinnhaftigkeit seines Lebens aus der Kenntnis des eigenen Ich.[181] Im populären Verständnis dagegen basiert Authentizität auf Ursprüngen und historischen Wurzeln. Menschen sind in diesem Bild sich selbst treu, wenn sie im Einklang mit den Werten und

Normen ihrer Kultur leben. Der gegenwärtige weltweite Wandel scheint jedoch zu rapide und zu umfassend, als daß das Neue Wurzeln schlagen und in die eigene Kultur integriert werden könnte. In einer maßgeblich vom Markt mitbestimmten Welt wird die Treue des Menschen zu sich selbst erschwert oder gar unmöglich gemacht. Oberflächenphänomene wie Stil und Mode erscheinen für die Konstituierung eines authentischen Selbst ungeeignet. Die durch geschickte Werbung erzeugten Bedürfnisse sind für Kritiker wie Frederic Jameson Ausdruck falschen Bewußtseins.[182] Moderne Massenmedien werden für Vereinsamung und Entfremdung verantwortlich gemacht. Durch die Globalisierung wird der geschützte Raum lokaler und nationaler Gesellschaften aufgebrochen. Eine vom Profitstreben geprägte McWorld erscheint als der ungeeignetste Ort für eine neue Selbstfindung des Menschen.

Der edle Wilde

Massenkonsum und moderne Institutionen wie Banken und Behörden werden in diesem Bild als Endpunkte einer Entwicklung angesehen, die mit der holistischen Erfahrung des Anderen im Einklang mit seiner Umwelt begonnen hatte. In dieser Vision haben »wir« im Westen diesen Entwicklungsabschnitt mit der Moderne hinter uns gelassen, die »anderen« sind heute von der Entzauberung bedroht. In der »holistischen Lebensweise« der anderen gibt es die Entfremdung der Moderne noch nicht; Gebrauchsgegenstände wurden entweder von ihren Benutzern selbst hergestellt oder von einem anderen Mitglied der gleichen Gesellschaft. Auch die Institutionen waren vertraut und nicht entpersonalisierte, funktionale »stahlharte Gehäuse«(Weber)[183]. In dieser Zeit lebten die Menschen in enger Verbindung mit ihrer Umwelt und waren in größere menschliche und kosmologische Beziehungen und Zusammenhänge eingebunden. In der Moderne dagegen erkaufen wir Menschen uns unsere nunmehr oberflächlichen Welten, ohne genuine Verantwortung für die Umwelt oder die Mitmenschen zu übernehmen.

Das Bild einer heilen, naturgerechten, holistischen Lebensweise findet sich bei Kulturkritikern der verschiedenster politischer Lager, Ökologen, Esoterikern und gelegentlich bei Ethnologen. Dabei werden die verschiedensten Kulturepochen und Ethnien als das ein für allemal verlorene Paradies dargestellt, je nach Anliegen der Gruppe, die sie propagiert. Besonders gerne werden historische, aber auch zeitgenössische Jäger- und Sammlergesellschaften wie die San im südlichen Afrika oder die Yanomami in Brasilien und Venezuela für eine erneuerte Vision des edlen Wilden herangezogen. In diesem Bild jagen alle richtigen Männer, und die Frauen pflücken Beeren. Ein typischer Tag gestaltet sich wie ein netter Naturausflug: Männer jagen Seite an Seite, um dann zu ihren Frauen zurückzukehren, die barfüßig und schwanger ums Lagerfeuer tanzen. Es wird geraucht, es wird gesungen – eine wahrlich heile Welt![184]

Die Apologeten dieses verlorenen Paradieses, das nach wie vor im ländlichen Afrika oder in der Südsee vermutet wird, fühlen sich legitimiert, das Moderne schlechthin zu verdammen. Bequemerweise wird dabei vergessen, daß die allgemeine Lebenserwartung in manchen der Jäger- und Sammlergesellschaften bei 22,5 Jahren lag und einer von drei Säuglingen aus Gründen der Bevölkerungskontrolle ausgesetzt wurde.[185] Der diachrone Vergleich der vormodernen mit der modernen Zeit kehrt, so haben Habermas und andere Kritiker wie der amerikanische Bewußtseinsforscher Ken Wilber gezeigt, in der Regel den hohen Preis unter den Tisch, der von der Bevölkerungsmehrheit in Form von harter körperlicher Arbeit und niedrigem Lebensstandard gezahlt wurde, ebenso wie den Verzicht auf individuelle Wahlmöglichkeiten, Rechtssicherheit, Bildung und Teilnahme am politischen Leben. Die Stilisierung zeitgenössischer indigener Völker, wie der Amazonas- oder

Puebloindianer, zu in Harmonie mit der Natur lebenden, von der Zivilisation unverdorbenen Menschen ist eine Projektion. »Harmonie mit der Natur« ist unmöglich, da alle Menschen die Natur beeinflussen. Sie kochen, sie bauen Unterkünfte, stellen Kleidung her, jagen und versuchen durch Rituale ihre Umwelt zu manipulieren. Auch der enge soziale Zusammenhalt, der der Vereinsamung des modernen Menschen gegenübergestellt wird, hat seine Kehrseite. Ein enges Sozialgefüge geht mit rigider Kontrolle, Konformitätszwängen und Repression von Andersartigkeit einher. In einem Leben unter solchen Bedingungen erübrigt sich eine Diskussion um den Großen Lauschangriff und das Recht auf Privatsphäre.

Auch die offensichtliche Faszination indigener Völker für die Waren des Westens stört das idealisierte Bild und wird nur mit Unbehagen zur Kenntnis genommen. Viele Reisende berichten, wie sie von Yanomami-Indianern mit Forderungen nach Sonnenbrillen, Radios, Gewehren, Uhren und anderen Konsumgütern konfrontiert wurden. Der bekannte amerikanische Yanomami-Forscher und Aktivist Napoleon Chagnon schreibt über die venezuelanischen Yanomami: »Was mich am meisten störte, war die ständige, leidenschaftliche und aggressive Forderung der Indios nach westlichen Waren. Tagtäglich wurde ich mit Anfragen bombardiert, bis ich am Ende keinen Indio mehr sehen konnte.«[186] Dies als Pathologie abzutun und den süchtig machenden Charakter von Konsumgütern zu beklagen, erscheint höchst paternalistisch. »Ich kenne keine Gruppe Indianer, die bereit wäre, zu leben wie ihre Vorväter«, sagt der nordamerikanische Ethnologe Jason Clay[187], und nur wenige derer, die eine Lebensform im Einklang mit der Natur propagieren, sind Henry David Thoreau im letzten Jahrhundert oder dem Abenteurer und Aktivisten Rüdiger Nehberg heute in den Wald gefolgt. Ganz konkret gesehen wäre keine heutige Gesellschaft angesichts des explosionsartigen Bevölkerungswachstums in der Lage, ihre Bevölkerung völlig autark zu ernähren. Und ist es nicht überhaupt scheinheilig, so zu tun, als seien wir im Westen durch unseren materiellen Reichtum, unsere hohe Lebenserwartung und individuelle Freiheit behindert? Würde die Eliminierung von Armut oder die weltweite Einhaltung der Menschenrechte (von sozio-ökonomischen bis zu bürgerlich-politischen Rechten) nicht vielmehr einen moralischen und sozialen Fortschritt darstellen? Die Frage stellt sich nicht, ob eine Rückkehr zu vormodernen Handlungs- und Bewußtseinsstrukturen erstrebenswerter ist als der Anschluß an die Moderne, zur Debatte steht vielmehr, wie heute der Forderung nach Selbstbestimmung aller Menschen im Rahmen der Globalität Raum gegeben werden kann.

Natürlich ist eine Rückbesinnung auf vermeintlich harmonische Naturzustände nicht nur ein Zeichen naiver Vergangenheitsromantik, sondern drückt auch das Bedürfnis vieler Menschen nach einem einfachen Leben im direkten Kontakt zur Natur aus. In den Industrienationen wird die Suche nach konsumfreien Flecken auf der Landkarte vor allem durch die Wahl des Ferienorts deutlich. »Ferien auf dem Bauernhof«, »Töpfern in der Toskana«, »Trekking im Himalaya« boomen. Paradoxerweise können diejenigen Menschen die beiden Bedürfnisse der Moderne, Massenkonsum und Einfachheit, am konsequentesten ausleben, die über die größten finanziellen Ressourcen verfügen. Nur sie können es sich leisten, sich eine Nische frei von Technologie und Massenkonsum zu schaffen. Eine großbürgerliche Nord-Londoner Familie, die in ihrem Alltag von den neusten Technologien umgeben ist – jedes Kind hat seinen eigenen Fernseher, und natürlich kommuniziert die Familie übers Internet –, verbringt zweimal im Jahr mehrere Wochen in ihrem Cottage in Cornwall, jenseits jeglichen Zivilisationskomforts. Kein Telephon, keine Elektrizität, keine Besuche stehen hier dem familiären Miteinander im Wege. Der offene und geschäftige Londoner Stadthaushalt wird durch den intimen und weltabgewandten Aufenthalt in Cornwall ergänzt.[188] Eine ähnliche Rückzugsstrategie verfolgen einige arabische Scheichs in den Golfstaaten. Am Donnerstag abend lassen sie mit ihren Familien die hypermoderne Skyline der Städte hinter sich und schlagen ihre Zelte in der Wüste auf. Hier pflegen sie, strom- und wasserfrei, ihre Beduinenvergangenheit.[189] Und auf der Südseeinsel Vanuatu errichten wohlhabende Familien neben ihrem Bungalow kleine traditionelle Hütten, in denen sie auf dem Fußboden sitzend *kava* trinken.[190]

Der Mythos des funktionalen Konsums

Insbesondere die weltweite Zunahme von Massenkonsum scheint mit einem Authentizitätsverlust einherzugehen. Dem allgemeinen Verständnis zufolge bringt Massenkonsum eine unendliche Zunahme irrationaler Wünsche mit sich und verdrängt eine natürliche, vernünftige Form des Konsums. Anstelle der Befriedigung wirklicher Bedürfnisse tritt hedonistisches Shopping. Der Mythos des funktionalen Konsums, der früher bei uns und jetzt noch bei den anderen herrscht, ist eine weitere Facette der Idealisierung vormoderner Lebensformen. Niemand wird bestreiten, daß die Warenwelt für Menschen heute einen größeren Platz einnimmt als früher und daß Phänomene wie Stil und Mode wichtiger geworden sind. Allein die Zahl der Waren hat explosionsartig zugenommen: Die Navaho-Indianer kannten zu Beginn ihrer systematischen Erforschung im letzten Jahrhundert 263 Arten von Gegenständen, der Quelle-Katalog allein umfaßt über 100.000 Objekte.[191] Ganze Branchen, wie die Werbe- und Designindustrie, widmen sich heutzutage der Erzeugung von neuen Bedeutungen und Bedürfnissen und entscheiden maßgeblich über Erfolg oder Mißerfolg der Produkte.

Die Auswirkungen dieses Wandels sind jedoch vielschichtig. Der Ethnologe Miller verweist darauf[192], daß sich weder bei uns noch in nicht-industrialisierten Gesellschaften ein Gebrauch von Waren nach rein utilitaristischen Kriterien nachweisen läßt. In den westlichen Industrienationen hat jahrzehntelange Marktforschung gezeigt, daß Konsumentenverhalten komplex, hoch symbolisch, sozial motiviert und kontextabhängig ist. Ebenso richtet sich die Form der in afrikanischen oder asiatischen Dörfern hergestellten Töpferwaren meist weniger nach funktionalen Gesichtspunkten, sondern nach ästhetischen oder kosmologischen Kriterien.

Auch die von dem holländischen Historiker Simon Schama beschriebene Begeisterung der Niederländer für Tulpen im 17. Jahrhundert, dem Goldenen Zeitalter Hollands, kann man nur schwer auf utilitaristische Motive zurückführen.[193] Die im 16. Jahrhundert aus dem ottomanischen Reich nach Holland eingeführten Tulpen waren zuerst einer kleinen Oberschicht vorbehalten. In den 20er Jahren des 17. Jahrhunderts übertrug sich die Tulpenbegeisterung dann auf breitere Bevölkerungsschichten, und die Knollen wurden zunehmend als Prestige- und Spekulationsobjekte gehandelt. Die Leidenschaft für Tulpen, auch in Nordfrankreich und den westlichen Teilen der deutschen Länder die Modeblume schlechthin, entwickelte sich in Holland zu einer regelrechten Manie. Tulpen wurden, entsprechend dem ausgeprägten Hierarchiebewußtsein der Zeit, in ein aufwendiges Klassifikations- und Bewertungsschema eingeordnet. Flammenfarbene und ungleichmäßig gestreifte, allen voran die rot-weiße »Semper Augustus«, erfreuten sich der größten Beliebtheit; schlichte rote und gelbe Tulpen waren weniger gefragt. Ein ständig wachsender Handel und neue Züchtungen befriedigten den Konsumhunger der Holländer und kulminierten in einem gewaltigen Spekulationsgebäude. Schon im Winter konnte man Tulpenknollen erwerben, die erst im Juni gestochen wurden; während der Wartezeit wechselten die Besitzrechte häufig auf dem Papier. Ein Besitzer verkaufte seine Knollen gewinnbringend an einen anderen Interessenten, ohne jemals die Knolle, geschweige denn die Blüte selbst gesehen zu haben. Innerhalb dieses Spekulationshandels tauschten die weniger bemittelten Gesellschaftsklassen oft nicht Geld, sondern Güter gegen die Knollen ein, zum Teil zu astronomischen Kursen: So trennte sich ein Bauer für zwei hochwertige »Viceroy«-Tulpenknollen von großen Mengen an Weizen und Roggen, vier ausgewachsenen Ochsen, acht Schweinen, zwölf Schafen, vier Tonnen Butter, einem Bett und ein paar Kleidungsstücken! Während dieser ein Jahrzehnt anhaltenden Tulpenmanie wurden Häuser, Land, Gold und Silber gegen Knollen eingetauscht – ungeachtet der scharfen Kritik der oberen Gesellschaftsschichten und calvinistischen Prediger. Im Februar 1637 stürzte das Spekulationsgebäude dann in einem gewaltigen Crash zusammen. Hundert Jahre später hörte man aber aus Holland erneut von einem heißen Handel, diesmal in Hyazinthen.

Auch bei einer Fischergemeinschaft in Sri Lanka stößt man auf den ersten Blick auf ein besonders haarsträubendes Beispiel für irrationalen Umgang mit westlichen Waren.[194] Hier kaufen die durch Fischfang und -handel zu Wohlstand gelangten Dorfbewohner Fernseher, die neben anderen Prestigeobjekten im Haus zur Schau gestellt werden. Und dies, obwohl es im Dorf keine Elektrizität gibt, die Geräte also gar nicht benutzt werden können. Doch die Fernseher zeugen vom Reichtum und der Modernität ihrer Besitzer, ebenso wie die Garagen, die von reichen Fischern gebaut werden, obwohl es in der Gemeinschaft keine Autos gibt. Und bei uns besitzt der Design-Fernseher Symbolcharakter und sagt als Einrichtungsgegenstand Wesentliches über den Geschmack und damit die Identität des Käufers aus. Und der Computer wird in deutschen Haushalten oft weniger funktional als symbolisch eingesetzt und soll Besitzern wie Besuchern verkünden: »Meine Eigentümer sind modern.«

Konsum und Identität

Dem McWorld-Szenario zufolge ist »der Markt« als Motor der Globalisierung Symbol und Ausdruck der ideellen Verflachung der Welt, in der Kultur auf die Funktion eines gut bestückten Supermarkts reduziert wird. Barber schreibt: »Ermächtigung reduziert sich auf dem globalen Markt McWorlds auf die Auswahl der Beilage zu einer Ofenkartoffel: Alles andere ist passiver Konsum.«[195] Einst authentische Welten werden von McWorld zerstört. Leicht, schnell, einfach, vergänglich, oberflächlich – die Kritik am sogenannten postmodernen Leben wird auf die Globalisierungsdebatte übertragen. Fernsehen und Güter des Massenkonsums sind in unserer Kultur Symbole dieser Vergänglichkeit und Oberflächlichkeit und daher für die Konstruktion eines authentischen Selbst angeblich ungeeignet. Als Endpunkt des weltweiten Konsumrausches erscheint der Mensch, ob in Sidney oder Taschkent, als eine von Marktkräften ferngesteuerte Schaufensterpuppe, die, im Pulk mit Millionen anderen Turnschuhträgern im schicken Planet Reebok-Look, dem Ideal des originellen Individualisten hinterherläuft.

Aus ethnologischer Sicht gibt es unzählige Gegenbeispiele, die zeigen, daß Konsumgüter von Menschen fortwährend für die Etablierung und Aufrechterhaltung eines authentischen Selbst eingesetzt werden. Im sozialen Sinne bist du, was du ißt. Konsum ist ein hochgradig symbolischer Akt, und eine Vielzahl von Ethnographien belegen, daß soziale Beziehungen nicht nur im gemeinsamen Trinken, Rauchen und Essen Ausdruck finden, sondern durch solche Akte überhaupt erst geschaffen werden. Der Genuß von Bier, Rindfleisch und Tabak führt zu Allianzen, Partnerschaften und Abhängigkeiten. Ebenso bildet sich die soziale Identität eines Menschen durch den Gebrauch von Konsumgütern. Durch Konsum werden Objekte Teil der eigenen Person; dies gilt im wörtlichen Sinne für Wein und Brot, im übertragenen Sinn für Kleidung, Einrichtungsgegenstände oder Bücher. Ein Bild von Jürgen Klauke, das eine Hamburger Sammlerin in ihrem Haus hängen hat, macht sie zum Mitglied einer kleinen Elitegruppe von Liebhabern und Sammlern zeitgenössischer Kunst. Der Konsum von Avantgarde-Kunst verbindet sie mit einer ganz bestimmten Gruppe von Menschen und sagt etwas über ihren gesellschaftlichen, finanziellen und ideellen Hintergrund aus. Das Bild des Kölner Künstlers ist aber nicht nur Symbol all dessen, es ist auch instrumentell an der Konstituierung der sozialen Identität der Sammlerin beteiligt. Durch das Sammeln von Kunst sowie unzählige andere alltägliche Konsumhandlungen (der morgendlichen Misosuppe, dem abendlichen Champagner, der Wahl des Haarshampoos) wird die Frau zu der Person, die sie in ihren eigenen Augen und denen ihrer Umwelt ist. Durch ihre Konsumentscheidungen lernt sie sich selbst als Person kennen und gibt diese Kenntnis an ihre Umwelt weiter.

Ein faszinierendes Beispiel für die Spiegelung und Aufrechterhaltung sozialer Kategorien durch Konsumgüter findet sich im viktorianischen England. Der Designforscher Forty beschreibt die Probleme bei der Gestaltung viktorianischer Flurstühle.[196] Die Eingangshalle war der einzige Raum, zu dem Bedienstete und der Hausherr sowie seine Gäste gleichermaßen Zugang hatten, und in der Bestuhlung mußte ein Kompromiß gefunden werden, der den unterschiedlichen sozialen Stellungen beider Gruppen gerecht wurde. Die ausgefeilte Lösung bestand darin, daß die Stühle, die von den Höhergestellten gesehen, von den Bediensteten aber benutzt wurden, ornamental gestaltete Rückenlehnen, aber einen harten, ungepolsterten Sitz erhielten.

Ende des 20. Jahrhunderts werden Klasse und Nation als primäre Bezugspunkte der Identität von neuen kollektiven Kategorien, wie Grüne, Computer Kids und Skins allmählich verdrängt. Die insbesondere in den alten Industrienationen zu verzeichnende Pluralisierung der Lebenswelten geht mit einem spezifischen Konsumverhalten einher. Die neuen Lebensstile der Yuppies, DINKs (double income no kids), Empty Nesters

(Berufstätige mit erwachsenen Kindern) und Woofies (well-off older folk), Zielgruppenkategorien der Werbebranche, drükken sich primär mit Hilfe von Konsumartikeln aus. Der Zugang zu diesen Gruppen wird über den gleichen Geschmack geregelt. Kategorien wie diese finden sich in zunehmendem Maße auch außerhalb der alten Industienationen, etwa wenn in Ostafrika die »Wa-Benzi« (die Besitzer deutscher Qualitätsarbeit) von sich reden machen.

Die Ablösung der alten Solidaritätsbündnisse, Arbeiterklasse oder Bourgeoisie durch Lebensstilgruppierungen wird vielfach als Verflachung und Fragmentierung fundamentaler Bedürfnisse und Interessen beklagt. Implizit geht mit diesem Bild die spätestens seit Marx verbreitete Vorstellung einher, daß Produktion irgendwie wertvoller und weniger oberflächlich ist als Konsum. Aber warum sollte der Aufruf »Konsumenten aller Welt vereinigt Euch« nicht den alten Schlachtruf »Arbeiter aller Welt vereinigt Euch« erfolgreich ersetzen können?

Konsum ist eine alltägliche Praxis, durch die wir mit der Welt in Beziehung treten, unsere moralischen Ziele verfolgen, unserem Selbstverständnis Ausdruck verleihen: Kaufe ich im Bioladen oder bei Aldi ein, trage ich Pelz oder Hanf, ein tailliertes Blümchenkleid oder einen Glencheck-Anzug? Mit jeder Entscheidung signalisiere ich der Umwelt mein Verhältnis zum Gebrauch von Pestiziden, zum Tierschutz und mein Selbstverständnis als Frau. Fahren Sie Manta oder BMW, feiern Sie Weihnachten oder lassen Sie's bleiben, essen Sie im Balkan-Grill oder reservieren Sie einen Tisch im neuen In-Restaurant? Auch die Menschen, die sich der Konsumgier vermeintlich verweigern, drücken diese Haltung durch Konsum aus: Sie kaufen ein (auf dem Markt oder im Fair-Trade Laden), tragen Kleidung (selbstgestrickt oder aus dem Second-Hand Laden) und fahren in die Ferien (mit dem Zug oder Fahrrad ins Wendland). Durch vermeintliche Oberflächenphänomene wie Mode und Stil kommunizieren Menschen miteinander, sie signalisieren ihrer Umgebung: »Ich gehöre dieser oder jener Gruppe an, dies sind meine Interessen und Prioritäten.« Bei Konsum handelt es sich also im Normalfall nicht um die »narzistische Befriedigung vereinsamter Egos«[197], sondern um nonverbale Kommunikation. Konsum steht nicht, wie so oft zu hören, menschlichen Beziehungen im Wege, pathologisch-fetischistische Formen ausgenommen, sondern ist unmittelbar mit ihnen verknüpft. In einer Studie über Londoner Sozialwohnungen stellte der Ethnologe Miller bei Besuchen und Interviews mit den Bewohnern fest, daß diejenigen Menschen, die ihre möblierte Sozialwohnung gestalterisch verändert und ihrem Zuhause eine persönliche Note verliehen hatten (indem sie z. B. die Gardinen gewechselt, Wände gestrichen, Bäder erneuert und Möbel umgestellt hatten), auch diejenigen waren, die erfolgreich menschliche Beziehungen eingehen konnten. Im Gegensatz dazu beließen die Menschen, die sich vereinsamt und ungeliebt fühlten, ihre Wohnungen unverändert und arrangierten sich mit den vorgegebenen Gardinen, Böden und Einrichtungsgegenständen.[198]

Auch eine ethnische Identitätskonstituierung kann über den Markt und Konsumgüter verlaufen. Die Ainu, die als Ureinwohner Japans gelten, fördern ihre eigene Kultur, in dem sie diese explizit vermarkten.[199] Bis vor kurzer Zeit galt diese Jäger- und Sammlergesellschaft offiziell als untergegangen. Die japanische Staatsdoktrin erklärte Japan zu einer homogenen Nationalkultur, innerhalb derer keine Ethnien anerkannt wurden. Im Widerspruch zu dieser Doktrin lebte ein Großteil der Ainu als politisch und wirtschaftlich marginalisierte und von der Mehrheitsbevölkerung diskriminierte Minderheit auf der nordjapanischen Insel Hokkaido. Während der 70er Jahre formierte sich eine kulturelle Bewegung, deren Hauptziel die staatliche Anerkennung der Ainu als ethnische Gruppe war. Um Druck auf die Regierung auszuüben, plazierten sie sich einfach selbst auf dem Markt und begannen als »Urkultur« um die Aufmerksamkeit der Touristen zu werben.

»Traditionelle« Dörfer entstanden, in denen auch Touristen

wohnen, typische Speisen verzehren und Ainu-Schnitzereien erwerben konnten. Eine »typische« Ainu-Kultur wurde erfolgreich für den Touristenmarkt geschaffen und für die bewußte Rekonstruktion einer Ainu-Identität herangezogen. Die Ainu haben eigene Schulen errichtet, um ihre Sprache und Traditionen wiederzubeleben und an ihre Kinder weiterzugeben. Ainu-Dörfer werden als Forschungs- und Informationszentren für die Förderung politischer und kultureller Ziele genutzt. Die Anerkennung der Ainu-Identität durch die japanische Regierung (zum ersten Mal bestätigte ein Gerichtsbeschluß im März 1998 die Ainu als Minderheit) ermöglicht es, konkrete politische Forderungen vorzutragen, z. B. nach Landzuteilung für den Anbau einer speziellen Ainu-Getreidesorte. Die Rekonstruktion der Ainu-Identität ist dabei wie jede historische Wiederbelebung selektiv, dynamisch und in sich widersprüchlich. Wie überall gibt auch bei den Ainu Geschichte weniger das wieder, was real geschehen ist, sondern greift heraus, an was man sich erinnern möchte.

Überall auf der Welt findet eine Rückbesinnung indigener Gemeinschaften auf ihre »traditionelle Kultur« statt. Diese Entwicklung wird vor allem durch das Interesse einer ständig wachsenden Anzahl von Touristen vorangetrieben, für die ein gelungener Urlaub häufig einen Einblick in fremde Lebensweisen und Traditionen beinhalten soll. Auf diese Nachfrage reagieren Regierungen und Bewohner mit der Vermarktung ihrer Geschichte und Kultur und locken mit der Zurschaustellung einheimischer Musterdörfer und kultureller Vorführungen Besucher und Devisen an. Jährlich verreisen inzwischen 800 Millionen Menschen, und der Tourismus, weltweit größter Wirtschaftszweig, stellt eine maßgebliche Einkommensquelle vieler Volkswirtschaften dar. Kulturell interessierte Reisende kommen in Nußdorf, San Gimignano und St. Cristobal de las Casas auf ihre Kosten.

Sollten Sie dem deutschen Winter auf einer schönen Südsee-Koralleninsel entfliehen wollen, dann steigen Sie vielleicht im Wala Island Tourist Resort bei Vanuatu, Melanesien, ab und nehmen an der Small Nambas-Show teil.[200] Die Vorführung einer Ahnenverehrung suggeriert den ausländischen Touristen ein Stückchen authentisches Melanesien, der Südseekenner jedoch fragt sich befremdet, welches Potpourri ihm hier präsentiert wird. Der Initiator der Show ebenso wie die Darsteller vermischen verschiedenste Versatzstücke melanesischer Rituale und Symbole zu einem höchst eigenwilligen und eklektischen Ensemble. Die Show erscheint vor diesem Hintergrund wie eine gewiefte Vermarktungsstrategie, um Touristen in ihrer Suche nach Landestypischem zu befriedigen. Ein kultureller Purismus ist hier jedoch fehl am Platz. Wie zahlreiche ethnologische Forschungen in Melanesien zeigen, läßt sich die melanesische Kultur zu keinem Zeitpunkt auf eine feste Tradition beschränken, sie war auch vor dem Kontakt mit dem Westen ständig fremden Einflüssen ausgesetzt und integrierte diese. Wandel stellt die einzige Kontinuität dar. Die Inselbewohner Melanesiens unterhielten schon seit Jahrhunderten geographisch weiträumige Handelsbeziehungen, tauschten lange vor dem Kontakt mit dem Westen Güter, Rituale, Sprache und Techniken miteinander aus. Im Kontakt zu ihren Inselnachbarn nahm die Präsentation der eigenen Kultur einen wesentlichen Stellenwert ein. Mit der weltweiten Vernetzung hat sich der Bezugsrahmen auch für die Melanesier erweitert. Die eigene Kultur wird nicht mehr den benachbarten Atchin, sondern deutschen Touristen vorgeführt. Die Darsteller der Small Nambas-Show erweisen sich so gesehen nicht als verlorene Kinder, sondern vielmehr als echte Nachfahren ihrer Urväter. Shows wie diese stellen eine wichtige Einnahmequelle dar und sollen den Touristen gefallen, sie bieten aber darüber hinaus einen Rahmen, um die eigene Vergangenheit und Zukunft aktiv zu gestalten und zu präsentieren. »Welche Vergangenheit stelle ich als die meinige dar? Was bin ich, und was möchte ich werden?« Die eigene Geschichte wird selektiv aufgearbeitet. Kannibalismus und kriegerische Auseinandersetzungen, wichtige historische Aspekte der melanesischen Kultur, werden beispielsweise für die Selbstdarstellung als inakzeptabel angesehen und in den Vorführungen nicht thematisiert – selbst wenn sie sich bestimmt als lukrativ erweisen würden.

Dies heißt jedoch nicht, daß die Vermarktung von Kultur den betroffenen Menschen nicht auch schaden kann. Im Norden von Thailand leben Frauen des Padaung-Stammes, die aus Burma geflüchtet sind. Die Frauen mit ihren durch Messingringe künstlich verlängerten Hälsen werden schonungslos touristisch vermarktet. Trekkingreisende können für einen Eintritt von 300 Baht (ca. 10 DM) eines der beiden »Longneckdörfer« besuchen. Die Hälfte des Betrags geht an Karenni-Rebellen, die die Frauen über die thailändische Grenze gebracht haben, die andere Hälfte behalten thailändische Geschäftsleute, auf deren Land die Dörfer errichtet wurden. Die Frauen werden wie Gefangene gehalten und nur mit dem Lebensnotwendigsten versorgt. Dieser Mißbrauch von Kultur wird inzwischen nicht mehr nur von Menschenrechtsgruppen angeprangert. Selbst das königliche ethnologische »Hilltribe-Museum« in der Provinzhauptstadt Chiang Mai stellt kritische Zeitungsdokumentationen zu den Dörfern aus, und ein deutscher Reiseführer macht seine Leser aufmerksam: »Eine menschenunwürdige Touristenattraktion, bei der die deformierten Frauen wie Tiere im Zoo begafft werden. Doch Tausende von Touristen kommen her, um diesen Zirkus mitzumachen.«[201]

Wie diese höchst unterschiedlichen Beispiele zeigen, ist die Frage nach der Moral der Vermarktung von Kultur nicht pauschal zu beantworten. Ebenso ist Konsum per se weder gut noch schlecht, der Konsument weder das passive Opfer noch der kreative Individualist. Konsum ist nicht un-, sondern amoralisch. Die Herausforderung für Kultur- und Sozialwissenschaften liegt also darin zu bestimmen, was mittels Konsum ausgedrückt wird, auf welche Weise er soziale Verhältnisse prägt, wie groß die Wahlmöglichkeiten des Konsumenten sind und wo im

Gegenteil Zwang ausgeübt wird. Unter welchen Bedingungen ist Aneignung möglich, und welche Faktoren (z. B. hohe Preise, gesellschaftliche Tabus) stehen ihr im Weg?

Gleichzeitigkeit per Fernbedienung

Nicht nur der Wunsch nach Konsumobjekten an sich, sondern die Prioritätensetzung ruft beim westlichen Betrachter häufig Unverständnis hervor. Viele Konsumgewohnheiten und -entscheidungen in armen Ländern scheinen unvernünftig und der Maslowschen Bedürfnishierarchie (von existenziell-materiellen zu ideellen Bedürfnissen)[202] zu widersprechen: Ein Fernseher soll nur gekauft werden, wenn die Bäuche gefüllt sind. Erst wenn das Bruttosozialprodukt des Landes steigt, dürfen deutsche Luxuskarossen für die Staatsdiener bestellt werden. Klassische Bilder, die dieses Stereotyp bedienen, zeigen ein ausgemergeltes dunkelhäutiges Kind mit einer blonden Barbiepuppe im Arm oder eine Wellblechhüttensiedlung voller Satellitenschüsseln.

Natürlich sind solche Mißstände real. Die »Transformierung des Durstes in ein Bedürfnis nach Coca-Cola« (Ivan Illich)[203] schreitet in vielen Regionen der Welt voran, und teure und nährstofflose Softdrinks verdrängen traditionelle Getränke wie Tee, Kokosmilch, Fruchtsäfte und Wasser. Die ecuadorianischen Frauen in der Hochlandregion Zumbagna, eine der ärmsten Bevölkerungsgruppen des Landes, kochen ihren Kindern nicht mehr den gehaltvollen morgendlichen Gerstenbrei, sondern geben ihnen ungesundes, importiertes und teures Weißbrot zum Frühstück, das keinerlei Nährwerte hat, aber als Nahrungsmittel der Reichen einen hohen Statuswert besitzt. Ebenso werden die herkömmlichen Fruchtsäfte durch importierte Softdrinks ersetzt.[204] Aber eine Sichtweise, die pauschal materielle Bedürfnisse gegen ideelle ausspielt, ist reduktionistisch. Nahrung für den Geist dient der Bewußtseins- und Kulturreproduktion, ebenso wie Suppe und Brot den physischen Erhalt sichern. Beide sind fundamentale menschliche Bedürfnisse und können nicht gegeneinander ausgespielt werden, wie es eine simplizistische Bedürfnishierarchie verlangt.

Der Fernsehapparat gilt häufig als einer dieser überflüssigen Luxusartikel in der sogenannten Dritten Welt. In seiner Studie über Fernsehen in Belize zeigt der Ethnologe Wilk, welche Bedeutung dieses Konsumgut für das Selbstbewußtsein und die Selbstbestimmung der Bürger hat.[205] Fernsehen ermöglicht Belizianern, eine Gleichzeitigkeit mit den Metropolen der Welt herzustellen. Diese Gleichzeitigkeit löst das Zeitempfinden der sogenannten »kolonialen Zeit« ab. Während der Kolonialzeit entwickelte sich ein spezielles Zeitgefühl, demzufolge die Metropole die zivilisierte Gegenwart, die Peripherie die rückständige Vergangenheit darstellte. Belize hinkte den Entwicklungen der Kolonialmacht Großbritannien hinterher, es war »Jahre zurück«. Diesen Zeitvorsprung aufzuholen war den Ländern der Peripherien trotz nachahmender Entwicklung letztlich nicht möglich, da die Metropole sich selbst ständig weiterentwickelte. Diese Trennung in modern und rückständig durchzieht noch heute alle Lebensbereiche, Moralvorstellungen, Sprache oder Kleidung in Belize, so daß das, was in den 70ern in New York City angesagt war, erst in den 80ern in Belize City modern wurde. Vermittler zwischen den Zeiten und Ländern waren Mitglieder der belizianischen Elite, die von ihren Reisen nach Miami die neuesten Modetrends, Redewendungen und technologischen Spielzeuge in ihre Heimat einführte.

Diese zeitliche Verzögerung und Selektion wurde durch die Einführung des Satellitenfernsehens aufgehoben, das Monopol der einheimischen Elite zerbrach. Die Bewohner Belizes können nun zwischen neun Fernsehstationen und ebensovielen Kabelsystemen wählen. Das Angebot besteht zwar aus überwiegend amerikanischen Produktionen und nur zu einem geringen Teil aus belizianischen Sendungen, aber paradoxerweise hat gerade die große Auswahl an »US-Real-time TV« dazu beigetragen, das koloniale Zeitbewußtsein zu überwinden. Die belizianische Familie in ihrer Hütte am Rande von Belize City sieht jetzt nicht nur dieselben Programme wie ihr Pendant in Orlando, sondern tut dies auch noch zur gleichen Zeit. Durch ihren direkten und vielfältigen Einblick können Belizianer sich heute ein realistischeres und differenzierteres Bild Amerikas machen. Das Klischee der amerikanischen Wohlstandsgesellschaft wird durch die Erkenntnis relativiert, daß es auch dort Arme und Reiche, Minderheiten und Eliten, Kriminalität und Analphabetentum gibt.

Das neue Zeitgefühl und das Bewußtsein, selbst am Puls der Zeit zu sein, machen sich in Belize auf vielfache Weise bemerkbar. Während die einheimische Küche früher als rückständig galt, wird sie heute als Ausdruck der »eigenen Wurzeln« geschätzt und als »nationale Küche« gleichberechtigt neben anderen Kochstilen vermarktet. Anstatt der Metropole hinterherzulaufen (in der »kolonialen Zeit« die einzige Möglichkeit von Entwicklung), konkurrieren in Belize heute verschiedene Zukunftsvisionen miteinander. Neben der offiziellen Staatsdoktrin, die eine Entwicklung durch wirtschaftliche Modernisierung und den Aufbau einer Nationalkultur propagiert, verfolgen verschiedene Bevölkerungsgruppen andere Zukunftsstrategien, die alle zu einem großen Teil vom Ausland inspiriert sind und sich importierter Waren und Praktiken zur Ausgestaltung des eigenen Lebens bedienen. Wohlhabende Belizianer, oft aus den USA zurückgekehrte oder dort noch lebende Migranten, reproduzieren ihren kosmopolitischen Lebensstil. Sie bauen nach US-amerikanischem Vorbild ihre Häuser, besitzen Boote und besuchen prestigeträchtige Sportclubs. Dieser transnationale Lebensentwurf unterscheidet sich völlig von der Orientierung der verarmten Dorfbevölkerung Belizes, die jedoch ebenfalls vom Ausland inspiriert ist. Bei der Suche nach einer eigenen ethnischen Identität dienen ihr die gut organisierten und politisch aktiven Mayagemeinschaften in Guatemala und die Garifunda in Los Angeles als Vorbild. Eine wiederum andere Lebensvision verfolgt die städtische Unterschicht mit Hilfe von Fernsehshows wie der Cosby Show, TV-Predigern und MTV. Diese urbane Gruppe mischt die verschiedensten in- und ausländischen Kulturformen miteinander. Ihre Mitglieder tragen die Embleme von L. A. Straßengangs und der NBA, gehen regelmäßig in die Kirche und streben die Ehe mit einem hellhäutigen Partner an.

Selbst wenn die Überwindung der kolonialen Zeit nicht zwangsläufig von materiellen Verbesserungen begleitet wird, ist eine neue Flexibilität und Freiheit entstanden, die durch die Pluralisierung der Lebenswelten neue Chancen eröffnet. Für eine erfolgreiche Partizipation an der Moderne ist das Gefühl, in der gleichen Gegenwart wie der Rest der Welt zu leben, eine Grundvoraussetzung, in Belize ebenso wie in Deutschland.

Wessen Authentizität?

Authentizität ist nicht nur ein Attribut für Menschen und ihre Lebensformen, es wird als Qualitätskriterium auch auf Objekte projiziert. Im populären Verständnis gilt als authentisch, was ursprünglich und historisch verankert ist. Vieles jedoch, was wir als typisch für eine Kultur ansehen, ist bei genauerem Hinsehen gar nicht ursprünglich. Zucchini und Nudeln, Inbegriff italienischer Küche, stammen aus Lateinamerika bzw. China. Kaum jemand macht sich über ihren Ursprung Gedanken, zu lange schon sind sie Bestandteile des italienischen Lebens und werden als solche erfolgreich exportiert. Bei Objekten, die lange genug in den kulturellen Alltag eingebunden und für lokale Zwecke angeeignet worden sind, verliert der Ursprung an Bedeutung. Afrikanische Glasperlen, verwendet für die typischen Perlenstickereien der Nguni, werden heute zum Großteil aus Tschechien importiert. Das Hauptbekleidungsstück der Mosambikanerinnen, die auch bei Touristen beliebten Kapulanas (Tücher), werden in Indien produziert und nur in den Mustern dem afrikanischen Geschmack angeglichen. Eine Freundin von uns bestaunte nepalesische Ketten in Katmandu, die in Idar-Oberstein hergestellt worden waren.

Vor einigen Jahren entdeckten Wissenschaftler in den Magazinen des Victoria and Albert Museums in London große Mengen Stoff mit einem charakteristischen Muster aus großen Blüten mit geschwungenen Stengeln.[206] Anfangs nahmen die Experten an, typische Stoffe aus Persien, China oder Zentralasien entdeckt zu haben. Geschichtliche Nachforschungen ergaben aber, daß die Stoffe gar nicht das originäre Produkt einer bestimmten Kultur waren, sondern Ergebnis der Beziehungen zwischen zwei Regionen. Im ausgehenden 18. Jahrhundert, als in England eine große Nachfrage nach indischen Stoffen herrschte, die den englischen qualitativ weit überlegen waren, hegten die Engländer konkrete Vorstellungen über »authentisch« indische Stoffe. Diese stimmten jedoch nicht mit den Designs der angebotenen Stoffe überein. Die englischen Vorstellungen von indischen Stoffen wurden daraufhin den Indern übermittelt, die ihre Produktion den englischen Wünschen entsprechend auszurichten begannen. Mit der Zeit entstand ein Stil, der nach Meinung der Engländer ein typisch indischer war. Das eigentlich neue Produkt bestätigte die Engländer in ihrem Orientbild – *Orientalismus* pur. Authentizität läßt sich nicht an objektiven Kriterien festmachen, sie wohnt den Dingen nicht inne, sondern ist maßgeblich von subjektiven Interpretationen abhängig oder wird zwischen den Parteien ausgehandelt.

Warum aber brauchen wir überhaupt Authentizität? Die Suche nach Authentizität in der sozialen oder materiellen Welt (z. B. durch die Ethnologie) und in der Persönlichkeitsstruktur (z. B. durch die Psychoanalyse) begann bezeichnenderweise just zu dem Zeitpunkt Ende des letzten Jahrhunderts, als den Bewohnern der neu industrialisierten Länder eine bis dato vorbildlose Vielfalt von Waren, Wahlmöglichkeiten und Lebensstilen zur Verfügung stand.[207] Authentizität entpuppt sich als eine Klassifikation, die der kulturellen Diskriminierung, d.h. Unterscheidung dient. Die Suche nach Authentizität ist eine Orientierungshilfe für Menschen in modernen, komplexen Gesellschaften, in denen durch unzählige Kontakte mit anderen Menschen und Objekten, direkt oder über Medien vermittelt, die bestehende soziale Ordnung aufgebrochen worden ist. Daraus resultieren mehr Wahlmöglichkeiten, und der individuelle Selbstausdruck wird nicht nur möglich, sondern auch gefordert.

Authentizität ist ein Distinktionsmerkmal, das, auf Objekte projiziert, etwas über die Person aussagt, die sich mit diesen Objekten umgibt. Als »gate keeping«-Konzept ist Authentizität häufig ein klassenspezifisches Unterscheidungskriterium. Die Frage ist immer »wessen Authentizität«? Was für die eine Gesellschaftsschicht authentisch ist, muß es für die andere noch lange nicht sein. Als die drei Tenöre José Carreras, Plácido Domingo und Luciano Pavarotti bei ihrer Welttournee auf den Grünflächen der Fußballstadien von München bis New York klassisches Liedgut in deutsch, japanisch oder spanisch vortrugen, waren die Plätze restlos ausverkauft. Die Verpflanzung der Opernsänger, Repräsentanten der europäischen Hochkultur schlechthin, in die Fußballstadien, weltweit ein Treffpunkt des Proletariats, hatte bei den breiten Massen Erfolg, gerade wegen des Verfremdungseffekts. Gleichzeitig wurden die Veranstaltungen vom traditionellen Opernbesucher und den Feuilletonisten als Verfehlung belächelt und als Verflachung der europäischen Hochkultur (»tittytainment«[208]) kritisiert. Es ist wirklich schade, daß die alte Elite mit ansehen muß, wie »ihre« Kunst- und Kulturformen verwandelt und einer breiteren Bevölkerungsschicht zugänglich gemacht werden und damit als Distinktionsmerkmal zwangsläufig an Wert verlieren.

Soziale Schichten wie die untere Mittelklasse und die »Neureichen« der entwickelten Welt oder die Mittelklasse der unterentwickelten Welt stellen die Authentizität der Kultur der herrschenden Klassen in Frage, indem sie sich oft »inauthentische« Kulturformen aneignen und diese für sich in neue kulturelle Ikonen umwandeln. Europäische Groschenromane, Kitsch und der röhrende Hirsch richten sich ebenso gegen dominante Geschmacksvorlieben wie plüschgepolsterte BMWs mit getönten Fensterscheiben in der Karibik oder aufwendig gestylte Särge in Afrika. Die distanzierte und abstrakte kantianische Ästhetik ist eben, wie Bourdieu so treffend herausgearbeitet hat, nur ein Maßstab unter vielen.

Authentizität im globalen Kunstmarkt

Authentizitätskriterien differieren nicht nur innerhalb einer Gesellschaft, sondern auch zwischen Kulturen. Das Zusammenspiel unterschiedlicher Authentizitätskriterien zeigt sich an der Entwicklung des globalen Kunstmarkts, für den Authentizität ein wesentlicher Wertmaßstab ist, besonders deutlich. Den heute gültigen westlichen Kriterien zufolge muß sich ein modernes Kunstobjekt durch Einzigartigkeit auszeichnen, um als original und authentisch anerkannt zu werden. Der Künstler soll aus seinem Inneren schöpfen und einen unverwechselbaren Stil entwickeln. Bestehendes zu kopieren oder sich am Geschmack und der Nachfrage der Kundschaft zu offensichtlich zu orientieren, gilt als unseriös und geschmäcklerisch.[209]

Für die Kunst außereuropäischer Kulturen hat sich allerdings eine Reihe von anderen Qualitätsmaßstäben etabliert, die den Kriterien der betroffenen Künstler in der vorkolonialen Zeit nur zum Teil gerecht werden, an der Realität moderner Künstler aber völlig vorbeigehen. »Echte« afrikanische Kunst wird nach Kriterien bewertet, die dem westlichen Kunstverständnis diametral entgegenstehen und sich an unserem statischen Bild afrikanischer Kultur und Lebensweise orientieren. Afrikanische Kunst existierte bis in die 80er Jahre dieses Jahrhunderts nicht als eigenständiger Teil moderner Kunst, sondern wurde unter der Rubrik »primitive Kunst« oder »materielle Kultur« gehandelt. Trotz der Wertschätzung, die afrikanischen Masken und Statuen von seiten der Avantgarde-Künstler seit den 20er Jahren zuteil wurde, verbrachten sie den Großteil des Jahrhunderts in den staubigen Magazinen der Völkerkundemuseen, in Vitrinen neben Schrumpfköpfen und landwirtschaftlichem Gerät. Die in den Kanon »afrikanische Kunst« aufgenommenen Objekte müssen das stereotype Afrikabild bestätigen. Fruchtbarkeit, Sexualität und Magie, diese »typisch afrikanischen« Eigenschaften, sollen sich auch in den Kunstgegenständen wiederfinden lassen. Bis vor kurzem wurden ausschließlich die Objekte geschätzt, die scheinbar frei von westlichen Einflüssen waren und vorzugsweise aus der vor-und frühkolonialen Zeit stammten. Paradoxerweise verachtet das Gros der Sammlergemeinde nach wie vor Objekte und Kunstgegenstände, die durch den westlichen Kontakt mit afrikanischen Kulturen entstanden sind. Der Kulturkontakt, der Sammeln überhaupt erst möglich macht, sollte eigentlich gar nicht stattgefunden haben. »Authentische« Objekte müssen benutzt worden sein, dürfen aber zugleich nicht zu viele Spuren (Opferblut, Tierfedern oder Hirsekörner) ihres rituellen Gebrauchs aufweisen.

Dem Klischee entsprechend, daß afrikanischen Künstlern ihre ethnische Herkunft wichtiger ist als ihre Individualität, werden die Objekte als »Mende-Maske«, als »Zulu-Korbwaren« oder als »Ashanti-Goldgewichte« bezeichnet und vermarktet. Diese Anonymität des Künstlers gilt als Merkmal »primitiver« Kunst und Ausdruck der Gruppenbezogenheit der Afrikaner. Originalität wird nur insoweit geschätzt, als sie westliche Vorstellungen von der Gefangenheit der Menschen in ihrer Tradition nicht herausfordert. Nur bestimmte Gegenstände werden in die Kategorie »afrikanische Kunst« aufgenommen, vorzugsweise Holz- und Elfenbeinschnitzereien, Töpferei und Goldschmiedekunst. Selbst Volksgruppen, die diese Fertigkeiten nicht besaßen, paßten sich schnell den marktbestimmenden

Kräften an: Heute sind die ostafrikanischen Makonde- und Akamba-Schnitzereien begehrte Souvenirs.[210]

Das hier beschriebene Authentizitätsregime beherrscht den globalen Kunstmarkt und prägt die großen Blockbuster-Ausstellungen des Metropolitan Museums of Modern Art in New York oder des Centre Pompidou, die Sammlungen eines Barbier-Mueller (Genf) oder die Auktionen bei Sotheby's und Christie's. Auch die kunstgeschichtliche Forschung untermauert diese Sichtweise. Während in der westlichen Kunstgeschichte die gegenseitige Beeinflussung und die Entwicklung sowohl von Kunstrichtungen als auch einzelner Künstler im Vordergrund des Interesses stehen, werden in der Betrachtung der Kunst außereuropäischer Kulturen genau diese Aspekte ausgeblendet und das Klischee der »primitiven Kunst« zementiert. Dem massiven Bedeutungswandel, den außereuropäische Objekte auf ihrem Weg vom Künstler zum Sammler durchlaufen, wird wenig Aufmerksamkeit geschenkt.

Bis zu dem intensiven Kulturkontakt zwischen den Völkern der verschiedenen Kontinente bezog afrikanische Kunst ebenso wie die Werke der australischen Aborigines ihren Wert und Sinn aus ihrem unmittelbaren Umfeld. Bei den Aborigines bildete Kunst ein Kommunikationssystem, in dem Wissen über die Ahnen und die Vergangenheit festgehalten und übermittelt wurde.[211] Rindenmalerei und Sandbilder spielten eine wichtige Rolle im Wissenstransfer von einer Generation zur anderen. Objekte und Muster gehörten bestimmten Gruppen, die die Rechte an ihnen kontrollierten.

Durch die zunehmende Vernetzung, den intensiveren Kontakt zwischen Produzent, Händler und Käufer berühren sich ursprünglich autonome Kunstverständnisse und Bewertungsmaßstäbe. Der afrikanische Schnitzer ebenso wie der Aborigines-Rindenmaler produziert heute vornehmlich für den Markt, nicht mehr nur für die lokale Gemeinschaft. Heute befinden sich im australischen Alice Springs allein 28 Galerien, die sich auf Aborigines-Kunst spezialisiert haben. Aber der indigene Künstler kontrolliert die Konditionen, zu denen er sich auf den Markt begibt, nicht. Will er ein breites Publikum ansprechen, muß er sich den fremden Vorgaben anpassen und das produzieren, was auf dem Weltmarkt als typisch australische Kunst Absatz findet. Die Aufnahme von Aborigines-Kunst in den Weltkunsthandel erfolgte bezeichnenderweise genau zu dem Zeitpunkt, als Aborigines-Aktivismus innenpolitisch Resonanz fand und außenpolitisch instrumentalisiert werden konnte. Den seit den 60er Jahren zunehmenden Forderungen der Aborigines-Gemeinschaft nach politischer Anerkennung wurde durch die offizielle Aufwertung der Aborigines-Kunst auf einem politisch relativ unbedeutenden Gebiet stattgegeben. Die Anerkennung der Ureinwohner fügte sich gut in die Strategie der Regierung ein, die die Ablösung von Großbritannien und den Aufbau eines eigenständigen multikulturellen Staates verfolgte. Aborigines-Bilder und Objekte fanden Aufnahme in staatliche Sammlungen, und seit Ende der 80er Jahre wurden sie in großen publikumswirksamen Ausstellungen um die Welt geschickt. Innerhalb Australiens erkämpften sich die Aborigines weitreichende Kontrolle über die Präsentation und Vermarktung ihrer Werke. Bräuche, wie die Nichtnennung Verstorbener, von denen die Arbeiten stammen oder auf die sie sich beziehen, müssen respektiert werden. Die Nische der Aborigines-Kunst hat den Ureinwohnern gegenüber ihren weißen australischen Kollegen einen großen Vorsprung auf dem Weltmarkt verschafft.

Der globale Kunstmarkt, der Dogon-Masken, Picasso und Jeff Koons zueinander in Beziehung setzt, stellt eine der *Strukturen gemeinsamer Unterschiede* dar, wie wir sie im 1. Kapitel anhand der Schönheitswettbewerbe beschrieben haben. Die Kriterien, die über Erfolg und Mißerfolg bestimmen, sind auch hier maßgeblich von westlichen Vorgaben geprägt. Schon allein die Kategorie »Kunst« und ihre Abgrenzung von Kunsthandwerk, materieller Kultur oder primitiver Kunst erfolgt nach westlichen Vorgaben. Ungeachtet ihrer großen Diversität entwickelt sich Kunst entlang der vom Westen vorgegebenen Richtlinien. Authentizitäts- und Qualitätsmaßstäbe richten sich nach den kaufkräftigen Kunstsammlern und Spezialisten in Toronto, Zürich und Tokio. Um als nicht-westlich anerkannt zu werden und erfolgreich auf dem Weltmarkt zu konkurrieren, können sich Künstler, von wenigen Ausnahmen abgesehen, nur in den für sie vorgesehenen Sparten, als »primitive« oder »ethnische« Künstler, in das System einfügen. »Primitive Künstler« sind all das, was moderne Künstler nicht sind: der Tradition verhaftet, dem Gruppenprojekt untergeordnet und von der Funktion geleitet. Nicht-westliche l'art pour l'art verkauft sich nicht.

Der aus Pakistan stammende, in England lebende Künstler Rasheed Araen stellte in den 60er Jahren minimalistische Skulpturen her, die von den Kritikern als »Islamische Kunst« kategorisiert wurden.[212] Er selbst hatte nie an diese Verbindung gedacht, sondern entwickelte seinen Stil aus der Beschäftigung mit englischer minimalistischer Kunst, insbesondere der Anthony Caros heraus. In seiner Kunst wollte Araen über europäische Künstler hinausgehen, wurde aber in die Schublade »ethnische Kunst« gesteckt, die keine Querverbindung zur Kunst der westlichen Moderne zuläßt. Der Künstler wird auf seine biologischen Ursprünge reduziert, es wird angenommen, daß sich seine Ursprungskultur ganz »natürlich« im Werk niederschlagen müsse. Kreative Fähigkeiten können sich diesem Bild zufolge nur im Rahmen der traditionellen Kultur entfalten. Auch afrikanische Künstler haben Schwierigkeiten, die Kategorie »afrikanische Kunst« aufzubrechen. Als der togolesische Kunststudent El Loko 1975 sein Kunststudium bei Joseph Beuys aufnahm und seinen Platz in der Kunstwelt zu finden versuchte, hielt sein Lehrer ihn an, erstmal »auf seine eigene Kultur zurückzublicken.«[213]

Welch paradoxe Folgen diese Haltung haben kann, zeigt sich an der Erfahrung des Künstlers Beezy Bailey, einem weißen Südafrikaner, dessen Arbeit, mit der er sich um die Aufnahme in die National Arts Gallery bewarb, mit der Begründung abgelehnt wurde, sie sei nicht originell genug. Als er sich erneut, aber diesmal als malende schwarze Hausangestellte Nosipho bewarb, wurde sein Bild akzeptiert und hängt bis heute als zeitgenössisches afrikanisches Kunstwerk in Kapstadt.

Das System der *Strukturen gemeinsamer Unterschiede* ist von Widersprüchen geprägt. Durch ihren Kontakt mit dem globalen Kunstmarkt und seinen ästhetischen Normen sowie durch die massiven Veränderungen der eigenen Lebenswelten haben sich das Selbstverständnis und die Ausdrucksformen vieler nicht-westlicher Künstler stark verändert und erweitert. Das Studium an einheimischen Kunstakademien nach westlichem Vorbild, Exilerfahrungen und Auslandsaufenthalte bringen es mit sich, daß immer mehr Künstler sich als transnational empfinden und die Reduktion auf ihre biologischen Ursprünge ablehnen. Die neuen Erfahrungen und Lebensformen spiegeln sich in der Thematik ihrer Kunstwerke wider. Paradoxerweise haben diese Werke auf dem Kunstmarkt häufig Schwierigkeiten, als authentisch anerkannt zu werden, da ihre Wurzeln oft nicht mehr sichtbar sind. Der Westen setzt die eigene Moderne als Maßstab für andere, verweigert aber durch sein Authentizitätsverständnis zugleich den Zugang zu ihr. Authentizität fungiert auch hier als »gate-keeping«-Konzept.

Die den globalen Kunstmarkt leitenden Kriterien und Kategorien sind in den letzten Jahren hinterfragt worden, und der vermarktungsfähige Korpus beispielsweise indianischer und afrikanischer Kunst wurde um einige Objektgruppen erweitert. So erzielen heute sogenannte afrikanische Colon-Figuren, die auf die Kolonialzeit Bezug nehmen, bei Auktionen hohe Preise, und in den jüngsten Ausstellungen afrikanischer Kunst erregt die zeitgenössische Kunst eines Odadélé Ajiboyé Bamgboyé oder Ben Kingelesi Aufmerksamkeit, ebenso wie Mami Wata-Figuren inzwischen begehrte Sammelobjekte sind.

Doch auch jetzt noch hat nicht-westliche Kunst nur dann

Chancen, wenn sie sich in das System gemeinsamer Unterschiede einfügt. Künstler schaffen sich zwar zunehmend eine eigene Plattform, aber auch diese orientiert sich an ihren westlichen Vorbildern. Bislang beschränken sich Galerien, private Sammlungen oder Biennalen noch auf die großen Metropolen, in Afrika auf Städte wie Johannesburg, Nairobi oder Dakar, und beliefern zumeist westliche Kunden. Die Kunstwerke, zum Beispiel eines Cheri Samba, gehen häufig ungesehen von der eigenen Gemeinde direkt vom Atelier des Künsters in die Sammlungsbestände eines weit entfernten Liebhabers.

Die einzige alternative Ausstellungsstätte stellen die bei Touristen beliebten Kunstmärkte dar. Hier werden massenproduzierte Objekte nach Kriterien ausgewählt und hergestellt, die sich vom Kanon der Hochkunst unterscheiden und auf die Bedürfnisse der kunstliebenden Touristen abgestimmt sind. Die »Airport-Art« wird inzwischen auch von den einheimischen Eliten erworben – zum Leidwesen unkommerziellerer Künstler. Die Erfahrung hat die Künstler gelehrt, daß Kunstgegenstände mit glatten Oberflächen beliebter sind, da sie sich besser abstauben lassen. Großen Absatz finden auch Miniaturen traditioneller Objekte. Im Kleinformat passen Holzstatuen und malawische Häuptlingsstühle auch in das Handgepäck der Flugreisenden. Auf den großen afrikanischen Märkten werden Gebrauchsgegenstände und Kunstobjekte aus verschiedenen afrikanischen Ländern angeboten. Holzgeschnitzte Stühle aus Malawi, Seifensteinminiaturen aus Zimbabwe und schwarzgefärbte ebenholzähnliche Aschenbecher aus Mosambik finden bei Touristen, die etwas Typisches aus Afrika nach Übersee mitnehmen wollen, reißenden Absatz. Dem europäischen Anspruch auf Orginalität gemäß, sind die meisten Touristen dabei zu beobachten, wie sie die standardisierten, säuberlich nach einem Vorbild kopierten Objekte miteinander vergleichen und studieren, um das Schönste und Einzigartigste unter ihnen zu erwerben.

Weihnachten: Das globale Fest des Anti-Materialismus

Bei Authentizität handelt es sich um ein gruppenspezifisches, kulturell und zeitlich differenziertes Distinktionsmerkmal. Im Zeitalter der Globalität, in dem Waren, Ideen und Institutionen weltweit verbreitet sind, verliert die herkömmliche, populäre apriori-Definition von Authentizität, die Echtheit mit historischen Ursprüngen und Produktion verbindet, an Überzeugungskraft. Wenn Ursprünge insgesamt schwerer nachvollziehbar und für die Menschen unwichtiger werden, sind wir dann zu einem Leben in Oberflächlichkeit verdammt, wie uns einige Kritiker der Postmoderne weismachen wollen? Ist die Frage nach Authentizität sinnlos geworden, oder lassen sich neue Kriterien für ihre Herleitung finden, die der veränderten Situation des Menschen gerecht werden?

Weihnachten ist für viele Deutsche der Inbegriff von Tradition und abendländischer Kultur. Zugleich ist es das globale Fest par excellence.[214] In den 90er Jahren wird Weihnachten in vielen lokalen Varianten nicht nur in Europa, Nord- und Südamerika, sondern auch in Teilen Südostasiens, Chinas, des Pazifiks und der muslimischen Welt gefeiert. Weihnachten ist ursprünglich ein christliches Fest, das unter anderem auf römische Feste zum Jahresende zurückgeht. Bis Mitte des 19. Jahrhunderts war Weihnachten dort, wo es überhaupt gefeiert wurde, sehr lokal geprägt. Erst ab diesem Zeitpunkt (in Großbritannien inspiriert von der Weihnachtsgeschichte von Charles Dickens) läßt sich beobachten, wie das Fest in verschiedensten Ländern eine relativ einheitliche Form annimmt. Diese moderne synkretistische Fassung nimmt aus der deutschen Tradition den Weihnachtsbaum, den Weihnachtsmann aus dem amerikanischen Kulturkreis und das Verschicken von Weihnachtskarten aus England. Insbesondere durch den britischen Kolonialismus und den Einfluß amerikanischer Truppen im Zweiten Weltkrieg fand Weihnachten Eingang in Kulturkreise weltweit.

Nach a priori-Kriterien, gemessen an seinem Ursprung, wäre keines der regionalen Weihnachtsfeste authentisch, denn das zeitgenössische Weihnachtsfest ist überall eine »erfundene Tradition«, auch wenn Weihnachten der Jahreshöhepunkt der Besinnlichkeit ist und das Gefühl vermittelt, einen jahrhundertealten Brauch unverändert an die nächste Generation weiterzugeben. Die Beschäftigung mit Weihnachten in seiner globalen Verbreitung zeigt, daß die historischen Ursprünge beim Feiern des Festes keine Rolle spielen und daß es sich in unterschiedlichste Kulturen integrieren läßt. Wie Authentizität durch nachträgliche Aneignung, a posteriori, entstehen kann, zeigt das trinidadische Weihnachten.

Weihnachtszeit in Trinidad: Überall werden die Häuser geputzt und gestrichen, neue Möbel gekauft und die Bezüge der alten gewaschen. Das Haus wird mit Stechpalmenzweigen und Weihnachtsmännern dekoriert, und Plastikbäume werden mit Papiergirlanden, Lametta und anderem international bekanntem Zubehör geschmückt. Schnee aus der Dose und Weihnachtskarten an Verwandte und Bekannte vervollständigen die Vorbereitungen. Am Tag vor dem Fest werden die Geschenke drapiert, Handtücher etwa oder eine neue Stereoanlage, die oft schon vor langer Zeit erworben und bis dato im Schrank aufbewahrt worden waren. Es wird üppig gekocht und gebacken, Getränke werden unter großem Aufwand vorbereitet. Puncha Cream, Ingwerbier, Black Cake (vergleichbar dem im Dampf zubereiteten englischen Weihnachtspudding), Johnny Walker-Whiskey, Schinken, Äpfel und Weintrauben tragen zum Gelingen bei.

Ist das trinidadische Weihnachtsfest, mit seinem künstlichen Schnee, dem importierten Whiskey, Äpfeln und Weintrauben weniger »echt« als ein deutsches Weihnachtsfest mit echtem Tannenbaum, einheimischen Äpfeln und (in manchen Jahren und Regionen) echtem Schnee? Machen die Trinidader etwas falsch? Weihnachten ist im trinidadischen Jahreszyklus genauso bedeutsam wie im deutschen. Daß der Ursprung des Festes in Europa liegt, ist für den Erfolg des trinidadischen Weihnachten ebenso unwichtig wie für unseren Appetit die Tatsache, daß Nudeln aus China stammen. Wo Ursprünge zunehmend an Bedeutung verlieren, basiert die Authentizität eines Festes oder eines Gegenstands nicht auf seiner historischen Herkunft oder seinem Herstellungsprozeß. Waren, Institutionen und Praktiken sind vielmehr in dem Maße authentisch, wie Menschen sie sich aneignen und mit eigenen Bedeutungen versehen. Durch den Akt der Aneignung wird der Import in die eigene soziale Identität und in das eigene Kulturprojekt integriert, und beide werden dabei transformiert.

Das kreolisierte Weihnachtsfest in Trinidad, Ostasien, Afrika, bei den Inuit oder in Deutschland wird durch diesen Prozeß der Aneignung authentisch. Seine besondere Relevanz gewinnt das Fest durch die Fähigkeit, einige strukturelle Widersprüche der Moderne zu überbrücken. Wie Daniel Miller im Vorwort zu einer kulturvergleichenden Untersuchung des Weihnachtsfests schreibt, stehen bei der Gestaltung von Weihnachten, so unterschiedlich es auch gefeiert werden mag, fast überall die gleichen Themen im Vordergrund: Materialismus und Familie. Zu Weihnachten spielen Waren eine zentrale Rolle, und schon bei den heidnischen Vorläufern des Weihnachtsfests wie den römischen Saturnalien wird der Vorwurf laut, das Fest sei zu materialistisch.[215] Bei näherer Betrachtung jedoch wird Weihnachten zum globalen Fest des Anti-Materialismus. Konsumgüter, Inbegriff der Entfremdung und des Materialismus, werden benutzt, um die Kluft zwischen Ware und Mensch zu überbrükken. Durch den zentralen Akt des Schenkens werden anonyme, vergängliche, massenproduzierte Waren in Geschenke, in bleibende und individualisierte Objekte, verwandelt. Geld und Waren, Symbole des Globalen, werden »gezähmt« und als Symbol des Lokalen, Sozialen und Familiären angenommen. Der Geha-Füllfederhalter ist im Geschäft noch einer unter Tausenden, unter dem Weihnachtsbaum verliert er seine Identität als Massenprodukt und wird zum persönlichen Geschenk von Tante Heidi an Falk.

Die Familie spielt bei der Aneignung der anonymen Warenwelt eine wichtige Rolle. Weihnachten feiert die Familie als Mikrokosmos, und von dieser sozialen Basis aus kann die Welt der Waren, des anonymen Materialismus, besänftigt und transformiert werden. Weihnachten stellt eine starke Verbindung zwischen den unmittelbaren gesellschaftlichen Beziehungen des einzelnen (Familie) und der globalen Gemeinschaft her. Der lokale Ritus wird als Handlung aufgefaßt, die quasi weltweit zum gleichen Zeitpunkt von Millionen von Menschen vollzogen wird. Die weltweite Verbreitung des Festes stärkt das Gefühl für die Beziehung zwischen dem Mikrokosmos des Einzelnen und dem Makrokosmos der Welt als Ganzes.

Das Gefühl, in einer Welt zu leben, die zusammenwächst und zugleich in Fragmente zerfällt, ist typisch für die Moderne. In einer Zeit des radikalen Wandels und der Transformation etablierter Regeln und Bräuche wird die Überbrückung dieses Gegensatzes immer wichtiger. An Weihnachten kann die Dichotomie zwischen global und lokal überwunden werden. Während Weihnachten auf einer Ebene ein Paradebeispiel für Globalisierung ist, kann es durch sein Kreolisierungspotential an jedem Ort als »typisch« gefeiert werden. Zu keinem anderen Zeitpunkt im Jahr fühlen sich die Menschen so an einen Ort gebunden. Weihnachten legitimiert regionale Bräuche und Traditionen. Wie der schwedische Ethnologe Orvar Löfgren schreibt: In Schweden ist Weihnachten das Fest par excellence, mit dem ein starkes Gefühl für die eigene lokale Tradition verbunden ist (»so haben wir es immer gemacht«), selbst wenn es sich um das Ansehen von Walt Disney-Cartoons handelt![216]

Ebenso machen in Trinidad importierte Äpfel, Weintrauben und Whiskey den spezifisch trinidadischen Festcharakter aus. Welchen Stellenwert diese Produkte für das trinidadische Weihnachten haben, zeigt die folgende Episode des Jahres 1990. Um Devisen zu sparen, verbot die trinidadische Regierung 1987 den Import von Äpfeln und Weintrauben. Als drei Jahre später das Verbot aufgehoben wurde, strömten Tausende zum Hafen, um das erste mit Äpfeln und Weintrauben beladene Schiff zu begrüßen, und kämpften darum, die ersten Käufer zu sein. Der begeisterte Empfang dieser Importe weist nicht auf bitterste postkoloniale Abhängigkeit hin, sondern zeigt, daß sie einen essentiellen Bestandteil des typisch trinidadischen Weihnachtsfests darstellen und das nostalgische Gefühl vermitteln, das Fest genauso feiern zu können wie alle Jahre zuvor. Trinidader transformieren fremde Objekte und Bilder, importierte Weintrauben und künstliche Schneelandschaften in einen integralen Bestandteil ihrer eigenen Identität. Die Aneignung eines globalen Themas schafft eine starke lokale Identität und stärkt den Nationalstolz, denn wie es in Trinidad so schön heißt: »Trini christmas is the best!«

Authentizität durch Aneignung

Authentizität beruht auf gelungener Aneignung kultureigener und fremder Phänomene.[217] Wie solche gelungene Aneignung aussehen kann, zeigt das Weihnachtsfest ebenso wie die Seifenoper *The Young and the Restless* in Trinidad. Der Prozeß der Aneignung vollzieht sich aber nicht nur in der Integration von Einflüssen aus fremden Kulturen, sondern treibt die gesamte menschliche und kulturelle Entwicklung an. Hegel zufolge befindet sich der Mensch in einem kontinuierlichen Entwicklungsprozeß, der durch ein Wechselspiel zwischen Aneignung und Entfremdung vorangetrieben wird. In einem Entäußerungsprozeß erschafft der hegelianische Mensch Neues (neue Institutionen, Objekte oder Praktiken). Entäußert erkennt er sie als etwas Fremdes an, ein Gefühl der Entfremdung entsteht, das ab einem bestimmten Zeitpunkt unerträglich wird. Diese Unzufriedenheit ist die treibende Kraft hinter dem folgenden Aneignungsprozeß. Im letzten Schritt des Entwicklungszyklus erkennt der Mensch das vermeintlich Fremde als ursprünglich Eigenes und kann es wieder integrieren. Die Sequenz kann von neuem beginnen. Mit fortschreitender Entwicklung der Menschheitsgeschichte wird die Kluft zwischen dem Menschen und dem entäußerten Objekt immer größer und die Aneignung dementsprechend schwieriger. Die Komplexität des Entäußerten nimmt ständig zu, so daß die Aneignung dem Menschen eine immer größere Abstraktionsleistung abfordert.

Dieses hegelianische Prinzip der Objektivierung wird von Miller auf den Kulturbereich übertragen. Er definiert Kultur als die Vergegenständlichung (Objektivierung) von Gesellschaft innerhalb der Geschichte. Durch die Gesellschaft kann Kultur sich verkörpern und sich reproduzieren. Der hegelianische Ansatz der Objektivierung entspricht Millers Theorie der Reproduktion von Kultur. Die hegelianische Dialektik erfaßt den kontinuierlichen Prozeß, innerhalb dessen Kultur sich verändert. Werte und soziale Beziehungen sind nicht außerhalb oder vor der kulturellen Form, die sie annehmen, existent und werden daher nicht durch sie reflektiert (wie symbolische Theorien annehmen). Sie werden vielmehr erst in dem Entstehungsprozeß geschaffen. Zu einer Zeit, als die meisten Menschen eine direktere Beziehung zu den sie umgebenden Objekten und Institutionen hatten – sie das Korn, das sie verzehrten, selbst anbauten –, war der Schritt der Aneignung nachvollziehbarer als in unseren heutigen Konsumgesellschaften, wo die meisten Menschen nur sehr wenige Dinge konsumieren, die sie selbst herstellen. Wir sind daher alle zu unterschiedlichen Graden Konsumenten und leben mit Dingen und Bildern, die andere produziert haben. Innerhalb dieser sekundären Beziehungen ist sowohl das Gefühl der Entfremdung als auch der zu leistende Schritt der Aneignung größer.

Konsum ist heutzutage ein Kernbereich, in dem und mit Hilfe dessen Menschen um die Kontrolle ihrer Selbstbestimmung und ihrer Werte kämpfen. Konsum als sekundäre Beziehung geht nicht mit dem Ideal einer Authentizität einher, die durch eigene Herstellung zustandekommt. Dem herkömmlichen Authentizitätsverständnis nach muß Konsum immer einen Bruch bedeuten. Miller demonstriert, daß Menschen jedoch gerade Objekte des Massenkonsums benutzen, um diesen Bruch und die Entfremdung zu überwinden. Dabei werden dieselben Objekte benutzt, die für viele das Bild von der Moderne als Bruch überhaupt ausmachen. Ein Fest wie Weihnachten macht deutlich, daß Konsum ein wesentlicher Bereich ist, über den wir heutzutage eine Beziehung zur Umwelt aufbauen. Diesem Verständnis zufolge ist das Hauptkriterium für die Bewertung der Nützlichkeit und Authentizität zeitgenössischer Waren der Grad, zu dem sie sich aus dem Produktionsprozeß, dem sie in der industrialisierten Welt notwendigerweise entstammen, herauslösen und von Menschen für ihren eigenen kulturellen Prozeß aneignen lassen.

Der tägliche Einkauf stellt den bewußten Konsumenten, insbesondere in den Industrienationen, vor zahlreiche Widersprüche und ein moralisches Dilemma. Der Erwerb möglichst preisgünstiger Waren ist für die meisten Haushalte eine ökonomische Notwendigkeit; die Fähigkeit, die günstigsten Waren aus dem breiten Angebot auszusuchen, wird zugleich als wesentliche Tugend (der »sparsamen Hausfrau«) empfunden. Billige Waren in westlichen Supermärkten stammen jedoch zu einem großen Teil aus nicht-westlichen Ländern und sind das Ergebnis niedriger Rohstoffpreise und günstiger Produktionskosten (billige Arbeitskräfte u. ä.). Der westliche Konsument profitiert so von den schlechten Lebens- und Arbeitsbedingungen der Billiglohnländer. Die niedrigen Rohstoffpreise, meist für Produzenten der Länder des Südens, sind dabei eine der Hauptursachen für die ungleichen Reichtumsverhältnisse auf der Welt. Dieser Handelskreislauf bringt zwei fundamentale Herausforderungen für den westlichen Konsumenten mit sich: Wir sind zum einen mit der unwiderruflichen Tatsache konfrontiert, daß wir Dinge konsumieren, die wir nicht selbst produzieren – eine Situation, die unsere Entfremdung in der Moderne schlechthin verkörpert. Darüber hinaus ist der Konsum von Produkten, die in der »Dritten Welt« hergestellt werden, bei »politisch korrekten« Käufern mit dem Stigma der Ausbeutung behaftet. Paradoxerweise eröffnet gerade die Welt des Massenkonsums einen Ausweg aus diesem Dilemma. Durch die Politisierung von Konsum hat sich in den letzten 20 Jahren ein breiter Markt von Verbrauchervereinigungen, Bioläden und Fair Trade-Versandhäusern etabliert. Ihr Erfolgskonzept beruht zum Teil auf der Lokalisierung von Produkten (»Milch aus der Uckermark«) und auf ihrer moralischen Handelspraxis. Kosmetik, die auf Tierversuche verzichtet, Naturtextilien von Dritte Welt-Kooperativen und gesunde Nahrungsmittel aus ökologischem Anbau und artgerechter Tierhaltung etablieren eine neue Ethik des Konsums. Einkaufen im Bioladen, der Griff zu den ökologischen Angeboten im Supermarktregal und der Erwerb eines Fußballs (mit dem Schild: »Nicht von Kinderhand hergestellt«) sind ein Versuch, zentrale Widersprüche des zeitgenössischen Kapitalismus zu überwinden. Indem Produktionsketten und Handelszyklen offengelegt werden, können Güter wieder als etwas Eigenes erkannt werden. In dem Moment, in dem die Beziehungen zwischen Produzenten und Konsumenten transparent gemacht werden, kann der Konsument auch Verantwortung für seinen Konsum übernehmen. Der Einkauf im Bioladen und dem Oxfam-Laden gewährleistet dem Käufer, daß ein Teil des Profits von den Konsumenten in der Ersten Welt an den Zulieferer in der Dritten Welt transferiert wird. Diese neue Übersichtlichkeit und Verantwortung wird mit großem ökonomischen Erfolg von vielen Unternehmen, wie dem »Body Shop«, »nur natur«, und »Hess natur« praktiziert.

Das deutsche Unternehmen »nur natur« bietet Naturkost aus ökologischem Landbau im Direktversand an. Dem Katalog kann der Kunde, neben detaillierten Produktbeschreibungen (Herkunft, Zusatzstoffe u. a.) und Zubereitungstips, Näheres über die Projektpartner (Produzenten), Preisgestaltung, Handelswege und das Selbstverständnis der Firma als »Fair-trade«-Händler entnehmen. Projektreisen in indische Teegärten werden ebenso angeboten wie Fachliteratur und Zusammenfassungen neuester wissenschaftlicher Erkenntnisse der Lebensmittelforschung. Das Unternehmen bekennt sich »zum fairen Handel und zu der Verantwortung, die wir alle gegenüber den ärmeren Ländern haben. Wir sind keine karitative Organisation, sondern ein Unternehmen, das Gewinne erwirtschaften möchte. Aber wir widersprechen den sogenannten Marktgesetzten, die angeblich zu einer Preisstruktur führen, bei denen die Schwachen stets die Verlierer sind. Wir kaufen in unseren Partner-Teegärten direkt ein. Kein Auktionator, kein Agent, kein Importeur, kein Zentrallager und kein Großhändler muß über unseren Verkaufspreis bezahlt werden. Den dadurch erwirtschafteten Preisvorteil geben wir zum Teil an unsere Kunden weiter und lassen ihn in soziale und ökologische Projekte in unseren Teegärten fließen.«[218]

Auch der eingangs beschriebene Mami Wata-Kult bedient sich westlicher Konsumartikel und Praktiken für die Überbrükkung der Gegensätze der Moderne.[219] Objekte des Massenkonsums werden für ein traditionell afrikanisches Ritual eingesetzt. Mami Wata ist eine der großen Voodoo-Gottheiten Westafrikas. Ihr Erscheinungsbild läßt sich auf die Chromolithographie einer Schlangenbändigerin aus dem Jahre 1885 zurückführen, welche als Poster für eine der »Völkerschauen« in Hagenbecks Tierpark in Hamburg entworfen worden war. Nachdem es ins sub-saharische Afrika gelangt war, wurde das Bild in vielen Versionen reproduziert und unter anderem in Westafrika verbreitet. Für die Europäer war die Schlangenbändigerin das Sinnbild des Orientalischen, in Afrika dagegen wurde sie zum naturgetreuen Abbild einer europäischen Wassergottheit erklärt.

Als moderne Gottheit ist Mami Wata für die Bewältigung von Gegenwartsproblemen zuständig: Sie hilft bei der Aufnahme in Schule oder Universität, bei Prüfungen, beim Kauf eines neuen Autos oder verhilft zu einem lukrativen Job. Wie andere Voodoo-Gottheiten auch bestraft sie diejenigen, die ihr nicht genügend Ehrerbietung darbringen, mit Unfruchtbarkeit, Krankheit und Elend. Um mit ihren Anhängern in Kontakt zu treten, bedient sie sich moderner Kommunikationsmittel: Auto und Flugzeug, Fax und Telephon – wahrscheinlich auch schon schnurlos. Mami Wata-Anhänger sind aufmerksame Beobachter der Bräuche und Sitten der weißen Verwandten ihrer Gottheit. Die Sonnenbäder europäischer Pauschalreisender an togolesischen Stränden gelten ihnen als französische und deutsche Variationen der Mami Wata-Verehrung. Was sonst sollten diese Weißen auch machen, wenn sie stundenlang ins Meer und in die Sonne starren?

Europäische Objekte und Praktiken werden für afrikanische soziale und spirituelle Bedürfnisse eingesetzt und dabei in ihrer Bedeutung verändert. Die in dem Kult geschaffene Synthese drückt die Identität der Interpreten und nicht die der Interpretierten aus. Reichtum und Wohlstand, die nach Verständnis der Afrikaner immer noch zu einem großen Teil von fremden sozialen, ökonomischen und politischen Kräften dominiert werden, können mit Hilfe Mami Watas für die eigenen Interessen eingesetzt und genutzt werden.

SCHLUSS
DIE GLOBALKULTUR

Die mit der Vernetzung der Welt einhergehenden kulturellen Entwicklungen sind vielschichtig, widersprüchlich und bedeutungsvoll – sie leiten eine neue Ära in der Menschheitsgeschichte ein. Globalität ist weit mehr als ein wirtschaftliches Phänomen, und das Zusammenwachsen der Welt findet nicht nur im Schatten Madonnas und Unilevers statt, wie Globalisierungskritiker vielfach behaupten. Der Fundus an kulturellen Universalien in den verschiedensten Lebensbereichen wächst kontinuierlich, und Fähigkeiten wie Lesen, Schreiben und das Befolgen von Hygienemaßnahmen sind nicht mehr nur Merkmale, die einige wenige auszeichnen. 80 Prozent aller Kinder weltweit werden heutzutage gegen Polio, Tetanus und Diphterie geimpft, und die Alphabetisierungsrate steigt beständig (selbst wenn nach wie vor eine Milliarde Erwachsene weder lesen noch schreiben können). Menschenrechte und Rechtsstaatlichkeit sind weltweit diskutierte Konzepte.

Dennoch wird Kultur in der Globalisierungsdebatte immer noch als ein ortsgebundenes Phänomen dargestellt, das von der weltweiten Vernetzung bedroht wird. Als letzte Bastion des Lokalen soll Kultur als Nische bewahrt und vor Fremdeinflüssen geschützt werden. Dieser Kulturkonservatismus und -romantizismus geht jedoch, wie wir gezeigt haben, an unserer Realität vorbei. Er verleugnet die komplexe Dynamik des kulturellen Wandels und blockiert die selbstbestimmte Ausgestaltung neuer Lebenswelten. Rapmusik kann einseitig als Verrohung und Amerikanisierung deutscher oder koreanischer Teenager verteufelt werden. Man kann sie aber auch als Forum und Ausdruck einer transnationalen Jugendkultur begreifen, die neue Solidaritäten zwischen der schwarzen und weißen Fangemeinde aufzubauen vermag.[220]

Die neuen ästhetischen oder literarischen Ausdrucksformen gesellschaftlicher Minderheiten (von uns im zweiten Kapitel als *talk back* beschrieben) werden vor allem im Westen gerne als Nischenphänomene dargestellt und als Ausdruck des »Zeitgeists« abgetan. Sie sind jedoch Vorboten einer neuen, kreolisierten Mainstream-Kultur, die die Vermischung und Ortlosigkeit des globalen Zeitalters adäquat ausdrücken. Dieser kulturelle Wandel bringt es mit sich, daß Tausende von bangladesischen Müttern ihre Töchter, auch gegen den Willen ihrer Ehemänner, in die Schule schicken, Deutsche ihre Kopfschmerzen mit Akupunktur bekämpfen und die Ainu Seifensteinskulpturen zum Verkauf anbieten. Authentizität richtet sich nicht mehr nur nach Herkunft, sondern nach dem Grad der Aneignung. Die Bewertung neuer Kulturformen muß von der Kardinalfrage der »Ursprünge« befreit werden.

Die Globalkultur als weltweites Referenzsystem

Im Zusammenspiel zwischen den verschiedensten lokalen Gesellschaften und weltweit verbreiteten Medien, Waren und Ideen ist eine neue kulturelle Realität, eine *Globalkultur*, im Entstehen. Immer mehr Menschen beziehen sich heute auf eine wachsende Anzahl universeller Kategorien, Konzepte und Standards sowie überall verfügbarer Waren und Geschichten. Diese Globalkultur ist weder den Bewohnern des Nordens vorbehalten, noch bricht sie ungehemmt über die Menschen des Südens herein. Die im Schatten von Coca-Cola, der UN-Kommission für Menschenrechte und Sky TV entstehende Globalkultur ist vielmehr ein weltweites, übergeordnetes *Referenzsystem*, daß als imaginäre Bühne bzw. als Diskussionsforum verstanden werden kann, in dem Unterschiede zur Sprache gebracht, Gemeinsamkeiten gefunden werden und die Vielfalt der Welt zueinander in Bezug gesetzt wird. Diese Vernetzung ist geprägt von den in den vorangegangenen Kapiteln beschriebenen Dynamiken und Mechanismen im Umgang mit Fremdem und Neuem. Widerstand, Aneignung, unterschiedliche Interpretationen und miteinander konkurrierende Modelle verhindern, daß der wachsende Fundus an Universalien in eine Kulturschmelze mündet.

Die Zahl der globalen Standards und Strukturen, Waren und Geschichten ist in den letzten Jahrzehnten sprunghaft gestiegen. Manche Elemente des Referenzsystems, wie globale Wettkämpfe (Olympiade, Nobelpreis, Guiness-Buch der Rekorde) oder der komplexe Korpus internationaler Rechtsnormen mit mehr als 20.000 Konventionen und Verträgen, sind hochgradig institutionalisiert. Internationales Handelsrecht beispielsweise stellt ein ausgeklügeltes, eigenständiges Rechtssystem auf transnationaler Ebene dar, das sich über Jahrhunderte aus den internationalen Handelsbeziehungen heraus entwickelt hat. Auch der amorphe Fundus an Geschichten, Waren und Helden bildet einen Teil des globalen Referenzsystems. Die Mitglieder des englischen Königshauses[221] oder der NBA, argentinische Fußballer und japanische Cyberspace-Charaktere avancieren zu kulturellen Universalien, mit denen sich Menschen weltweit identifizieren. »Hast du mal 'nen Klinsmann-Sticker« wird der deutsche Reisende in Vietnam gefragt, und in Harare oder Kairo wird ebenso über die Todesfahrt Lady Di's spekuliert wie in London oder Paris.

Innerhalb der Globalkultur manifestieren sich unterschiedliche Positionen, die aber zugleich den ständigen Hegemonialbestrebungen der Teilnehmer ausgesetzt sind. Die Globalkultur ist kein machtfreier Raum, in dem jeder höflich um seine Meinung gebeten wird. Jede Differenz muß ausgehandelt, die eigene Position verteidigt werden, und wer nicht laut genug schreit, geht unter. Globalkultur ist nicht unter gleicher Partizipation aller Kulturen entstanden und fördert auch nicht automatisch die Entwicklung hin zu einer faireren Welt. Ein

Großteil ihrer Strukturen und Elemente sind westlichen Ursprungs. Andere Kulturen sind jedoch zunehmend an ihrer Ausgestaltung beteiligt und fordern westliche Maßstäbe und Perspektiven heraus.

So wird das westliche Verständnis von »Entwicklung« als linearer und wirtschaftlich meßbarer Prozeß in intensiven politischen Diskussionen im Norden und Süden schon seit den 70er Jahren angeprangert. Im letzten Jahrzehnt wurde das alte Modell offiziell von einem neuen Entwicklungsgedanken abgelöst, demzufolge Entwicklung als »ein Prozeß, der die Wahlmöglichkeiten der Menschen vergrößert« (Javier Perez de Cuellar) definiert wird. Entwicklung wird im weltweiten entwicklungspolitischen Diskurs inzwischen auch qualitativ bewertet, und »politischer, wirtschaftlicher und sozialer Frieden, Gesundheit, Kreativität, Selbstachtung und Menschenrechte« ergänzen die alten ökonomischen Bewertungskriterien[222] und werden den realen Unterschieden und Prioritäten der Kulturen der Welt eher gerecht.[223] Ebenso hat sich in den letzten Jahren der Begriff *Good Governance* (zu deutsch »Gute Regierungsführung«) als zentrales Konzept für den internationalen Dialog herauskristallisiert und scheint das einseitig westlich geprägte Demokratiekonzept zu relativieren. Vor den 90er Jahren existierte der Terminus im öffentlichen Diskurs überhaupt nicht. Heute stellt er einen Minimalkonsens für die wachsende Zusammenarbeit auf zwischenstaatlicher und lokaler Ebene dar, wie sie die Agenda 21 propagiert.[224] Gute Regierungsführung ist ein Minimalstandard, der die Vielfalt der bestehenden politischen Systeme besser auffängt als ein enges Demokratieverständnis. Dieses weite Konzept bezieht die Regierungsformen der neuen *global players*, wie die der autokratischen asiatischen Staaten, ein, die durch ihren wirtschaftlichen Aufstieg die westlichen Konzepte in Frage stellen und die Koordinaten des Referenzsystems nun mit beeinflussen können.

Ebenso wie Entwicklung und Demokratie sind auch Menschenrechte zum Gegenstand interkultureller Dialoge geworden. Obwohl die einzelnen Menschenrechte theoretisch gleichgeordnet sind, hat sich, wie im zweiten Kapitel beschrieben, eine Diskussion über die Rangfolge der politischen sogenannten Freiheitsrechte und der sozio-ökonomischen Rechte entfaltet. Viele nicht-westliche Staaten weisen seit den 70er Jahren und neuerdings wieder verstärkt darauf hin, daß der Westen die politischen Freiheitsrechte (die sich an das Individuum richten) gegenüber den sozio-ökonomischen Gruppenrechten privilegiert. Staaten wie Singapur oder Malaysia argumentieren, daß in ihren Kulturen kollektive Rechte den Individualrechten übergeordnet sind und westliche Kritik und Sanktionen unter dem Deckmantel der Menschenrechte an ihrer kulturellen Realität vorbeigehen. Diskussionen wie diese zeigen, daß Menschenrechte auf der globalen Ebene einer ständigen Auseinandersetzung durch konkurrierende Vorstellungen ausgesetzt sind und unterschiedlich ausgestaltet werden können. Eine Kultur, der die Großfamilie heilig ist, kann die Abschiebung der Eltern ins Altersheim als menschenrechtswidrig betrachten. Ebenso hat Polygamie, die wegen der Gleichberechtigung der Geschlechter im Westen kompromißlos verboten ist, in der Ethik der Gruppensolidarität einen legitimen Platz.[225]

Durch die Nutzung eines gemeinsamen *Referenzsystems* werden wir nicht alle gleich, wir präsentieren nur unsere Unterschiede zunehmend auf eine einander ähnliche Weise. Die Globalkultur stellt ein System von Kategorien dar, innerhalb derer wir kulturelle Unterschiede definieren müssen, um einander zu verstehen und gegenseitige Anerkennung zu erlangen. Aus dem ganzen Kosmos potentieller Unterschiede werden bestimmte hervorgehoben, andere ignoriert oder unterdrückt. In der Globalkultur wirkt eine Dynamik, die wir schon lange aus anderen Bereichen kennen. Das in der Natur vorkommende kontinuierliche Spektrum von Unterschieden – im physikalischen, biologischen und sozialen Bereich – wird von

Menschen durch Klassifikation und Standardisierung in ein System »diskontinuierlicher Unterschiede« verwandelt. Der italienische Soziologe Marco D'Eramo beschreibt diesen Prozeß anschaulich am Beispiel von Handelsgüteklassen. In der Natur wachsen Äpfel und Bananen unterschiedlichster Farbe, Größe, Festigkeit, Geschmack etc. Doch moderne Handelsformen, wie das Warentermingeschäft, das vom Handel mit zukünftigen Äpfeln und Bananen lebt, verlangen eine Standardisierung. Lebensmittel werden in Güteklassen eingeteilt. Durch diese Klassifizierung werden bestimmte Unterschiede hervorgehoben, z. B. Größe, andere dagegen, wie Geschmack oder *chi*, die aus der chinesischen Medizin stammende Bezeichnung für Energiegehalt, werden unterdrückt. Den Anforderungen der Standardisierung gemäß werden Obst- und Gemüsearten nach den neuen Kriterien gezüchtet. »Ganze Sorten verschwinden aufgrund einer ursprünglich völlig willkürlichen Einteilung nicht nur vom Markt, sondern auch aus der Natur.«[226]

Innerhalb der Globalkultur läßt sich die gleiche Dynamik beim Konzept »Kultur« beobachten. In den letzten zwanzig Jahren ist eine *Kultur der Kulturen* entstanden, die einen wichtigen Bezugsrahmen für Gruppen weltweit darstellt.[227] Zwischen 1970 und 1980 wuchs die Bevölkerung der nordamerikanischen Indianer von 700.000 auf 1.400.000 an.[228] Dies ist nicht etwa das Ergebnis rapiden Bevölkerungswachstums, sondern folgt aus der Tatsache, daß immer mehr Amerikaner sich zu ihrer indianischen Identität bekennen. Im Kampf um weltweite Anerkennung und Geldtöpfe ist »Kultur« heute zum primären Bezugspunkt für indigene Völker und für Gruppierungen wie die schwarze Bevölkerung Großbritanniens, Homosexuelle, Sudetendeutsche und ostelbische Junker avanciert. Alle diese Interessengruppen verbindet die Suche nach Anerkennung ihrer Identität durch die Öffentlichkeit und der Anspruch, ihre Rechte im nationalen oder internationalen Raum durchzusetzen. Sie berufen sich dabei auf ihre kulturellen Besonderheiten und stützen sich u. a. auf den in internationalen Rechtsnormen und Abkommen festgehaltenen Schutz vor Diskriminierung. Mit Hilfe der medialen Vernetzung entstehen zahlreiche strategische Allianzen über nationale Grenzen hinweg, so daß heute australische Aborigines mit kanadischen Akwesasne-Indianern[229] korrespondieren und HIV-Infizierte sich mit Betroffenen weltweit austauschen und solidarisieren.

Viele der Bemühungen dieser Gruppen richten sich explizit an die »Weltmeinung« und werden von dem weltweiten Interesse an Identität genährt. Indigene Völker, von denen derzeit ca. 5.000 anerkannt sind, sind in UN-Gremien wie dem »World Council of Indigenous Peoples« vertreten und versuchen sich dort ihre Rechte über Deklarationen und Eingaben zu sichern. Viele dieser Bewegungen haben erkannt, daß ihre Anliegen nur auf der globalen Bühne Gehör finden und mit Hilfe globaler Strukturen durchgesetzt werden können. Das Motto »global denken – lokal handeln« wird durch globales Handeln ergänzt.

Um von Menschen außerhalb der eigenen Gruppe gehört und verstanden zu werden, müssen Menschen ihre Unterschiede auf eine standardisierte Art und Weise artikulieren. In der Globalkultur entstehen weltweit gültige Kategorien, entlang derer einzelne Gruppen sich voneinander unterscheiden. So beruft sich jede »Kultur« auf eine eigene Sprache, besondere Tänze, Kochstile, Rituale, Glaubensvorstellungen u.ä. Die in der Realität vorkommenden graduellen Unterschiede zwischen Menschen werden zu diskontinuierlichen, klar voneinander abgegrenzten Einheiten stilisiert. Diese Entwicklung haben wir schon im ersten Kapitel bei unserer Analyse des traditionellen ethnologischen Kulturbegriffs beschrieben und dabei auf dessen Unzulänglichkeiten und Risiken hingewiesen. Neben der Gefahr der Verabsolutierung von kulturellen Unterschieden birgt dieses Kulturverständnis aber auch das Potential, ein Bewußtsein für die eigenen Besonderheiten zu erlangen (während vorher die eigene Lebensweise unreflektiert als Norm betrachtet wurde). Durch »Strukturen gemeinsamer Unterschiede« können fremde Kulturen mit der eigenen verglichen, Gemeinsamkeiten gefunden und Unterschiede ausgelotet werden.

Ständig entstehen neue globale Solidaritätsbündnisse. Während in den 70er Jahren ein Sit-in vor Regierungsgebäuden, Botschaften und Institutionen als der geeignete Weg erschien, um den eigenen Forderungen öffentlich Nachdruck zu verleihen, werden heute über Fax und Internet ganz neue, virtuelle Solidaritäten geschaffen. Über elektronische Medien werden immer mehr Menschen erreicht, Protestschreiben und Gelder organisiert. Waren wir bislang gewohnt, unsere Solidarität mit den Yanomami-Indianern durch eine Geldspende an die »Gesellschaft für bedrohte Völker« in Göttingen auszudrücken und uns auf deren Berichterstattung über die aktuelle Lage zu verlassen, so erlauben die Neuen Medien durch ihre Gleichzeitigkeit und Interaktivität eine direkte Auseinandersetzung. Die Live-Übertragung des Irak-Krieges auf CNN hat uns diese Unmittelbarkeit in spektakulärer Weise ins Bewußtsein gerufen. Die interaktive Komponente fehlt dem Medium Fernsehen jedoch bislang. Reporter, Kameraleute und Fernsehanstalten sind als Informationsfilter zwischen Ereignis und Zuschauer geschaltet. Die neuen Solidaritätsbündnisse dagegen zeichnen sich gerade durch den direkten Kontakt aus. So nutzt ein Rebellenführer wie Sub-Commandante Marcos das Internet, um Menschenrechtsorganisationen anzuschreiben, und anläßlich des Chiapas-Aufstands im südlichen Mexiko Anfang 1995 enthielt die von den Rebellen eingerichtete Webseite Hunderte von Mitteilungen über Menschenrechtsverletzungen des mexikanischen Militärs an indigenen Maya-Gemeinschaften. In Zukunft können Yanomami-Aktivisten, mit Kamera und Laptop gerüstet, vor Ort gegen die Abholzung des Regenwalds durch einen Multi protestieren und über Videokonferenzschaltung ihre Sympathisanten und die internationale Presse auf dem Laufenden halten. Die direkte Mobilisierung eröffnet neue Kommunikationskanäle, bricht das Informationsmonopol der globalen Kulturindustrie von NBC, CNN und Sky TV und birgt für Minderheiten das Potential, sich selbstbestimmt öffentliches Gehör zu verschaffen.

Die Globalkultur ist nicht allumfassend, und viele Phänomene existieren bezugslos neben ihr. Nicht alle Differenzen sind überbrückbar. Es gibt nach wie vor (wenn auch zukünftig immer weniger) nicht Nachvollziehbares, nicht Integrierbares. Strenggläubige Christen werden Abtreibung nicht akzeptieren, ebensowenig wie Witwenverbrennung in Indien mit den Menschenrechten vereinbar ist. Tagtäglich muß neu darüber entschieden werden, welche Praktiken und Standards sich durchsetzen. Die Ergebnisse sind hart umkämpft und bringen den Untergang so mancher Gewohnheiten und kultureller Besonderheiten mit sich. Auf den Philippinen wurde im Januar 1998 auf Betreiben von Tierschützern ein Gesetz erlassen, das regelt, welche Tiere verzehrt werden dürfen und welche Tötungsarten erlaubt sind. Hunde- und Pferdekämpfe wurden verboten. Die neue Gesetzgebung ist bei vielen Filipinos äußerst unpopulär, da Hundefleisch als Delikatesse gilt und Pferdekämpfe ein beliebtes Freizeitspektakel und eine begehrte Einnahmequelle darstellen. Auch das beliebteste Geflügelgericht in den Kordilleren, im Volksmund »killing me softly« genannt, muß in Zukunft vom Speiseplan gestrichen werden. Für die Zubereitung werden die Hühner mit Stöcken geschlagen, um Blutgerinnsel zu erzeugen; im Anschluß werden die Federn des noch lebenden Tieres angezündet. Diese traditionellen Methoden der Nahrungszubereitung müssen nun neuen Tierschutzstandards weichen, die sich auf der Weltbühne durchsetzen. Allerdings ist die konkrete Durchsetzung des neuen Gesetzes der *Bangkok Post* zufolge ungewiß, gelten doch gerade philippinische Ordnungshüter als ausgeprägte Feinschmekker.[230]

Altes und Neues, Einheimisches und Importiertes können aber auch durchaus nebeneinander existieren. Neben den globalen Strukturen bestehen alte Standards weiter, sei es in Schönheitsidealen oder Rechtsordnungen. Belizianische Männer können Frauen mit Lockenwicklern ebenso verführerisch finden wie die glatthaarige Miss World. In vielen Ländern, von Sierra Leone bis Brasilien, werden Heirat, Ehestreitigkeiten und ein Großteil lokaler Konflikte nicht nach nationalem Recht, sondern nach indigenem Gewohnheitsrecht geregelt. Die Herausforderung für den einzelnen und für die Politik besteht in diesen Fällen darin, die verschiedenen Standards und Normen transparent zu machen, gegeneinander abzuwägen und miteinander abzustimmen. In neuen Initiativen zur Akzeptanz und Förderung eines Rechtspluralismus (z. B. im Senegal und Südafrika) versuchen Entwicklungshelfer, Rechtsberater und Gesetzgeber die zum Teil miteinander konkurrierenden, sich ausschließenden oder sich ergänzenden religiösen, staatlichen und gewohnheitsrechtlichen Normen zu einer modernen Gesetzgebung zusammenzufügen.[231]

Einige der herausragendsten zeitgenössischen kulturellen Phänomene scheinen auf den ersten Blick ohne Bezug zur Globalkultur zu stehen bzw. als Reaktion auf die weltweite Vernetzung entstanden zu sein. Fundamentalismen werden als klassische Beispiele für die Abkopplung bestimmter Gruppen von der dominanten Entwicklung der Moderne angeführt. Fundamentalismus, der die Ausgestaltung aller Lebensbereiche anhand eines Fundus absoluter Werte und Normen anstrebt, gilt als Reaktion lokaler Gruppen auf die westliche Vormachtstellung. Aus dieser Perspektive stellt der Rückbezug auf »traditionelle« Werte und Lebensformen einen Widerstand gegen Globalität dar. Fundamentalismen sind jedoch selbst ein durch und durch modernes Phänomen.[232] Alle Fundamentalismen (algerischer oder afro-amerikanischer Muslime ebenso wie amerikanischer Moral Majority-Anhänger) schöpfen aus dem gleichen Ideenschatz bezüglich Tradition, Heimat und Gemeinschaft. Auch die Gegenwartsdiagnosen, gegen die sich Fundamentalismen richten – Entfremdung und Heimatlosigkeit, Werteverfall und soziale Vereinsamung – entstammen einem global verbreiteten Fundus. Die Dogmen der neuen fundamentalistischen Bewegungen können durch eine historische Analyse, z. B. der islamischen Religion und Geschichte, allein nicht erklärt werden. Die alternative Lebensvision, die sie anbieten, basiert weniger auf autonomen, überlieferten Traditionen als auf einer Kultur, die selbst erst durch den Kontakt mit anderen Kulturen ihre Form annahm. Selbst der Terminus »Fundamentalismus« ist globalisiert. Vor den späten 70er Jahren wurde er außerhalb den USA fast nicht benutzt und gewann erst nach der iranischen Revolution 1978–79 in den frühen 80er Jahren an Gewicht. Seitdem wird der Begriff von Menschen und Bewegungen weltweit verwendet, selbst wenn es keine genaue Übersetzung in die jeweiligen Sprachen gibt.

Fundamentalisten lehnen Globalität ab, bedienen sich aber der Mittel und Methoden der Globalisierung, ob elektronischer Medien, Finanztransfers oder Pilgerreisen. Der Hisbollah-eigene Fernsehsender »Der Leuchtturm«, der das »Licht der Märtyrer« in die Ferne trägt, zeigt im Libanon als Teil des Kinderprogramms Woody Woodpecker, Donald Duck und die Schlümpfe. Das Bildmaterial der Nachrichtensendungen stammt von Reuters und der BBC. Ein Spot des Gesundheitsministeriums warnt vor AIDS und erläutert Präventivmaßnahmen. Statt Werbesendungen werden Photos gefallener Märtyrer eingeblendet, mit der Bitte, ihnen ein ehrendes Andenken zu bewahren. Und eine verschleierte Moderatorin wünscht »spannende Unterhaltung« bei dem US-Spielfilm *Flammendes Inferno*.[233]

Dialektische Prozesse, wie sie sich im Fundamentalismus manifestieren, sind charakteristisch für den Globalisierungsprozeß, Homogenisierung und Fragmentierung, Integration und Ausdifferenzierung, Zentralisierung und Dezentralisierung, Konflikt und Kreolisierung, Globalisierung und Lokalisierung stellen keine einander ausschließenden Entwicklungen dar, sondern sind untrennbar miteinander verbunden, bedingen sich gegenseitig und treiben die weltumspannende Vernetzung voran.[234]

Bestimmte Konzepte und Strukturen des modernen sozialen Lebens werden mit der Globalisierung weltweit verbreitet (Nationalstaat, Konsumgesellschaft, Kapitalismus, Menschenrechte). Zugleich nehmen kulturelle Besonderheiten durch die Relativierung von lokalen Lebensweisen vor dem Hintergrund globaler Strukturen schärfere Konturen an oder werden überhaupt erst geschaffen (Nationalismus, ethnische Identitäten). Scheinbare Einzelphänomene erweisen sich als Komponenten eines immer komplexer und dichter gesponnenen Netzes. Aus der Perspektive der Globalkultur offenbart sich das Lokale zunehmend als Facette des Globalen und entsteht erst in ihm. In Istanbul hat der Einzug westlicher Fastfood-Ketten einen Boom türkischer Snacks ausgelöst. Einheimische Geschäftsleute griffen den Trend auf und offerieren, zum halben Preis eines Big Mac, türkische Varianten nach alten und neuen Rezepten.

Infolge der weltweiten Vernetzung schließen sich neue globale und regionale Gemeinschaften zusammen, die Menschen über territoriale Grenzen hinweg verbinden (transnationale Kulturen). Zugleich pluralisiert und fragmentiert Globalisierung nationale und lokale Gemeinschaften mit der Folge, daß immer weniger Menschen an einem Ort ein kulturelles Inventar teilen – die gleichen Bücher lesen, dieselbe Sprache sprechen, die gleichen Werte verteidigen. Während durch das Zusammenwachsen der Welt verschiedenste Lebensarten und Weltbilder aufeinanderprallen und dadurch soziale und kulturelle Vorurteile und Konflikte verstärkt werden können, entstehen gleichzeitig neue gemeinsame Räume, in denen eine Kreolisierung von Ideen, Werten, Wissen und Institutionen stattfindet (Architektur, Kochstile, New Age Lebensstile).

Die Ausdifferenzierung der Globalkultur

Eines der wichtigsten Merkmale der neuen kulturellen Realität der Globalität ist die *Ausdifferenzierung* der Lebenswelten. Unter Ausdifferenzierung verstehen wir einen Prozeß der kulturellen Pluralisierung. Durch die exponentiell gestiegenen direkten und medialen Kontakte zwischen Menschen steht uns heute eine noch nie dagewesene Vielfalt von Alternativen und Visionen zur Ausgestaltung des eigenen und des gesellschaftlichen Lebens zur Verfügung. Diese Wahlmöglichkeiten können durch das Aufbrechen traditioneller sozialer Strukturen und alter Bewußtseinshorizonte von Menschen zunehmend genutzt werden. Über den Begriff der Pluralisierung hinausgehend bezeichnet Ausdifferenzierung eine organisierte Vielfalt, die vom ständigen Bezug zur Globalkultur lebt.

Das Beispiel Feminismus

Am Beispiel des Feminismus läßt sich zeigen, wie ein weltweit verbreitetes Konzept zur Ausdifferenzierung lokaler Lebensentwürfe herangezogen wird. Feminismus ist heute Teil des globalen Referenzsystems, ein gemeinsames Forum, über das Frauen sich zueinander in Beziehung setzen, Allianzen bilden und ihr Leben verändern.[235] Bis in die 70er Jahre hinein besaßen Frauen in der Regel nur geringe konkrete Kenntnisse über die Lebensbedingungen ihrer Schwestern weltweit. Erst im Zuge des gesellschaftlichen Aufbruchs in den westlichen Industrieländern in den 70er Jahren wurden eine Reihe von Frauenorganisationen gebildet, die sich explizit der Förderung von Frauen verschrieben. Diese Bewegung ist in den letzten 30 Jahren weltweit sprunghaft gewachsen; in Kirgistan gibt es heute zwar erst 20 Frauengruppen,[236] in Kenia aber schon 26.000. Frauenthemen wurden zunächst ausschließlich aus dem Blickwinkel westlicher Feministinnen artikuliert. Die universelle Gültigkeit des Kampfes um persönliche Entfaltungsmöglichkeiten, Gleichstellung auf dem Arbeitsmarkt oder das Recht auf Abtreibung erschien selbstverständlich. Auf gemeinsamen Plattformen mit Frauen aus anderen Kulturen und Kontinenten, insbesondere den diversen UN-Veranstaltungen, wurde jedoch sehr schnell deutlich, daß Frauen in anderen Ländern sich nicht unbedingt von den gleichen Themen angesprochen fühlten. Auf den Weltfrauenkonferenzen (1975 in Mexico City, 1980 in Kopenhagen, 1985 in Nairobi und 1995 in Peking) war Konsens keine Selbstverständlichkeit, sondern mußte bei jeder Veranstaltung neu ausgehandelt werden.

Mit zunehmender Kenntnis voneinander verändert sich die feministische Agenda. Die von Feministinnen, aber auch von Frauen, die sich nicht explizit zum Feminismus bekennen, angesprochenen Themen und Probleme sind heute so unterschiedlich wie nie zuvor. Feminismus ist zu einem weltweiten Bezugssystem avanciert, das auf unterschiedliche Art und Weise gelebt und interpretiert wird und das Potential für die Ausgestaltung eigener Alternativen beinhaltet. So heißt »Emanzipation« und »Selbstbestimmung« für viele der Frauen der ländlichen Regionen Afrikas etwas ganz anderes als für ihre Schwestern in den industrialisierten Ländern des Nordens. Hier geht es ähnlich wie bei der Grameen-Bank in Bangladesh darum, fundamentale Rechte der Frauen, wie Besitzansprüche an Land, zu sichern, ihnen (z. B. über ein eigenes Bankkonto) wirtschaftliche Unabhängigkeit zu ermöglichen und die Familienplanung zu kontrollieren.[237] Feminismus ist in vielen Ländern des Südens nicht an individuelle Selbstverwirklichung gebunden, sondern an die wirtschaftliche und rechtliche Gleichstellung der Frau.

Ganz andere Strategien, ebenfalls unter dem Mantel des Feminismus, verfolgen muslimische Frauen. Türkische Studentinnen kämpften erfolgreich dafür, daß Kamal Atatürks Verschleierungsverbot an den Universitäten aufgehoben wurde. Diese Frauen tragen nicht das traditionelle Kopftuch, sondern schulterlange Schleier und alles verhüllende Umhänge. Ihr Bekenntnis zum Islam wird durch uniformierte Kleidung bewußt zur Schau gestellt. Entgegen dem Stereotyp sind diese Frauen aber keineswegs unemanzipiert. Sie gründeten eine eigene Zeitung und forderten erfolgreich einen Platz in der islamischen Wohlfahrtspartei (*Refah*). Viele muslimische Frauen streben nicht Gleichheit, sondern Gleichwertigkeit mit Männern an. Die Kritik der westlichen Feministinnen an der Institution Familie als Bollwerk des Patriarchats wird in den Augen von Musliminnen ihrer Lebenssituation innerhalb einer Großfamilie mit starken Frauenallianzen nicht gerecht. Die Großfamilie stellt für sie ein dichtes soziales Netz dar, innerhalb dessen Erfahrungen weitergereicht, die Altersversorgung gesichert und wirtschaftliche Härten abgefedert werden können.

Auch in Staaten ohne offizielle Frauenbewegung haben Frauen auf subtile Weise ihre Situation verändert.[238] Im Golfstaat Katar gehen Frauen für ihre Rechte nicht auf die Straße oder mischen wie die »Gorilla Girls« die New Yorker Kunstszene auf, sondern erobern sie sich auf unspektakuläre Art. So setzte sich irgendwann einmal eine Frau hinter ein Steuer, dann wurden es ein paar mehr, und nun sind Auto fahrende Frauen aus dem Straßenbild nicht mehr wegzudenken. Auch die bis vor kurzem rein männlich besetzten staatlichen Rundfunkanstalten beschäftigen heute Frauen. Dank der Frauenstimmen konnte sich in den iranischen Präsidentschaftswahlen 1997 überraschend der liberale Kandidat Mohammed Khatemi durchsetzen; eine deutliche Stellungnahme der Frauen im Tschador gegen konservativ islamische Kräfte. Weltweit eignen sich Frauen, die sich nie als Feministinnen bezeichnen würden, die klassischen Themen des Feminismus an, beispielsweise wenn Inderinnen gegen den Alkoholvertrieb und -konsum ihrer Männer, Hauptursache häuslicher Gewalt, öffentlich protestieren.

In *African Women*, der Lebensgeschichte dreier afrikanischer Frauen, beschreibt der südafrikanische Autor Mark Mathabane die über drei Generationen ähnlichen Erfahrungen seiner Großmutter, Mutter und Schwester.[239] Während die beiden älteren Frauen keine Alternative zu ihrem von Armut und männlichem Mißbrauch geprägten Leben im südafrikanischen Township Alexandra sehen, entwickelt die jüngste der Frauen, Florah, obwohl von den gleichen materiellen, rassistischen und sexistischen Strukturen umgeben, eine Alternative zum Frauendasein ihrer Mutter und Großmutter. Ohne sich selbst bewußt als Feministin zu sehen, erahnt sie im Kontakt mit anderen Frauen, vor allem in Südafrika lebenden Ausländerinnen, wie ein selbstbestimmtes Frauenleben aussehen kann. Sie erkennt die strukturellen Abhängigkeiten afrikanischer Frauen und versucht, diese Muster innerhalb ihrer Lebenswelt zu durchbrechen.

Eine spezielle feministische Allianz wird in globalen Medienspektakeln wie der Oprah Winfrey-Show erzeugt[240], die Frauen jeden Alters, ethnischen und sozialen Hintergrunds zusammenbringt. Schmerzvolle persönliche Geschichten werden vor der Kamera erzählt und rufen starke Resonanz beim Publikum hervor. Auch die Großmutter, Mutter und Schwester von Mark Mathabane wurden von Oprah in die USA eingeladen und traten in der Show auf. Frauen und ihre Probleme weltweit werden in der Fernsehsendung mit den Mitteln und der Sprache der US Pop-Psychologie erforscht. Weiße und schwarze, diskriminierte und erfolgreiche Frauen kommen vor laufender Fernsehkamara zusammen und rufen mit ihren Schicksalen zur Veränderung der Situation von Frauen weltweit auf. Auch Medien wie das Internet erweisen sich als potente Informationsmarktplätze für Frauenbelange. Asiatische Geschäftsfrauen können sich über das »wwwomen-Asia« austauschen. Andere Chatmöglichkeiten bieten die »Deutschen Webgrrls«[241], »women talk on what women want« oder die sites des »global feminism«.[242]

Die weitverbreitete Kenntnis der Lebenssituation von Frauen in anderen Kulturkreisen wird jedoch auch für die Bestätigung der eigenen Kultur und männlicher Machtpositionen instrumentalisiert. Die Ethnologin Laura Nader stellte bei vergleichenden Studien in Westeuropa/USA und den islamischen Ländern fest, daß Frauen im Kampf um gesellschaftliche Gleichstellung häufig gegeneinander ausgespielt werden.[243] Die vermeintlich weit problematischere Situation von Frauen anderer Kulturkreise wird im öffentlichen Diskurs gern der Benachteiligung im eigenen Land gegenübergestellt und zur Relativierung der hier bestehenden gesellschaftlichen Mißstände herangezogen. So wird die Frau im Westen in den islamischen Medien stereotyp als Vergewaltigungsopfer und Sexualobjekt dargestellt. Die westlichen Industrienationen erscheinen als unmoralische Gesellschaften, die ihre Alten in Altersheime abschieben und in denen die Feminisierung der Armut massiv voranschreitet. Im Westen dagegen gelten, u.a. durch Bestseller wie Betty Mahmoodys *Nicht ohne meine Tochter*, muslimische Frauen durchweg als unterjocht und dem Zwang des Schleiers, der Polygamie, familiärer Unterdrückung und körperlichen Qualen (Klitoridektomie) unterworfen. Im Westen ebenso wie in islamischen Gesellschaften sollen Frauen mit der Botschaft beruhigt werden: »Verglichen mit den Frauen in anderen Ländern habt ihr es doch gut!«

Nach den Beobachtungen der Journalistin Christa Wichterich werden die internationalen Netzwerke zwar immer zahlreicher und grenzüberschreitender, die Frauenbewegungen innerhalb einzelner Länder spalten sich dagegen zunehmend auf. Die Ausdifferenzierung ist so weit fortgeschritten, daß in den USA schwarze Frauen, Chicanas, Latinas, Asiatinnen, Lesben und Transvestiten in Abgrenzung zu weißen Frauen ihre Identität neu definieren. Sie beschuldigen weiße Feministinnen des Eurozentrismus und Rassismus und werfen ihnen vor, Familie und Kinder, die beispielsweise in der schwarzen Gemeinschaft eine große Rolle spielen, abzulehnen. Auch der Kampf um das Recht auf Abtreibung wird vielfach als Bedrohung empfunden, denn viele Frauen fürchten, aus rassistischen

Gründen zur Abtreibung genötigt zu werden. Die vor allem für die US-Debatten charakteristische Aufsplitterung feministischer Positionen je nach ethnischer Zugehörigkeit fördert eine Verabsolutierung von Unterschieden. Entsprechend beklagen viele Feministinnen die Verwässerung ihrer einstigen Ideale und befürchten die Zersplitterung der Frauenbewegung bis hin zur politischen Handlungsunfähigkeit.[244]

Zweifellos bleiben die realen Fortschritte für Frauen weit hinter ihren Forderungen und Hoffnungen zurück. Viele Konventionen, wie das von einem Großteil der Staatengemeinschaft am 1.3.1980 unterzeichnete »Übereinkommen zur Beseitigung jeder Form von Diskriminierung der Frau« werden weiterhin verletzt, und in den vergangenen Jahren läßt sich eine mit dem Globalismus einhergehende Feminisierung der Armut konstatieren.[245] Gleichzeitig ist aber der in den letzten Jahrzehnten eingeleitete Bewußtseinsprozeß bei Frauen weltweit enorm vorangeschritten und die Sensibilisierung für Frauenfragen bei breiten Bevölkerungsschichten ebenso wie in der Politik gestiegen. In vielen Ländern sind staatliche wie nicht-staatliche Institutionen zur Vertretung von Frauenbelangen entstanden (z. B. der Senat für die Gleichstellung der Frau in Hamburg). Heutzutage treffen sich jüdisch-orthodoxe Frauen auf einer Konferenz mit dem Thema »Feminism and Jewish Orthodoxy« (New York im März 1997), um die Gleichberechtigung der Frauen innerhalb der jüdischen Orthodoxie zu fordern. In den Industrienationen haben die jungen Frauen der 90er Generation die Forderungen der Frauenbewegung zum großen Teil verinnerlicht, selbst wenn sie »Feminismus« als überlebtes Konzept ihrer Mütter ablehnen. In der deutschen Popularkultur werden Gleichberechtigung und ein neues Selbstbewußtsein von jungen weiblichen Musikgruppen wie Tic Tac Toe oder Aziza-A, um zwei derzeit besonders erfolgreiche Frauengruppen zu nennen, besungen. Aziza-A, eine türkische Deutsche, kritisiert in ihren zweisprachigen Songs traditionelle Geschlechterrollen und die patriarchalische Ordnung der türkischen Gesellschaft.

Ich habe braune Augen, habe schwarzes Haar.
Und komme aus einem Land, wo der Mann über der Frau steht
und dort nicht wie hier ein ganz anderer Wind weht!
In den zwei Kulturen, in denen ich aufgewachsen bin,
ziehen meine lieben Schwestern meist den kürzeren,
weil nicht nur die zwei Kulturen aufeinanderkrachen.
Weil auch Väter über ihre Töchter wachen:
Du bist die Ehre der Familie, klar, gehorsam, schweigsam,
wie deine Mutter auch mal war.

Ja, ja, nun, ich nehme mir die Freiheit!
AZIZA-A tut das, was sie für richtig hält,
auch wenn sie aus den Augen der ganzen Sippe fällt
und niemand sie zu den gehorsamen Frauen zählt!
Ist es mir egal, ich muß sagen, was ich denk,
und zwar....[246]

Das Potential der Globalität

Globalität ist nach wie vor für die meisten Menschen und Gesellschaften weniger eine Zustandsbeschreibung als ein Potential. An der Schwelle zum 21. Jahrhundert leben wir offensichtlich nicht in einer Weltgesellschaft, in der Menschen, Güter und Ideen ungehemmt von einem Ort zum anderen gelangen können. Ein Staat wie Saudi-Arabien läßt zwar Konsumgüter einreisen, aber keine unverheirateten ausländischen Frauen. Computer und Softdrinks dürfen die Grenzen Burmas oder Nordkoreas nicht passieren. Die meisten Menschen empfinden sich nicht als Weltbürger, sondern fühlen sich nach wie vor primär in ihrer lokalen Gemeinschaft verwurzelt, ob Dorf, Stadt oder Nation. In Deutschland gestrandete bosnische Flüchtlinge, denen die Rückkehr in ihr Dorf verwehrt ist, verstehen sich nicht als Weltbürger, sondern sehnen sich nach ihrer Heimat. Blutige Konflikte in Afghanistan, Burundi oder Sri Lanka lassen Globalitätsromantik ebensowenig zu wie das imperiale Machtgehabe der USA, Chinas oder Frankreichs. Durch Visumbestimmungen und beschränkte finanzielle Ressourcen ist die real zugängliche Welt für die meisten Bewohner Kambodschas und Kubas wesentlich kleiner als für Deutsche oder Nordamerikaner.

In unserer heutigen Welt bestehen nach wie vor große, nicht miteinander vereinbar scheinende Differenzen. Am Beispiel eines so kontrovers diskutierten und folgenschweren Falls wie der *Satanischen Verse* von Salman Rushdie beschreibt die Ethnologin Janet Abu-Lughod, was in unserer Welt heute kreolisiert ist, was globalisiert wird und was (noch) unüberbrückbar erscheint.[247] In der vorkolonialen Ära standen die verschiedensten Erdteile zwar schon in regem Kontakt miteinander, die einzelnen Bedeutungssysteme dieses *univers cloisonné*[248] waren jedoch voneinander relativ isoliert. In einer solchen Welt hätte der Rushdie-Skandal niemals stattfinden können. Rushdie wäre vermutlich in seinem Heimatland auf dem indischen Subkontinent geblieben. Er hätte in einem Genre und der Sprache seiner Region geschrieben. Wenn seine Schriften als häretisch empfunden worden wären, hätte man ihn (in Europa) auf dem Scheiterhaufen verbrannt, (im Mittleren Osten) zweigeteilt oder ihm eine andere für seine Region typische Strafe erteilt. Rushdie wäre sich der Tragweite seines Werks und des mit ihm verbundenen Risikos vollkommen bewußt gewesen, da seine Leserschaft seinem Kulturkreis entstammt wäre. Hätte Rushdie die *Satanischen Verse* andererseits nicht in seiner Heimatregion, sondern im Exil geschrieben (und die mittelalterliche Welt war voll von Exilanten und Kulturflüchtlingen), wäre das Buch in seiner Heimat vermutlich niemandem zu Gesicht gekommen.

In unserer ungleich und unvollständig globalisierten Welt hat Rushdie nun eine bissige Satire geschrieben, in einem Genre, das James Joyce näher steht als der muslimischen Tradition. Dabei verarbeitet er seine eigenen Erfahrungen als Muslim und englischer Kosmopolit in einem raffinierten westlichen Stil und aus einer postmodernen Perspektive, der nichts heilig ist. Die Leserschaft, an die er sich wendet, die englischsprachigen Literaturliebhaber, verstehen sein Genre, aber große Teile seiner kulturellen Erfahrungen nicht. Den Menschen, die den kulturellen Bezugsrahmen kennen, ist wiederum das Genre fremd. Im *univers cloisonné* wären diese verschiedenen Kulturen nie direkt miteinander in Berührung gekommen. Heutzutage aber stehen Muslime auf der ganzen Welt in Kontakt miteinander. Sie erhalten Kenntnis von den *Satanischen Versen* und empfinden den Roman vor dem Bedeutungshorizont des islamischen Glaubens als Sakrileg. Die Proteste und Bombendrohungen von Muslimen ebenso wie die Gegendemonstrationen für Meinungsfreiheit und politische Sanktionen gegen den Iran nehmen weltweite Dimensionen an. Die wenigsten Menschen haben das Buch wirklich gelesen, und selbst wenn sie es gelesen haben, dürfte es Nicht-Muslimen schwerfallen, die Gefühle eines Muslimen nachzuvollziehen, der – ob zu Recht oder zu Unrecht – die Grundpfeiler seiner Religion angegriffen sieht.

Der Konflikt um die *Satanischen Verse* statuiert einen Präzedenzfall. Er zeigt, wie Auseinandersetzungen, die bisher meist auf nationalstaatlicher Ebene ausgetragen wurden, immer häufiger auf die globale Ebene verlagert werden. Beide Konfliktparteien, die islamisch-fundamentalistische und die westliche Öffentlichkeit an der Seite Rushdies, berufen sich auf unterschiedliche Werte, die aus Sicht der Parteien jeweils universelle Gültigkeit haben: Für die fundamentalistischen Muslime ist die Scharia nicht an nationalstaatliche Grenzen gebunden und legitimiert die Verfolgung eines Menschen auch außerhalb der islamischen Staaten. Salman Rushdie dagegen beruft sich auf universell gültige Menschenrechte, wie das Recht auf Leben und Freiheit oder das Recht auf Meinungsfreiheit. In unserer eng vernetzten, aber höchst unterschiedlichen Welt prallen diese Gegensätze aufeinander. Eine religiöse Rechtsordnung wie die der Scharia ist in weiten Teilen mit dem westlichen Rechtsverständnis inkompatibel. Noch fehlen uns Mechanismen, mit diesen für unsere vernetzte Welt typischen Konflikten umzugehen. Da sich im gegenwärtigen globalen Entwicklungsprozeß Umkehr oder Abkopplung nicht als ernsthafte Alternativen anbieten, brauchen wir geeignete Strategien für die Bewältigung der neuen Erfahrungen. Wie Abu-Lughod sagt: »Da wir nicht zur Ignoranz zurückkehren können, müssen wir zum Verstehen voranschreiten.«[249]

Globalität wird von immer mehr Menschen als unrevidierbares Faktum erkannt und anerkannt. Von einer vollständig globalisierten Welt, in der alle Menschen weltweit einander verstehen, sind wir jedoch, sollte es sie überhaupt jemals geben, weit entfernt. Globalisierung ist kein automatischer Prozeß, an dessen Endpunkt uns eine konflikt- und machtfreie Idealwelt erwartet, sondern sie bedeutet neue (größere) Chancen und (größere) Risiken als die vorangegangenen Zeitalter. Habermas beschreibt den soziohistorischen Entwicklungsprozeß als eine Abfolge verschiedenster sozialer Formationen mit jeweils eigenen Bewußtseinstrukturen, Kernthemen, spezifischen Problemen und Bedürfnissen. Die von ihm als »Dialektik des Fortschritts« bezeichnete Dynamik ist davon gekennzeichnet, daß mit jeder evolutionär bedeutsamen Neuerung sowohl eine neue Ebene des Lernens beschritten wird als auch neue Pathologien auftreten. Mit der Entwicklung neuer Fähigkeiten zur Lösung der alten Probleme (der vorangegangen sozialen Formation) tauchen neue Problemsituationen, neue »knappe Ressourcen«, im Bewußtsein der Menschen auf. Diese sind noch gravierender und intensiver als die schon überwundenen Probleme, und die Suche nach ihrer Lösung treibt die Entwicklungsspirale voran.[250]

Heute zeichnet sich eine Situation ab, in der das Überleben der Menschheit bzw. des Planeten von der Konsensfähigkeit aller Menschen abhängt. Die wesentlichen Fragen unserer Zeit sind nicht mehr von einer Nation oder nur einigen wenigen zu lösen, sondern bedürfen der Übereinkunft der Mehrzahl, wenn nicht aller. Der Schutz der Biosphäre, der Einsatz von UN-Blauhelmen in Krisengebieten und die Bekämpfung von Krankheiten wie Aids oder Tuberkulose verlangen nach überstaatlicher Zusammenarbeit und Durchsetzung. Momentan beschränken sich noch viele der überstaatlichen Initiativen auf Absichtserklärungen, und die Bewältigung der aktuellen globalen Probleme wird nationalstaatlichen Interessen untergeordnet. Gerade als Reaktion auf die durch die wirtschaftliche Globalisierung ausgelöste Krise »fällt auch der Westen auf ethnisch motivierte Verhaltensmuster zurück, rückt von seinen eigenen universalistischen Normen ab und fällt einer zivilisatorischen Regression anheim. Unsere Währung, unsere Kohle, unser Stahl, unsere Werften, unser reines Bier, unsere Landwirtschaft, unsere Arbeitsplätze.«[251]

Zugleich war die Chance für Kommunikation, gegenseitiges Verständnis und die Anerkennung anderer noch nie so groß wie heute. In einer Welt, in der die Kulturen sich zunehmend vermischen und Medien wie Fernsehen, Radio oder Internet es Menschen ermöglichen, sich selbst in unmittelbaren Bezug zu globalen Ereignissen und deren lokalen Konsequenzen zu setzen, wird *kulturvergleichendes Bewußtsein* zur Alltagsdenkweise der Menschen. Immer mehr Menschen beziehen sich auf das wachsende globale Referenzsystem. Die Chance für Synergien steigt mit zunehmender Vernetzung und gegenseitigem Respekt. Antworten und Lösungen für Probleme, an einem Ort entwickelt, können weltweit umgesetzt werden. Das Potential für diese schönen Dinge ist da, das heißt aber noch lange nicht, daß es auch genutzt wird. Das liegt ganz an uns.

An der Welt der Sprachen lassen sich Chancen und Risiken der Globalisierung besonders treffend verdeutlichen. Am Flughafen-Informationsschalter von Los Angeles erhält man Auskünfte in 115 Sprachen. Dieser Vielfalt an einem Ort steht die Tatsache gegenüber, daß manchen Sprachwissenschaftlern zufolge nur 10 Prozent der heute noch über 6.500 gesprochenen Sprachen das Ende des nächsten Jahrhunderts überleben werden. Experten schätzen, daß jede Woche irgendwo auf der Welt eine Sprache untergeht.[252]

Die größte Bedrohung für indigene Sprachen geht von den Nationalsprachen aus, die in vielen Fällen identisch mit der ehemaligen Kolonialsprache (Englisch, Französisch, Spanisch oder Portugiesisch) sind. Der Untergang von Sprachen ist jedoch kein Phänomen, das mit der zeitgenössischen Phase der Globalisierung entstanden ist. Seit der Ankunft der Portugiesen im heutigen Brasilien um 1500 sind schätzungsweise 75 Prozent aller damals gesprochenen Sprachen ausgestorben, und von den übrigen 180 einheimischen Sprachen wird nur eine von mehr als 10.000 Menschen gesprochen. Dieser Prozeß folgte keiner natürlichen Selektion, sondern wurde bewußt von der Kirche oder den Kolonialmächten vorangetrieben.

Bis in die 50er Jahre hinein verboten katholische Missionare den Krenak in Südostbrasilien, ihre Rituale auszuüben und ihre Sprache zu sprechen. Nur noch eine Handvoll Ältester der 70 Stammesangehörigen besaß überhaupt noch Sprachkenntnisse. 1993 entdeckte eine ungarische Linguistin zufällig die Ethnographie eines russischen Ethnologen, der um die Jahrhundertwende Erzählungen, Rituale und Lieder der Krenak sowohl in Russisch als auch in der einheimischen Sprache festgehalten hatte. Mit Hilfe einer brasilianischen Organisation zur Unterstützung der kulturellen Vielfalt Brasiliens (»Nucleus of Indian Culture«) konnte ein Mitglied der Krenak seine fast untergangene Sprache rekonstruieren und für die Verbreitung innerhalb seines Volkes sorgen.

Das globale Referenzsystem nimmt bei dem Erhalt von Sprachen eine wichtige Funktion ein. Die inzwischen von vielen Staaten anerkannte Maxime, daß indigene Sprachen schützenswert sind, wird zunehmend für die Anerkennung und Förderung kleiner Sprachgruppen instrumentalisiert. Gälisch verzeichnet in den letzten Jahren ein ungeahntes Comeback. Viele Gemeinden haben ihr keltisches Erbe und die irische Sprache als tourismusförderndes Kapital entdeckt, und die westirische Stadt Galway hat sich sogar die Zweisprachigkeit aller öffentlicher Stellen zum Ziel gesetzt. Neue Wohngebiete und Straßen erhalten irische Namen, in Restaurants und Geschäften wird man heute auch auf Gälisch bedient.[253] Und während die Pedi-Sprache im südlichen Afrika im 19. Jahrhundert fast ausgestorben wäre, kann sie sich heutzutage der öffentlichen Unterstützung als eine der elf Nationalsprachen der Südafrikanischen Republik gewiß sein. Für den Erhalt und die Pflege von kleinen Sprachen engagieren sich heute weltweit Linguisten und Sprachexperten sowie Aktivisten und Organisationen (von Dritte Welt-Gruppen in Schulen über die »Gesellschaft für bedrohte Völker« bis zur UNESCO). Bis vor kurzem wären Sprachen wie die der Tlingit in Kanada und Alaska, der Ainu in Japan und der Maori in Neuseeland von der Weltöffentlichkeit unbemerkt ausgestorben.

Bis Mitte der 90er Jahre sah es so aus, als ob Maori das gleiche Schicksal ereilen würde wie zahlreiche Minderheitensprachen. Während in den frühen 70er Jahren noch 64.000 Maori die Sprache ihrer Vorväter beherrschten, waren es 1995 nur noch rund 10.000. Doch seitdem 1982 landesweit die ersten Kindergärten (sogenannte »Sprachnester«) eingerichtet wurden, in denen die Kinder Maori erlernen, ist dieser Trend deutlich zurückgegangen. Inzwischen haben über 100.000 Kinder, deren Eltern oft selbst der Sprache gar nicht mehr mächtig waren, die mehr als 800 »Sprachnester« besucht. Maori wurde 1987 zur zweiten Landessprache Neuseelands erhoben. Heutzutage erlernen fast 60 Prozent aller Schulkinder in Neuseeland Maori, und die englische Alltagssprache ist von Maori-Ausdrücken und -Begriffen durchdrungen. ›Kia ora‹ als Begrüßungsformel hat das ›hello‹ ersetzt. Die Popularität von Maori ist so gestiegen, daß inzwischen einige Maori-Älteste eine Petition bei der Regierung eingereicht haben, in der sie die Umbenennung Neuseelands in die ursprüngliche Bezeichnung ›Aotearoa‹ (Land der langen weißen Wolke) fordern.[254]

Viele der heute noch lebenden Sprachen werden jedoch dem Assimilationsdruck der Nationalsprachen und internationalen Verkehrssprachen nicht standhalten können. Zugleich profitieren immer mehr Menschen von der weltweiten Verbreitung einiger weniger Sprachen, allen voran Englisch und Spanisch. Die Selbstverständlichkeit, mit der sich Touristen, Symbolanalytiker, Politiker, Aktivisten und Geschäftsleute (fast) überall verständigen können, ist ein wichtiges Fundament der Globalität. Weltweite Verständigung bedarf einer gemeinsamen Sprache. Englisch ist zur globalen Lingua Franca avanciert und dominiert heute inter- und transnationale Kommunikation. Würde man nach der Zahl der Muttersprachler gehen, müßte Mandarin, mit 726 Millionen Sprechern die meistgesprochene Sprache der Welt, diese Rolle einnehmen. Englisch konnte sich jedoch vor allem in der Kolonialzeit und seit dem Zweiten Weltkrieg durch die Machtposition der USA in allen Regionen der Welt etablieren. Heute erlernen 50 Millionen Chinesen mit Hilfe des Sprachprogramms des BBC World Service Englisch. Fast eine Milliarde Menschen können heutzutage Englisch sprechen, und etwa dieselbe Anzahl[255] kann in »broken English« in Restaurants Feuerzeuge anbieten oder sich nach dem Weg zum Brandenburger Tor erkundigen. Viele Sprachen übernehmen zudem englische Wörter für neue Phänomene, Konzepte und Technologien oder entwickeln ans Englische angelehnte Kunstwörter. Auch die deutsche Sprache verfällt, wie der Wissenschaftsjournalist Zimmer treffend beschreibt, der Aura amerikanischer Wörter. »Man muß nur einmal ausprobieren, wie es sich anfühlt, eine Unterhose zu tragen oder einen Slip, man fühlt den Appeal auf der Haut.« Die Hotline klingt einfach moderner als die Telefonberatung, und der Trashlook ist schöner als das Müllaussehen.[256]

Das Englisch der globalen Lingua Franca ist nicht das althergebrachte Oxford- oder New England-Englisch. Die weltweite Verbreitung von Englisch kann daher nicht als Beweis für eine Homogenisierung angeführt werden. Das Standard-Englisch ist kreolisiert worden und nimmt immer wieder unterschiedlichste Formen an. So gibt es Anglo-Japanisch, Anglo-Französisch, Anglo-Deutsch oder Anglo-Brasilianisch, und diese Mischformen verändern wiederum die in London und Boston gesprochene Sprache. Als Spielarten des australischen Englisch florieren das »General Australian«, das »Cultivated Australian«, das »Broad Australian« neben anderen nur noch unvollständig erhaltenen Sonderformen wie dem »Queensland Kanaka Pidgin« und dem »New South Wales Pidgin«. Die Pidginformen haben sich inzwischen so verselbständigt, daß auf Neuguinea ein ehemaliger Premierminister vor der Verwässerung des Tok Pisin durch englisches Vokabular warnte. Tok Pisin wird auf Neuguinea gleichberechtigt neben Englisch und Hiri Motu, der Verkehrssprache der Kolonialpolizei, gebraucht.[257] Transnationale Kulturen entwickeln neue Verkehrssprachen, wie das Airspeak, Business-English, oder das Eurospeak der Beamten in Brüssel, Luxemburg und Straßburg, die alle aus einem begrenzten englischen Vokabular bestehen. Innerhalb der Europäischen Union wird ein Fundus an gemeinsamen Begriffen gebildet. »Dem Übersetzungsdienst der Europäischen Kommission wurde eines Tages vorgeschrieben, nicht mehr das Wort ›Vorhaben‹ zu verwenden, sondern ›Projekt‹, nicht mehr ›Bewertung‹, sondern ›Evaluation‹. Der Grund: ›Bewertung‹ ist zwar eine richtige Übersetzung, deckt sich aber nicht voll mit dem Bedeutungsumfang von ›evaluation‹, die nicht nur ein Werturteil, sondern auch die Methodik der Bewertung miteinschließt.«[258]

Die Existenz einer Lingua Franca bedeutet aber nicht automatisch, daß die Menschen die Sprache ihres Gemeinwesens vernachlässigen müssen. Das Ziel sollte vielmehr die Zweisprachigkeit sein: »Jede Sprache an ihrem Ort, der nicht mehr geographisch, sondern inhaltlich bestimmt ist«.[259] Ein großer Teil der Weltbevölkerung ist bereits zwei- oder mehrsprachig.

In Afrika ist es keine Seltenheit, daß Menschen bis zu sechs Sprachen beherrschen, darunter Lokalsprachen und ehemalige Kolonialsprachen. Ein in Johannesburg lebender schwarzer Südafrikaner spricht beispielsweise Pedi als Muttersprache, Afrikaans und Englisch als Schul- und Ausbildungssprachen sowie isiZulu und isiSotho als zusätzliche Kommunikationssprachen. Die Zweisprachigkeit ist eher ein Problem für Amerikaner, die ihr Leben lang nur ihre Sprache sprechen. Auch in Europa, wo der Erwerb fremder Sprachen als wünschenswert angesehen wird und viele Menschen Sprachen in der Schule und in der Erwachsenenbildung erlernen, dominiert im Alltag nach wie vor die jeweilige National- bzw. Regionalsprache.

Im Zuge der Globalisierung verschwinden bestimmte Lebensformen und Denkweisen. Kopfjagd auf den Philippinen ist verboten, und Ganzkörpertätowierungen auf Sulawesi werden immer seltener. Der amerikanische Ethnologe Clifford Geertz schreibt: »Wir werden vielleicht mit einer Welt konfrontiert, in der es einfach keine Kopfjäger, Matrilinealisten oder Menschen mehr gibt, die das Wetter nach den Eingeweiden eines Opfertieres vorhersagen.«[260] Der Untergang von Lebensformen und Weltbildern ist jedoch nichts Neues, neu ist nur die Geschwindigkeit dieser Entwicklungen im globalen Zeitalter. Isolierte, autonome Partikularismen, falls es sie jemals in Reinform gegeben hat, haben in unserer Zeit keine Überlebenschance. Durch die Tendenz zur Kreolisierung wird die kulturelle Vielfalt der Lebensformen aber nicht eingeebnet, sondern nimmt neue, ihre Vorgänger zum Teil integrierende Formen an.

In dem Moment, in dem Lebensformen verdrängt werden und verschwinden, geht kulturelles Wissen verloren. Es heißt, daß in Afrika mit dem Tod eines jeden alten Menschen eine ganze Bibliothek niederbrennt. Durch Lebensmittelimporte verlernen die Inuit ihre alten Jagdtechniken, und so manches Produkt der internationalen Pharmaindustrie verdrängt indigenes Heilwissen bayrischer und thailändischer Großmütter. Viele indigene Gemeinschaften, von Amazonasbewohnern bis Polynesiern, besitzen herausragende botanische Kenntnisse. Ein Großteil ihrer Heilmethoden geht verloren, ein Teil der indigenen Medizin findet jedoch Eingang in den globalen Produktkreislauf. So holen sich pharmazeutische Firmen Rezepte bei indigenen Völkern, reproduzieren diese im Labor und vertreiben sie weltweit. Unter anderem verkaufen sie sie an die Völker, von denen die Rezepte stammten, die auf dem Gebiet der modernen Medizin aber als unwissend beschrieben werden![261] Obwohl viel Wissen dem globalen Wandel zum Opfer fällt, nimmt der weltweite Fundus an Wissen insgesamt zu. Wissenschaft geht mit einem enormen Wissenszuwachs einher, und einer Theorie zufolge verdoppelt sich die dem Menschen zugängliche Information alle sechs Jahre.[262] Durch Institutionen wie Archive, Museen und Schulen, geht immer weniger Wissen verloren, und neue Kommunikationstechnologien wie das Internet erleichtern den Zugriff auf Information.[263]

Auch die Ausdifferenzierung der individuellen Lebenswelten hat ihre zwei Seiten. Infolge der Pluralisierung der Lebenswelten teilen immer weniger Menschen ein gemeinsames kulturelles Inventar. Die exponentiell gewachsenen Wahlmöglichkeiten und verfügbaren Bedeutungshorizonte verlangen zudem vom Individuum ein hohes Maß an Reflexivität und Verantwortung. An der Forderung, ihr eigenes Leben selbstbestimmt zu gestalten, scheitern viele Menschen und vereinsamen. Andererseits hat jeder einzelne durch den Zugang zu unterschiedlichsten Lebensformen und der Vielfalt an einem Ort eine ungeheure Chance, seinen Bewußtseinshorizont zu erweitern. Im bangladesischen Dorf Talukpur kann ein Patient heutzutage im Krankheitsfall zwischen verschiedensten Heilmethoden wählen.[264] Die einheimische Heilkunst der *Kabiraji* (magische Heiler) mit ihrem sehr umfassenden Krankeitsverständnis, islamische Methoden und westliche Medizin sind im Angebot. Diese unterschiedlichen Methoden werden auch miteinander kombiniert, so daß neue Behandlungsarten entstehen. Ebenso steht in jeder mittelgroßen deutschen Stadt dem Kranken ein breites Spektrum an medizinischen Heilverfahren zur Verfügung: Klassische Schulmedizin wird ebenso angeboten wie chinesische Akupunktur, Homöopathie und druidische Kräutermischungen.

Die Erforschung der kulturellen Globalisierung aus einer ethnologischen Perspektive zeigt andere Chancen und Risiken als die der wirtschaftspolitischen Dimension. Der Vielfalt der zeitgenössischen Entwicklungen können wir nur gerecht werden, wenn Kultur als zentrale Dimension anerkannt und in ihrer Komplexität und Widersprüchlichkeit erfaßt wird. Kultur war immer schon das Produkt von Beziehungen und ist auch in unserer globalisierten Welt einem kontinuierlichen Wandel ausgesetzt. Auch Konsum, vermeintliche Wurzel allen Übels kultureller Verflachung, unterliegt einem Aneignungsprozeß, den Menschen dafür nutzen, mehr sie selbst zu werden – sei es ein kongolesischer Sapeur, eine japanische Unternehmerin oder eine deutsche Salsatänzerin.

Anmerkungen

1 Den Begriff der Kulturschmelze verdanken wir Albrecht v. Müller
2 Kaplan 1996
3 Beck 1997
4 Beck 1997: 26 ff.
5 Walsh 1997
6 Augsburger Zeitung Nr. 63, 17. März 1997: Globalisierung zerstört Natur. Interview mit José Lutzenberger
7 Reinbek 1996
8 Für eine kulturwissenschaftliche Kritik der Wirtschaftswissenschaften s. Fine, Ben: From Political Economy to Consumption, in: Miller 1995 (a): 127–163
9 Barber 1996
10 Barber 1996: 4
11 Martin/Schumann 1996: 31
12 Barber 1996: 93
13 Barber 1996: 93
14 Barber 1996: 52
15 Martin/Schumann 1996: 266
16 SIETAR Europa Newsletter, Vol. 8 (1), März 1998: 3
17 S. z.B. Hofstede 1980: 42–63
18 Hofstede 1997: X
19 Hobsbawm/Ranger 1983
20 Leggewie 1990
21 Terkessidis 1995:86
22 S. beispielsweise Ayim 1997
23 Zaptcioglu, Dilek: Gefährliche Brühe in: Die Woche, 25. April 1997: 7
24 Sahlins 1993: 1-25
25 Bourdieu 1982; s. hierzu auch Miller 1989
26 Anthropologie und Ethnologie werden von uns austauschbar verwandt
27 Miller 1995 (c): 19
28 Breidenbach/Zukrigl 1995
29 Siehe hierzu: Global Studies – Ethnologie der Globalisierung (Breidenbach/Zukrigl in Vorbereitung)
30 Gullestad 1984
31 Miller 1995 (a): 1-57
32 Chomsky/Dieterich 1996: 44
33 Miller 1997
34 Overing 1992, angeführt in Miller 1995 (a): 264–295
35 Friedman 1994
36 Reinbek 1996
37 Harvey 1989, zit. in Waters 1995
38 Vgl. Robertson 1992
39 Ritzer 1996
40 BBC Worldservice Oktober 1997
41 Levitt 1983
42 Jahresbericht von Saatchi & Saatchi 1985, zit. in: Mattalart 1991
43 Mattelart 1991

44 Barber 1996: 61
45 Classen, Constance/Howes, David: Epilogue: Dynamics and Ethics, in: Howes 1996: 184
46 Zit. in Lüders 1996: 189
47 Nolte, Barbara: Tote Hosen statt Madonna, in: Süddeutsche Zeitung Nr. 94, 23. April 1996: 17
48 Konsum ist lokal, in: Wirtschaftswoche Nr. 10, 27. Februar 1997: 130 bis 132
49 Toeffler 1991
50 Koydl, Wolfgang: Die Couturiers des Propheten, in: Süddeutsche Zeitung, 7./8. Juni 1997: 3
51 Zit. in Koydl 1997 (a. a. O.)
52 Sahlins 1988
53 Zimmer 1997: 7–85
54 Weitere Beispiele in Mattelart 1991
55 Zit. in Mensger 1992:160
56 Waters 1995
57 Klein, Stefan: Chips ja, aber bloß nicht aus Kartoffeln, in: Süddeutsche Zeitung Nr. 31, 8. Februar 1996:3
58 Cape Times, 28. Oktober 1997: 9
59 Mayr, Wolfgang: Referenden gegen »affirmative action«, in: pogrom 197, Okt./Nov. 1997:24
60 Ong 1987
61 Mattelart 1991
62 S. auch Kapitel 3
63 Sahlins 1993
64 Friedman 1990: 101–133
65 Howes 1996: 6, 181
66 Howell 1995: 177
67 Zit. in Friedman, Thomas: A Freeing Global Breeze Through the Window, in: Herald Tribune, 25. Juli 1997: 8
68 Chow, Rey 1993, Listening otherwise, music miniaturized: a different type of question about revolution, in: du Gay/Hall u.a. 1997
69 Moeran, Brian/Skov, Lise: Cinderella Christmas: Kitsch, Consumerism, and Youth in Japan, in: Miller 1995 (a): 105–133
70 Spiegel Nr. 52, 22. Dezember 1997: 145
71 Barber 1996:139
72 Zimmerman Umble, Diane: The Amish and the Telephone: Resistance and Reconstruction, in: Hirsch/Silverstone 1992: 183–194
73 Zit. in Abu-Lughod, Lila: The Objects of Soap Opera: Egyptian Television and the Cultural Politics of Modernity, in: Miller 1995(c): 190–210
74 Baudrillard, Jean: La guerre du Golfe n'a pas eu lieu, in: Libération, 29. März 1991
75 Toeffler 1991: 405
76 Staud, Toralf: Fernsehen von nebenan, in: Die Zeit Nr. 34, 16. August 1996: 41
77 Bredin, Marian: Transforming Images: Communication and Identity in Nishnawbe-Aski, in: Howes 1996: 161–177
78 Ginsburg 1993

79 BBC Worldservice »Global Shake-up« April 1997
80 Nolte, Barbara: Tote Hosen statt Madonna, in: Süddeutsche Zeitung Nr. 94, 23. April 1996:17
81 Bitala, Michael: Die verstohlenen Küßchen des Oberinspektors, in: Süddeutsche Zeitung Nr. 203, 3. September 1996:6
82 Miller, Daniel: The Young and the Restless, in: Hirsch/Silverstone 1992:163–182
83 Graburn 1982: 11
84 Nachfolgendes aus Katz/Liebes 1991
85 Zit. in Humphrey, Caroline: Creating a Culture of Disillusionment. Consumption in Moscow. A Chronicle of Changing Times, in: Miller 1995 (a): 43–68
86 Stolz 1983, in: Katz/Liebes 1991
87 S. Katz/Liebes 1991
88 Miller, Vorlesung: Mass Consumption, University College London. Frühjahr 1992
89 Miller in: Hirsch/Silverstone 1992: 163–182
90 Hannerz 1996: 30–43
91 Zit. in Hannerz 1996: 31
92 Vgl. Gupta/Ferguson 1992
93 Gupta/Ferguson 1992
94 Friedman 1994: 102–116
95 Zit. in Hannerz 1996: 32
96 Kaplan 1996: 162
97 Hannerz 1996: 36ff.
98 Beck /Vossenkuhl /Ziegler 1995
99 Khan 1994: 34
100 Vgl. beispielsweise Hannerz 1996: 65–78
101 Zit. in Hannerz 1996: 65
102 Wir danken Virginia Sidells für diese Rezepte
103 Barber, Karin/Waterman, Christopher: Traversing the Global and the Local: Fújì Music and Praise Poetry in the Production of Contemporary Yorúbà Popular Culture, in: Miller 1995 (a): 240–262
104 Wilk, Richard: Learning to be Local in Belize, in: Miller 1995 (a): 110–133
105 Engle Merry, Sally: Legal Pluralism and the Transnational Culture: The Ka Ho'Okolokolonui Kanaka Maoli Tribunal, Hawaii 1993, in: Wilson 1997: 28–48
106 Hall, Stuart: Old and New Identities, Old and New Ethnicities, in: King 1991: 54
107 Sahlins 1993
108 Wilk 1995: 118
109 Wilk 1995
110 Wilk 1995: 126
111 Wilk 1995: 127
112 Rieff, David: Triumphe der Massenkultur. Der globale Erfolg des amerikanischen Kultur-Mix, in: Lettre internationale, Herbst 1994: 53
113 Negroponte, Nicholas: Pluralistic, Not Imperialistic, in: Wired, März 1996: 216

114 Negroponte 1996 a. a. O.
115 Jiang Zemin bei einer Rede, Anfang 1996, zit. in: Heilmann, Sebastian: Der Ritt auf dem Tiger: Innerer Umbruch und internationaler Aufstieg der Volksrepublik China, in: Jahrbuch Dritte Welt 1997: 191.
116 S. z.B. Unser 1992: 294 ff.
117 Barber 1996: 83
118 Seidel-Pielen 1996
119 Riedel, Anne: Märchenhafte Botschaften in 160 Sprachen der Welt, in: Frankfurter Rundschau Nr. 24, 29. Januar 1997: 27
120 Bitala, Michael: Die verstohlenen Küßchen des Oberinspektors, in: Süddeutsche Zeitung Nr. 203, 3. September 1996: 6
121 Barber 1996: 93
122 Said 1979
123 Zit. in Said 1979:51
124 Huntington 1996: 258
125 Ortner 1984: 143
126 Ausführlicher zur Diskussion über die Überwindung des ethnozentrischen Weltbilds durch ein globozentrisches Bewußtsein s. Wilber 1996 sowie Shames 1997
127 Wallerstein 1974
128 S. Herskovitz/Redfield/Linton 1936
129 Breidenbach/Zukrigl 1995
130 Wolf 1982
131 Lash/Urry 1987
132 Konsum ist lokal, in: Wirtschaftwoche 131, Nr. 10, 27. Februar 1997:131
133 Lampartner, Dietmar H.: Eine Welt für Bier und Chips, in: Die Zeit Nr. 19, 3. Mai 1996: 29
134 Barber 1996: 24
135 Toeffler 1991
136 Barber 1996: 76
137 Barber 1996: 81
138 Toeffler 1991
139 Zit. in Chomsky/Dieterich 1996: 64
140 Hall/Held/McGregor 1991: 307
141 Barber 1996
142 Lorbeer 1993
143 Renner, Kai-Hinrich: Lektion gelernt, in: Die Woche, 23. Januar 1998: 10
144 Williams, Martyn: Report says outlook for Internet healthy in Asia, in: The Nation, 10. Februar 1998: F3
145 Negroponte 1995
146 http:www.asiaconnect
147 Zukrigl 1996
148 http://www.ou.edu/cybermuslin. Leider tut sich auf dieser von einem College-Studenten in Oklahoma eingerichteten vielversprechenden Webpage in letzter Zeit nicht mehr viel.
149 S. beispielsweise das weltweite NGO-Netz apc.org.
150 Lang, Miriam, Internet in El Salvador, in: telepolis Nr. O, September 1996:160
151 Hannerz 1992

152 S. hierzu: Gardener 1995
153 Über die Grameen-Bank gibt es zahlreiche Publikationen, viele davon wurden vom Grameen Trust selbst herausgegebene. S. u. a. Furglesang, Andreas/Chandler, Dale: Participation as Process – Process as Growth. Dhaka 1993; Yunus, Muhammad, Jorimon of Beltoil Village and Others: In Search of a Future. Dhaka 1984 (1982); sowie zahlreiche Veröffentlichungen von Osner, Karl, Justitia et Pax. Die Bank selbst gibt den Newsletter »Grameen Dialogue« heraus.
154 Im Mai 1995 war die Bank in 35.255 Dörfern vertreten, 60.636 Zentren betreuten insgesamt 2.057668 Kreditnehmer(innen) (davon 122.760 Männer), und 319.619 Häuser waren bis dato mit Krediten finanziert worden.
155 Herrsch 1992: 52 ff.
156 Oktober 1994
157 Wilson 1996: 10
158 S. hierzu Ong, Aiwa: Anthropology, China and Modernities, in: Moore 1996: 60–92
159 Zit. in Ong 1996: 82 (a. a. O.)
160 Zit. in Ong 1996: 69–70 (a. a. O.)
161 Zu folgendem s. Basch u.a. 1994
162 Olwig 1993
163 Moore zit. in: Basch u. a. 1994: 74
164 Davis 1991: ff.
165 Basch u.a. 1994
166 S. auch Gilroy, Paul: Route Work: The Black Atlantic and the Politics of Exile, in: Chambers/Curti 1996
167 Zit. in Clifford 1994: 318
168 Iyer 1997
169 Zit. in Ong 1993: 41
170 Zit. in Iyer 1995: 101
171 Iyer 1995: 101
172 Zit. in Iyer 1995: 101
173 Bhagwan Shree Rajneesh 1982: Ah, This!. Oregon
174 S. http://www.osho.org
175 S. http://www.osho.org
176 S. Zimmer 1997
177 Turkle 1996: 123–131
178 S. beispielsweise http://www.biostat.wustl.edu/alzheimer
179 Drewal 1988
180 Zit. in Hannerz 1992
181 S. hierzu Taylor 1995
182 Jameson 1984
183 Weber zit. in Taylor 1995: 14
184 Wilber 1996
185 Lenski 1970
186 Zit. in: Hugh-Jones, S.: Yesterday's Luxuries, Tomorrows Necessities: Business and Barter in Northwest Amazonia, in: Humphrey/Hugh-Jones 1992

187 Zit. in Goerdeler, Carl D.: Völkerkundler kommen immer zu spät, in: Tagesspiegel Nr. 15, 11. Februar 1996: W1
188 Hirsch, Eric: The Long Term and the Short Term Consumption. An Ethnographic Case Study, in: Hirsch/Silverstone 1992: 208–226
189 Lüders 1996
190 Philibert, Jean-Marc/Jourdan, Christine: Perishable Goods: Modes of Consumption in the Pacific Islands, in: Howes 1997: 67
191 Jeggle 1981: Umgang mit Sachen, in: Köstlin u. a. 1981
192 Miller 1995a
193 Schama 1991
194 Gell 1986, zit. in Morley, David: Theories of Consumption in Media Studies, in: Miller 1995 (a.): 296–328
195 Barber 1996: 98
196 Forty 1986
197 Barber 1996:243
198 Miller 1988
199 Friedman 1994
200 Tilley 1997
201 Loose u. a. 1997: 366
202 Maslow 1970
203 Illich zit. in Martin/Schumann 1996: 32
204 Weismantel, Marianne: The Children Cry for Bread: Hegemony and the Transformation of Consumption, in: Rutz/Orlove 1989: 101–120
205 Wilk 1990
206 Beispiel aus Miller 1989
207 Spooner, Brian 1986: Weavers and Dealers: The Authenticity of a Persian Carpet, in: Appadurai 1986
208 Vgl. Martin/Schumann 1996: 12, 31
209 Zu diesem Thema allgemein s. Clifford 1988, ders. 1987: The Politics of Representation. Of Other Peoples: Beyond the Salvage Paradigm, in: Hall 1987. Zur afrikanischen Kunst s. die Beiträge von Imfeld, Al u. a. in Kunstforum 122, Afrika – Iwalewa; ebenso Faris 1988 und Steiner 1994
210 Graburn 1976
211 Morphy, Howard: Aboriginal Art in a Global Context, in: Miller 1995 (a.): 209–239
212 Areean, Rasheed: From Primitivism to Ethnic Arts, in: Hiller 1991: 158–182
213 El Loko 1986: 28
214 Nachfolgendes bezieht sich auf Aufsätze in Miller 1995 (b), (vgl. insbesondere Millers eigene Beiträge)
215 Libanius (2. Hälfte 4. Jh.) in Miller 1995 (b): 8
216 Löfgren, Orvar: The Great Christmas Quarrel and Other Swedish Traditions, in: Miller 1995 (b): 217–234
217 Die Theorie der Authentizität durch Aneignung sowie der Objektivierung basiert auf Miller 1987
218 Nur natur Hauptkatalog 1997/1998: 370, s. auch http://www.nurnatur.de
219 Drewal 1988
220 S. z.B. Mc Robbie, Angela: Different, youthful, subjectivities, in: Chambers/Curti 1996: 30–46

221 SZ-Magazin, 13. Februar 1997:16
222 Sternberg 1997
223 Vgl. zu dieser Diskussion Fues 1996 oder Serageldin 1996
224 S. DSE (Hg.) 1995
225 Höffe, Otfried: Kein Geschenk, sondern Gabe. Identität im Verschiedenen – Menschenrechte im interkulturellen Diskurs, in: Frankfurter Rundschau, 1. Oktober 1996:12
226 D'Eramo 1996: 56
227 Vgl. Kapitel 1
228 Friedman 1994: 102
229 http://slic.com/-mohakna/mnotes.htm
230 Bangkok Post, 13. Februar 1998: 5
231 Weilenmann 1998
232 Robertson: »The Search for Fundamentals« in a Global Perspective, in: ders. 1992
233 Lüders 1996: 44
234 S. Hall u.a. 1992, sowie Menzel 1998
235 Für einen Überblick s. Wichterich 1995
236 Janaeva, Nurgul: Kirgisinnen organisieren sich, in: Helvetas Partnerschaft Nr. 128, Mai 1997: 20
237 S. beispielsweise Lausselet, Rosemarie: »Wir werden es den Männern schon erklären«, in: Partnerschaft Nr. 147, Februar 1997
238 Lüders 1996
239 Mathabane 1994
240 Zu »geteilten Kulturen der Weiblichkeit« s. McRobbie, Angela: Different, youthful, subjectivities, in: Chambers/Curti 1996
241 http://www. Webgrrls.de
242 http://www.feminist-org/gateway
243 Nader 1990
244 Wichterich 1995
245 »Seit 1980, dem Beginn der neoliberalen Politik, hat sich die Lage der Frauen weltweit verschlechtert. Sie leisten 66 Prozent aller Arbeitsstunden, verdienen nur 10 Prozent des Welteinkommens und besitzen nur 1 Prozent des Weltvermögens.« Mies, Maria: Schöne Welt, üble Praxis, in: die tageszeitung, 14. April 1998: 12
246 Aziza-A 1997: Es ist Zeit. Oriental Hiphop (CD erschienen bei Orient Express)
247 Abu-Lughod, Janet 1991: Going Beyond Global Babble, in: King 1991
248 Chanu in Abu-Lughod 1991 a.a.O
249 Abu-Lughod 1991:135 a.a.O.
250 Habermas 1976
251 Menzel, 1998: 53
252 UNESCO Atlas of the Worlds Languages in danger of disappearing, in: James Geary: Speaking in tongues, Time, 7. Juli 1997: 44 ff.
253 http://www. gael-linn.ie
254 Geary 1997 a. a. O.
255 Raeithel, Gerd: Blüten einer Weltsprache, Süddeutsche Zeitung, 5./6. Juli 1997: III
256 Zimmer 1997: 29

257 Raeithel 1997 a. a. O.
258 Zimmer 1997: 64
259 Zimmer 1997: 64
260 Zit. in Hannerz 1996: 56
261 Nader 1996
262 Lovelock, James 1991: Das Gaia-Prinzip. Zürich
263 Hannerz 1996
264 Gardner 1995

Bibliographie

Appadurai, Arjun (Hg.) 1986, The Social Life Of Things. Cambridge

Ayim, May 1997, Grenzenlos und unverschämt. Berlin

Barber, Benjamin R. 1996, Jihad vs. McWorld. How Globalism and Tribalism are Reshaping the World. New York, dt.: Coca-Cola und heiliger Krieg: Wie Kapitalismus und Fundamentalismus, Demokratie und Freiheit abschaffen. München 1996

Basch, Linda/Glick-Schiller, Nina/Szanton Blanc, Christina 1994, Nations Unbound. Transnational Projects, Postcolonial Predicaments and the Deterritorialized Nation-States. Langhorne

Beck, Ulrich/Vossenkuhl, Wilhelm/Ziegler, Ulf/Erdmann 1995, Eigenes Leben, Ausflüge in die unbekannte Gesellschaft, in der wir leben. München

Beck, Ulrich 1997, Was ist Globalisierung? Frankfurt a.M.

Bitterli, Urs 1991 (2.Aufl.), Die ›Wilden‹ und die ›Zivilisierten‹. Grundzüge einer Geistes- und Kulturgeschichte der europäisch-überseeischen Begegnung. München

Bourdieu, Pierre 1982, Die feinen Unterschiede. Kritik der gesellschaftlichen Urteilskraft. Frankfurt/M.

Breidenbach, Joana 1994, Deutsche und Dingwelt. Die Kommodifizierung nationaler Eigenschaften und die Nationalisierung deutscher Kultur. Münster & Hamburg

Breidenbach, Joana/Zukrigl, Ina 1995, Ethnologische Perspektiven auf die Beziehungen zwischen globaler und lokaler Ebene, in: Zeitschrift für Ethnologie 120: 15–29

Breidenbach, Joana/Zukrigl Ina, Global Studies – Ethnologie der Globalisierung (in Vorbereitung)

Junior League of Pasadena (Hg.) 1987, California Heritage

Chambers, Iain/Curti, Lidia (Hg.) 1996, The Post-Colonial Question. London

Chomsky, Noam/Dieterich, Heinz 1996, Globalisierung im Cyberspace. Unkel/Rhein

Clifford, James 1988, The Predicament of Culture. Cambridge/Mass.

Clifford, James 1994, Diaspora, in: Cultural Anthropology Nr. 9: 302–338

Davis, James F. 1991, Who is black? One Nation's Definition. Pennsylvania

D'Eramo, Marco 1996, Das Schwein und der Wolkenkratzer. Chicago: Eine Geschichte unserer Zukunft. München

Drewal, Henry J. 1988, Performing the Other. Mami Wata Worship in Africa, in: The Drama Review 32 (2): 160–185

DSE (Hg.) 1995, Urban Good Governance and participatory development. (Vorbereitungskonferenz zu Habitat II)

Faris, James C. 1988, ART/Artifact: On the Museum and Anthropology, in: Current Anthropology 70, 29 (5)

Forty, Adrian 1986, Objects of Desire. London

Friedman, Jonathan 1990, The Political Economy of Elegance. An African Cult of Beauty, in: Culture and History 7:101-133

Friedman, Jonathan 1994, Cultural Identity and Global Process. London

Fues, T. 1996, Humankapital und Naturvermögen. Der neue Weltbank-Index für Wohlstand und Wahrhaftigkeit, in: Entwicklung & Zusammenarbeit, 37 (11): 301–303

du Gay, Paul/Hall, Stuart u.a. 1997, Doing Cultural Studies. The Story of the Sony Walkman. London
Gardener, Katy 1995, Global Migrants, Local Lives. Travel and Transformation in Rural Bangladesh. Oxford
Gilroy, Paul 1995 (1993), The Black Atlantic. Modernity and Double Consciousness. London
Ginsburg, Faye 1993, Aboriginal Media and the Australian Imagery, in: Public Culture 5: 555–578
Graburn, Nelson 1976, Ethnic and Tourist Arts. Cultural Expressions from the Fourth World. Berkeley
Gullestad, M. 1984, Kitchen Table Society. Oslo
Gupta, Akhil/Ferguson, James 1992, Beyond »Culture«: Space, Identity and the Politics of Difference, in: Cultural Anthropology 7:6–23
Hall, Stuart (Hg.) 1987, Discussions in Contemporary Culture. Seattle
Hall, Stuart/Held, David/McGrew, Tony 1992, Modernity and its Future. Oxford
Hannerz, Ulf 1992, Cultural Complexity. New York
Hannerz, Ulf 1992, The Withering Away of the Nation? in: Ethnos 3–4: 377–391
Hannerz, Ulf 1996, Transnational Connections, London
Hersch, Jeanne 1992, Im Schnittpunkt der Zeit. Zürich
Herskovitz, Melville/Redfield Robert/Linton, Ralph 1936, A memorandum for the study of acculturation, in: American Anthropologist 38: 149–152
Hiller, Susan (Hg.) 1991, The Myth of Primitivism. London
Hirsch, Eric/Silverstone, Roger (Hg.) 1992, Consuming Technologies. London
Hobsbawm, Eric J./Ranger, Terence 1983, The Invention of Tradition. Cambridge
Hofstede, Geert 1980, Motivation, Leadership, and Organization: Do American Theories Apply Abroad?, in: Organizational Dynamics, Sommer: 42–63
Hofstede, Geert 1997, Lokales Denken, globales Handeln. München
Howes, David 1996, Cross-Cultural Consumption. Global Markets. Local Realities. London
Humphrey, Caroline/Hugh-Jones, Steven (Hg.) 1992, Barter, Exchange and Value. Cambridge
Huntington, Samuel P. 1996, The Clash of Civilizations and the Remaking of World Order. New York, dt.: Kampf der Kulturen. Die Neugestaltung der Weltpolitik im 21. Jahrhundert, München 1996
Iyer, Pico 1995, Heimat ist überall, in: Lettre Internationale, Herbst 1995: 101–102
Iyer, Pico, 1997, Endstation Zukunft. Schwingen in die Neue Welt: Los Angeles Airport, in: Lettre Internationale, Frühjahr 1997: 44–50
Jameson, Frederick 1984, Postmodernism, or the Cultural Logic of Late Capitalism, in: New Left Review 146, Juli/August 1984: 53–92
Jahrbuch Dritte Welt 1997, Daten, Übersichten, Analysen. München
Kaplan, Robert D. 1996, The Ends of the Earth. A Journey at the Dawn of the 21st Century. New York
Katz, Elihu/Liebes, Tamar 1991, The Export of Meaning. Oxford
Kelly, Kevin 1995, Out of Control. The New Biology of Machines, Social Systems, and the Economic World

Khan 1994, Seasonal Adjustment. London
King, Anthony D. (Hg.) 1991, Culture, Globalization and the World-System. London
Köstlin, K./Bausinger, H. (Hg.) 1981, Umgang mit Sachen. Zur Kulturgeschichte des Dinggebrauchs. Regensburg
Kunstforum 122 1993, » Afrika – Iwalewa«. Zürich
Lash, Scott/Ury, John 1987, The End of Organized Capitalism. Madison
Leggewie, Claus (Hg.) 1990, Multi Kulti. Nördlingen
Lenski, Gerhard 1970, Human Society. New York
Loko, Edoh L. 1986, Der Blues in mir. Oberhausen
Lorbeer, Marie (Hg.) 1993, Multikulturelles Berlin. Berlin
Lüders, Michael 1996, Das Lächeln des Propheten. Hamburg
Martin, Hans Peter/Schumann, Harald 1996, Die Globalisierungsfalle. Reinbek
Maslow, Abraham 1970, Religions, Values, and Peak Experiences. New York
Mathabane, Mark 1994, African Women. London
Mattelart, Armand 1991, Advertising International. London
Mensger, Guido 1992, Grundsätze und Schwerpunkte der deutschen Entwicklungszusammenarbeit in den 90er Jahren. Forschungsbericht des BMZ. Köln
Menzel, Ullrich 1998, Globalisierung versus Fragmentierung. Frankfurt/M.
Miller, Daniel 1988, Appropriating the State on the Council Estate, in: Man 23: 353–37
Miller, Daniel 1989, Material Culture and Mass Consumption, London
Miller, Daniel (Hg.) 1995 (a), Acknowledging Consumption, London
Miller, Daniel (Hg.) 1995 (b), Unwrapping Christmas. Oxford
Miller, Daniel (Hg.) 1995 (c), Worlds Apart. Modernity Through the Prism of the Local. London
Miller, Daniel 1997, Capitalism. An Ethnographic Approach. Oxford
Moore, Henrietta L. (Hg.) 1996, The Future of Anthropological Knowledge. London
Nader, Laura 1990, Orientalism, Occidentalism and the Control of Women, in: Cultural Dynamics
Nader, Laura 1996, Naked Science. Anthropological Inquiry into Boundaries, Power, and Knowledge. New York
Negroponte, Nicholas 1995, Total Digital. München
Olwig, Karen 1993, Global Culture, Island Identity: Continuity and Change in the Afro-Caribbean Community of Nevis. Chur
Ong, Aiwah 1987, Spirits of Resistence and Capitalist Development: Factory Women in Malaysia. Albany
Ong, Aiwah 1993, On the Edge of Empires: Flexible Citizenship among Chinese in Diaspora, in: Positions 1 (3): 745–778
Ortner, Sherry 1984, Theory in Anthropology since the Sixties, in: Comparative Studies in Society and History 26: 126–166
Ritzer, George 1996, The Mc Donaldization of Society. Thousand Oaks
Robertson, Robert 1992, Globalization. London
Rutz, Henry J./Orlove, Benjamin S. (Hg.) 1989, The Social Economy of Consumption. Lanham
Sahlins, Marshall 1988, Cosmologies of Capitalism: the Trans-Pacific Sector of the World System, in: Proceedings of the British Academy, LXXIV: 1–51

Sahlins, Marshall 1993, Goodbye to Triste Tropes: Ethnography in the Context of Modern World History, in: Journal of Modern History 65:1–25
Said, Edward 1979, Orientalism. New York; dt.: Orientalismus, Frankfurt/M. 1994
Schama, Simon 1987, The Embarrassment of Riches. An Interpretation of Dutch Culture in the Golden Age. London; dt.: Überfluß und schöner Schein. Zur Kultur der Niederlande im Goldenen Zeitalter. München 1988
Seidel-Pielen, Eberhard 1996, Aufgespießt. Wie der Döner über die Deutschen kam. Hamburg
Serageldin, I. 1996 (2. Aufl.) Sustainability and the Wealth of Nations, Washington D.C. Shames, Germaine 1997, Transcultural Odysseys. The Evolving Global Consciousness. Yarmouth
Steiner, Cristopher 1994, African Art in Transit. Cambridge
Sternberg, Rolf 1997, Weltwirtschaftlicher Strukturwandel und Globalisierung, in: Geographische Rundschau 49 (12): 680–687
Taylor, Charles 1995, Das Unbehagen an der Moderne. Frankfurt
Terkessidis, Mark 1995, Kulturkampf. Volk, Nation, der Westen und die Neue Rechte. Köln
Tilley, Christopher 1997, Performing Culture in the Global Village, in: Critique of Anthropology 17 (1): 67–89
Toeffler, Alvin 1991, Machtbeben. Wissen, Wohlstand und Macht im 21. Jahrhundert. Düsseldorf
Turkle, Sherry 1996, Ist das Internet männlich, weiblich oder beides? In: telepolis O: 123–131
Turner, Terence 1993, Anthropology and Multiculturalism: What is Anthropology That Multiculturalists Should Be Mindful of It? In: Cultural Anthropology 8 (4): 411–429
Unser, Günther 1992 (5. Aufl.), Die UNO. München
Wallerstein, Immanuel 1974, The Modern World System. New York; dt.: Das moderne Weltsystem: Kapitalistische Landwirtschaft und die Entstehung der europäischen Weltwirtschaft im 16. Jahrhundert, Frankfurt/M. 1986
Wallerstein, Immanuel 1990, Culture as the Ideological Battleground of the Modern World System, in: Theory, Culture and Society 7: 31-55
Walsh, James 1997, One World Divided, in: TIME, 7. Juli: 35–41
Waters, Malcom 1995, Globalization, London
Weilenmann, Markus 1998, Unterstützung armuts- und genderorientierter Rechtsberatung in städtischen Ballungszentren des Sénégal. Bericht im Auftrag der GTZ
Wichterich, Christa 1995, Frauen der Welt. Göttingen
Wilber, Ken 1995, Sex, Ecology, Spirituality. The Spirit of Evolution. Boston & London; dt.: Eros, Kosmos, Logos: eine Vision an der Schwelle zum nächsten Jahrtausend. Frankfurt/M. 1996
Wilk, Richard 1990, Consumer Goods as Dialogue About Developement, in: Culture and History 7: 79–100
Wilson, Richard 1996, Towards an Anthropology of Human Rights: The Ethnography of a Global Discourse (Manuskript)
Wilson, Richard (Hg.) 1997, Human Rights, Culture and Context. Anthropological Perspectives. London

Wolf, Eric K. 1982, Europe and the People without History, Berkeley; dt.: Die Völker ohne Geschichte; Europa und die andere Welt seit 1400. Frankfurt/M. 1986

Zimmer, Dieter E. 1997, Deutsch und anders. Die Sprache im Modernisierungsfieber. Reinbek

Zukrigl, Ina 1996, Elektronische Medien in Südafrika (Gutachten für das Goethe Institut Johannesburg)

Danksagung

1992 verbrachten wir im Rahmen des Erasmus-Programms ein Semester am University College London. Die hier gesammelten Erfahrungen weckten unser Interesse für die kulturelle Dimension der Globalisierung und deren ethnologische Erforschung. Die Thematik hat uns über die Geburt zweier Kinder und zahlreiche Berufs- und Wohnortwechsel hinweg gefesselt. Dieses Buch nahm auf vielen gemeinsamen Arbeitsreisen – ins Chiemgau, nach Südafrika und Thailand – seine Form an. Zahlreiche Menschen haben wissentlich und unwissentlich zu seinem Entstehen beigetragen. Die Arbeiten von Daniel Miller und Ulf Hannerz prägten unseren ethnologischen Blick auf die kulturelle Dimension der Globalisierung und führten uns vor Augen, daß Wissenschaftlichkeit, Verständlichkeit und Engagement sich nicht ausschließen. Von Renate Ubrig, Piroschka Dossi und Wilma Zukrigl stammen Anregungen und Unterstützung zu einer frühen Fassung. Esthela Orellana und Ibi Kleihues ermöglichten uns Zeit und Raum zum Diskutieren und Schreiben. Unsere Webseite ist mit Hilfe Jörn Blachnitzkys von Reiz des Neuen! entstanden. Dr. Susanne Eversmann hat diesem Buch durch ihre engagierte Lektoratsarbeit die heutige Form gegeben.
Ihnen allen möchten wir herzlich danken.

Unser besonderer Dank gilt Stephan Breidenbach, der unsere Arbeit mit Anregungen, kritischen Kommentaren, berauschenden Zukunftsvisionen und ayuvedischen Tees unterstützt hat.

www.rdn.de\globalkultur

Register

Aborigines 64 f., 91, 188 f., 211
Abu-Lughod, Lila 78, 224, 226
Ainu 79, 91, 176 f., 206, 229
Amerikanisierung 68, 72, 74, 98, 101 ff., 118, 126, 205
Ausdifferenzierung 35, 36, 215, 217 ff., 233
Authentizität 37, 69, 164 ff., 183ff., 186 ff., 193 ff., 197 ff., 206

Bangladesh 83, 129, 134, 137, 218
Barber, Benjamin 14 f., 62, 93, 106, 173
Beck, Ulrich 11, 82 f.
Belize 10, 89 ff., 94 ff., 181ff.
Bourdieu, Pierre 24 ff., 186
Bungalow 130 f., 170

China 31f., 48, 102, 107, 119, 120, 128, 140 ff., 183 f., 193, 195, 224
Clifford, James 232
Coca-Cola 9 f., 42, 46, 55, 59 f., 104, 180, 206

Dallas 9 f., 41, 61, 67, 68 ff., 106
Dependenztheorie 115
Deterritorialisierung 118ff.

edle Wilde, der 166 f.
Englisch 11, 42, 53, 85, 87, 126 ff., 132 f., 157, 228, 230 ff.
Ethnologie 27 f., 78, 116 f., 184
ethnozentrisch 22, 109, 114

Fair Trade 200 f.
Feminismus 36, 217 ff.
Fernsehen 10, 62 ff., 68 ff., 73 ff., 87, 89, 104, 114, 173, 181, 212, 227
Fragmentierung 9, 14, 19, 175, 215
Frankreich 15, 24 f., 44, 47, 50, 53, 119, 121, 123, 129, 137, 156, 171, 224
Fremde, das 49 ff., 57 ff., 97 f., 110 f., 197 f., 207
Friedman, Jonathan 58
Fújì-Musik 47, 87
Fundamentalismus 49, 51, 93, 214 f.
Ghosh, Amitav 31
Gilroy, Paul 132, 150 f.
Globalismus 11, 13 f., 222
Globalität 11, 14, 19, 153, 169, 193, 205, 214 f., 217, 223 ff., 230
Globalkultur 36 f., 81, 97, 203 ff.
Good Governance 208
Grameen-Bank 134 ff., 214
Grenada 145 ff.
Großbritannien 48, 89, 92, 123, 156, 181, 189, 193, 210

Haiti 59, 147 ff.
Hall, Stuart 92, 124, 132
Hannerz, Ulf 77, 81, 85, 152
Hofstede, Geert 20 f.
Homogenisierung 14, 41 ff., 50, 58, 61f., 93 f., 97, 106, 107, 215, 231
Huntington, Samuel 19, 21, 51, 109

Identität 17 ff., 36, 50 f., 57, 59, 61, 74, 81 ff., 90 ff., 96, 101, 106, 124, 142, 148 ff., 152 ff., 159, 165, 172, 180, 195 ff., 202, 210 f., 216, 221
Konsum und Identität 173 ff.
kreolisierte Identität 86
Indien 19, 47, 51 f., 67, 119 f., 123, 129 ff., 137, 154, 156, 184, 213
interkulturelle Kommunikation 20 f.
Internet 9, 10, 21, 36, 50, 101, 126 ff., 142, 157 ff., 169, 212, 220, 227, 233
Inuit 64, 68, 110, 138, 195, 233
Israel 69 ff., 77, 119, 142, 156
Iyer, Pico 151, 154

Kapitalismus 12, 30, 48, 53 f., 71, 116 f., 140 ff., 200, 216
desorganisierter Kapitalismus 118 ff.
Kaplan, Robert 19
Karibik 85, 123, 130, 143 ff., 149 f., 186
Katz, Elihu 69
Kongo 58 f.
Konsum 16, 24 ff., 28 ff., 41 ff., 56, 58, 60, 62 f., 68, 73, 77, 104 f., 114, 164, 166 ff., 170 ff., 173 ff., 195, 198 ff., 216, 233 f.,
Krenak 228
Kreolisierung 85 ff., 196, 215 f., 232
Kultur
Kulturbegriff 18, 21, 23, 77 ff., 210 f.
Vermarktung von Kultur 177 ff.
Kultur der Kulturen 93, 210 ff.
kulturvergleichendes Bewußtsein 227
Kulturschmelze 9, 14 f., 36, 39 ff., 42, 61, 77, 207
!Kung 78 f., 167
Kunst 186 ff., 174

La Sape 58
Liebes, Tamar 69
Literatur 36, 83 ff., 132 ff.,

Malaysia 12, 50, 53 ff., 62, 127, 137, 140 f., 156, 209
Mami Wata 163 f., 192, 201f.
Maori 91, 132, 229
Martin, Hans Peter 12
Medien 9, 11, 13, 16 ff., 35, 43, 52, 54, 58, 61ff., 101, 106, 113, 126 ff., 141, 185, 206, 212, 215, 220 f., 227
Menschenrechte 11, 36, 114, 122, 138 ff., 169, 205 f., 208 f.
Miller, Daniel 27, 73 ff., 170, 176, 195, 198

Migranten 10, 36, 129, 142 ff., 150 ff., 182,
Minderheiten 64 ff., 90 ff., 107, 125, 146, 150 f., 182, 206, 213
Modernisierungstheorie 114
multikulturell 21 f., 34, 83 ff., 123 f., 153 f., 189

Nader, Laura 221
Nationalstaat 19, 50 f., 80, 90, 93, 103 f., 115, 123 ff., 143 ff., 216, 225 ff.
Neoliberalismus 11, 13
Nichtregierungsorganisationen 91, 98, 113
Nigeria 87, 155
Norwegen 28 f., 122

Ong, Aiwa 53, 55
organisierte Vielfalt 89 ff., 94, 97, 217
Orientalismus 107 ff., 184
Osho 156 ff.

Philippinen 47, 119, 126, 137, 148 f., 213, 232
Pluralisierung 52 f., 65 f., 118, 124, 174, 183, 217, 233

Referenzsystem 36, 37, 89, 206 ff., 217, 227 f.
Reflexivität 160, 233
Relativierung 34, 216, 221
Relativismus 27
Rushdie, Salman 10, 85, 153, 155, 224 f.

Sahlins, Marshall 48, 57, 93
Said, Edward 107 f.
Sannyasin 155 ff.
Schönheitswettbewerbe 52, 94 ff., 189
Schumann, Harald 12
schwarz 92 f., 147, 150 ff., 221 f.
Seifenoper/Soapopera 18, 42, 68 ff., 73 ff., 197
Sprache 22, 24, 34, 42, 44, 52, 64 f., 69, 82, 85, 88, 106, 128, 131 f., 141, 154, 157, 159, 177 f., 181, 206, 211, 215 f., 220, 224, 227 ff.
St. Vincent 26, 145 ff.
Strukturen gemeinsamer Unterschiede 97, 189, 191, 212
Südafrika 64, 79, 120, 126, 128, 131, 214, 220
Symbolananalytiker 36, 152 f., 158, 230

talk back 129 ff., 206
Taylor, Charles 33
Togo 163
transnationale Gemeinschaften 15, 86, 142 ff., 153 f., 155 ff., 158 ff., 216, 220, 231, 235
transnationale Firmen 29 f., 44 ff., 55 f., 119 ff., 152
Trinidad 29 f., 73 ff., 194 ff.
Tulpen 171 f.

Vanuatu 170, 178
virtuelle Gemeinschaften 158 ff.

Wallerstein, Immanuel 115 ff.
Weihnachten 10, 60 f., 83 f., 175, 193 ff.
Weltsystemtheorie 115 ff.
Werbung 43 ff., 50, 55, 64, 166
Westernisierung 102 ff.
Wichterich, Christa 221
Widerstand 48, 49 ff., 127, 207, 214
Wilber, Ken 167
Wilk, Richard 89, 93 ff., 181

Yanomami 167 f., 212
Young and the Restless, The 73 ff., 197
Yunus, Mohammed 134, 136

Zentrum-Peripherie-Beziehungen 116, 129 f.

Erste Auflage 1998

Umschlaggestaltung: Michel Keller, München
Umschlagillustration: José Ortega »Guantana Mickey« aus:
Craig Yoe / Janet Morra-Yoe, »Mickey Mouse Art«,
Wien (Paul Neff Verlag) 1992
Satz und Typographie: Sans Serif, Berlin
Druck und Bindung: Pustet, Regensburg
ISBN 3-88897-208-6